未名社科 · 城市管理名著译丛

Institutional Development
A Third World City Management Perspective

制度发展
第三世界城市管理透视

〔英〕罗纳德 · 麦吉尔 / 著
(Ronald McGill)
姜 杰　杜增杰　黄 晴 / 译

北京大学出版社
PEKING UNIVERSITY PRESS

著作权合同登记　图字 01-2006-5345

图书在版编目(CIP)数据

制度发展:第三世界城市管理透视/(英)麦吉尔著;姜杰,杜增杰,黄晴译.—北京:北京大学出版社,2009.6
(未名社科·城市管理名著译丛)
ISBN 978-7-301-15357-4

Ⅰ.制…　Ⅱ.①麦…②姜…③杜…④黄…　Ⅲ.城市管理—研究—发展中国家　Ⅳ.F299.11

中国版本图书馆 CIP 数据核字(2009)第 095098 号

书　　　名:**制度发展:第三世界城市管理透视**
著作责任者:〔英〕罗纳德·麦吉尔　著　姜　杰　杜增杰　黄　晴　译
责 任 编 辑:张盈盈
封 面 设 计:春天书装工作室
标 准 书 号:ISBN 978-7-301-15357-4/D·2329
出 版 发 行:北京大学出版社
地　　　址:北京市海淀区成府路 205 号　100871
网　　　址:http://www.pup.cn　　电子信箱:ss@pup.pku.edu.cn
电　　　话:邮购部 62752015　发行部 62750672　出版部 62754962
　　　　　　编辑部 62753121
印　刷　者:北京山润国际印务有限公司
经　销　者:新华书店
　　　　　　650 毫米×980 毫米　16 开本　16.5 印张　280 千字
　　　　　　2009 年 6 月第 1 版　2009 年 6 月第 1 次印刷
定　　　价:29.00 元

译丛总序

目前，我国正处于城市化高速发展阶段。人才、资本、技术等经济和社会发展的各种要素，正以空前的规模重新组合与聚集。一座座新兴城市崛起，老城市旧城改造与新城区开发和扩张，使城市化与城市现代化交织在一起，形成中国特定阶段的城市化浪潮。发展，总是裹挟着问题与矛盾，即发展中的问题与矛盾。与城市化浪潮来势凶猛一样，农民失地、大拆大建、文物古迹遭破坏、城市特色消失、交通拥堵、环境污染、短期行为与政绩工程、城市管理中的暴力现象等等已经出现或将要出现的层出不穷的问题与矛盾，直接考验着我国城市管理者的行政能力和管理智慧。

我国现有的近700座城市，聚集着我国经济和社会发展所必需的绝大部分资源，聚集着我国改革开放以来社会创造的绝大部分财富。城市管理得如何，不仅直接决定着城市竞争力的升降和城市发展，而且直接牵动着整个国力的兴衰。

西方发达国家的快速城市化阶段，先于我们半个多世纪乃至于一个世纪。他们与我们有着相似的城市化浪潮，遇到过一系列相似的矛盾与问题，甚至在城市管理中也有着相似的失误。他们管理城市的实践经验和理论总结，是人类管理城市的智慧结晶和共同财富，对我们有着很强的针对性和很高的借鉴价值。我们收集了一个多世纪以来西方发达国家出版的城市管理方面的百余部名著，本着反映世界上发达国家城市管理理论研究的基本脉络，反映城市管理基本实践经验，反映国外城市管理主要研究成果的基本愿望，根据权威性、典型性、代表性和实用性的标准，从中精选出公认的经典名著，分期分批翻译出版。并且，我们会随时跟踪国外城市管理的实践前沿和最新研究成果，以期能给我国从事城市管理理论研究和从事城市管理实践的人们有所帮助或服务。

愿望和实现结果之间往往存在着很大差距，我们会尽自己的最大努力来缩小这种差距，并欢迎各界给予各种形式有益的帮助。

姜杰

目录

CONTENTS

序言 \i

前言 \iii

导言 \v

第一部分 制度发展 \1

第 1 章 定义制度发展 \3

第 2 章 将制度发展应用于第三世界 \24

小结 \42

第二部分 城市管理功能 \47

第 3 章 规划理念 \49

第 4 章 干预范围 \70

小结 \93

第三部分 城市管理形式 \97

第 5 章 组织困境 \99

第 6 章 构建标准 \118

小结 \138

第四部分　制度发展实践：组织强化　\144

第 7 章　项目强化开发　\145

第 8 章　组织强化绩效　\162

小结　\168

第五部分　制度发展实践：规划能力　\172

第 9 章　规划能力开发　\173

第 10 章　规划能力绩效　\189

小结　\194

第六部分　制度发展综合分析　\200

第 11 章　构建制度发展实践　\201

第 12 章　城市管理及其制度发展要素　\211

概要和总结　\227

附录：制度发展要素　\232

参考文献　\238

图表目录

LIST OF TABLES AND FIGURES

表目录

表 1.1　制度发展变量　\45

表 2.1　城市管理功能变量　\95

表 3.1　城市管理的变量　\140

表 5.1　城市管理系统是否可持续？　\196

表 6.1　制度发展流程结构　\209

表 6.2　整合发展战略结构　\219

图目录

图 A.1　城市干预模型：整合所有参与者　\233

图 A.2　城市管理模型：功能决定形式　\234

图 A.3　制度发展：第三世界城市管理可持续性　\236

序 言

FOREWORD

发展中国家速度空前的城市化给其中央和地方决策者以及行政管理人员带来了大量新的任务。而在发展中国家，城市领域的管理是失败的。地方政府及其城市管理者遇到了以下几个方面的巨大挑战：填补服务领域的空缺，解决人口迅速增长带来的需求问题，以及处理以前从未遇到的问题。第三世界城市和城镇是最难管理的，这是因为最近几年才开始要求地方公共机构利用极度有限的资源承担日益复杂的职责。世界银行和联合国开发计划署等开发机构在尝试帮助发展中国家应对城市化影响时遇到了一系列被称为"弱势的市政当局"或"机构能力缺失"等实施限制。但是，开发强势而高效的公共机构比构建基础设施更加困难和令人沮丧。然而，多年的城市发展经验证明了，如果没有一个强有力的地方公共机构作为基础来管理今天的城市，城市化不可能持续发展。

一些国际开发组织将焦点集中在促进政府分权上，并认为这是管理城市增长的关键要素。然而，有效的分权依赖于具有更强能力和更长远眼光以承担更广泛责任的地方公共机构。地方(及国家)公共机构必须改进和重构，以消除管理瓶颈，从而适应新的角色定位。城市化的可持续关键取决于起促进和激励作用的公共机构，只有这样，城市居民的创造性和经济活力才能被有效地激发出来。

在这本及时出版的书中，麦吉尔正是以发展中国家的制度发展和城市管理之间的关系为主旨。本书强调开发管理结构和规划专业化对于城市未来的发展至关重要。麦吉尔博士在组织强化和规划能力建设方面具有独到的见解，能够提供许多建议。他不仅在成功管理非洲首都城市方面具有丰富的经验，而且在这些国家的一般城市部门管理能力开发方面也具有非常丰富的经验。他为我们提供了一系列有价值的原则，这些原则不仅为制度发展提供了指导方向，而且还是迎接未来城市挑战的起点。这一著作无疑为政策制定者、政策实践者以及开发机构提供了促进城市制度合理化的基本工具。

乔治·加托尼(George L. Gattoni)

世界银行经济发展协会首席城市规划师

前言

PREFACE

本书得以问世要感谢我以前在马拉维地方政府服务的同事们。十几年前，我就开始思考发展中国家城市管理方面的问题。现在这些想法不但成形，而且还在马拉维城市部门得到了验证。曾对此验证作出贡献的人们包括：利隆圭市议会的首席执行官 Francis Mfune，他是我的第一个直接的合作伙伴；布兰太尔市议会的首席执行官 Donny Alufandika；姆祖祖市议会的首席执行官 Nicholas Ngwira；当我的工作从具体的执行角色转变成一般的咨询角色时，松巴市政委员会的首席执行官 Fred Baluwa 成为我最亲密的合作伙伴，尽管我们在工作问题上曾有过许多激烈的争论。我最喜欢的是坐落于马拉维湖边的两个培训工作室，第一个工作室成立于 1992 年，主要关注城市管理的一般流程[1]；第二个成立于 1993 年，主要用来评估城市管理绩效。在这两个培训工作室中所得出的结论都在实践中得到了验证。

我们就城市发展需求与财政能力缺失之间的矛盾进行过专门的讨论。利隆圭的城市规划师 Aggrey Kawonga 和城市财政主管 San Kumwenda 分别代表了争论中的两个派别。最终，他们逐渐理解了城市管理理念和议会绩效实际上是一个不可分割的整体。

本书对地方政府受所处环境的限制和阻碍进行了深入的研究，这不可避免地涉及(地方政府的)上级政府部门。事实上，这些限制常常是管制大环境下的产物，而非政府部门人为产生的。谈及至此，特别要提出的是我在马拉维后半阶段时任地方政府秘书的 Brian Phangapanga，即使在困难的环境下他也能够冷静地提出建议。地方政府首席官员 Paul Lungu 最近被提升为地方政府委员会委员，在我工作期间他也经常给我提供一些适时的建议。地方政府的前任秘书 Martin Phiri，我们也应该记住他，因为是他影响了我去马拉维任职。

与世界银行工作人员的讨论为我在马拉维最初阶段的工作增色不少，他们为地方政府开发项目奠定了基础。参与讨论的主要成员有 Roberto Chavez、George Gattoni 和 Anders Zeijlon。

本书中实践方面的内容必须经过更加学术化的思考。因此,本书经过了整整一年的学术研究后才最终成形。这是在格拉斯哥的斯特拉思克莱德大学人力资源管理部门组织分析教授 D. C. Pitt 和斯特拉思克莱德大学商学院的监督下完成的。

最后,是我的妻子 Karen 的劝说使我们放弃了各自在英国的城市开发职位,而接受马拉维给我们的新挑战。对于如此巨大的变化和难以预知的未来,我曾经十分紧张。这本书是她在实践中默默支持我的最好证明,也是对她一直以来坚持的最好礼物。在本书最后定稿的时候,我们不仅要为了我们的小儿子 Jamie,也要为了我们的双胞胎女儿 Rhona 和 Kirsty 不断增加的需求而继续奋斗。作为序言的结论,Karen 又一次显示了她的勇气;这一次,帮我迎接坦桑尼亚挑战的是我的二儿子 Roddy。有这样的伙伴,怎么会失败呢?

罗纳德·麦吉尔
坦桑尼亚　达累斯萨拉姆

注　释

1. R. McGill (1994) 'Integrated urban management: an operational model for Third World city managers', *Cities*, Vol. 11, No. 1, pp. 35–47.
2. R. McGill (1995) 'Urban management performance: an operational guide for Third World city managers', *Cities*, Vol. 12, No. 5, pp. 337–51.

导 言

INTRODUCTION

本书尝试识别用于指导第三世界城市管理制度发展流程的一般性原则，它通过回顾制度发展的理论观点、第三世界城市管理的功能和形式来实现这一目的。

在实践部分，主要关注了两个相互关联的制度发展案例。第一个涉及组织重构和组织强化，它强调组织与其发展环境之间关系的重要性。第二个关注于政策制定和规划能力，它强调制度发展中的可持续性观念。

在综合分析一章中，尝试提供一些操作性指导原则。这主要是为了满足发展中国家实践者强化其地方公共机构的要求，以帮助他们迎接本国快速城市化所带来的巨大挑战。

毫无疑问，许多双边和多边的援助机构正在进行着制度发展实践。例如：最近世界银行就出版了一些有关这方面的有意义的研究成果。类似地，英国海外开发署（Overseas Development Administration—ODA）最近在其所属领域内也增加了制度发展方面的活动。

作者在管理制度发展实践中的一些参量将会得到普遍的认同，这也是毫无疑义的。本书为了实现这一目标，共分为六个部分进行论述。

第一部分探析了制度发展的主要特征，这是在对文献中没有第三世界制度发展的标准模式认可的前提下进行的。第 1 章尝试定义制度发展。第 2 章对制度发展应用于第三世界国家的现状进行了评价。小结部分确认了制度发展的主要特征，并引入了一个初始的概念性框架。

第二部分探析了城市管理功能的主要特征，这也是在文献中没有可以普遍接受的第三世界城市管理模式的前提下进行的。第 3 章尝试识别第三世界城市的规划理念。第 4 章评估第三世界城市的干预范围。小结部分确认了第三世界城市管理功能的主要特征，并引入了一个初始概念框架。

第三部分探析了城市管理形式的主要特征，这也是在文献中没有可以普遍接受的第三世界城市管理标准的组织设置前提下进行的。第 5 章识别了一些组织困境。第 6 章评估了组织城市管理的构建标准。小结部分确认了第三世界城市管理形式的主要特征，并引入了一个初始的概念性框架。

第四部分尝试探析制度发展流程中两个重要方面的第一个。最后，将关注组织与组织环境关系的重要性。第 7 章主要关注一个组织重构与组织强化的项目开发案例。第 8 章是对这一制度发展案例的评价。小结部分简述这一制度发展实践的主要特征。

第五部分尝试探析制度发展流程中的两个重要方面的第二个。最后，将关注检验可持续的重要性。第 9 章主要关注一个关于政策和规划能力方面的项目开发案例。第 10 章是对这个案例的评价。小结部分主要概括这一实践的主要特征。

最后，第六部分综合分析了制度发展流程的两个阶段。第 11 章提供了一个制度发展结构。第 12 章确认了第三世界城市管理制度发展要素。

当然也有一些简短总结性的章节。

理论资料来自于一系列广泛的文献之中。为了保证所述观点的时效性，大多数资料都引自 1984－1994 年这十年的文献。

案例资料记录了许多细节，主要是为了表达研究流程的实践性和高耗时等特点。因此，呈现出了一些特定模式和操作原则，这些实践都是发生在 1989－1993 年这五年之间。

实质上，本书主要希望实现五个目标，第一，它尝试为制度发展、城市管理功能和城市管理形式提供一个概念性框架；第二，它尝试强调制度发展流程中组织与组织环境关系的重要性；第三，它尝试提供一个检验制度发展可持续与否的实践框架，在本案例中，是向马拉维城市首席执行官传输城市管理能力；第四，它尝试为制度发展流程和整合发展战略提供一份操作清单；第五，它尝试强调第三世界城市管理的制度发展要素。

第一部分

制度发展

第一部分探析了制度发展的主要特征，这是在对文献中尚没有认可的第三世界制度发展标准模式的前提下进行的。第1章尝试定义制度发展。第2章对其应用于第三世界国家的现状进行了评估。小结部分确认了制度发展的主要特征，并引入了一个初始的概念性框架。

第1章

定义制度发展*

在第三世界文献中没有关于制度发展的标准定义。布拉斯(Blase, 1986)曾经提出:“如果存在唯一的、多用途的制度定义,那将会是非常方便的。但是它并不存在,此时的文献尚没有成熟到可以概括这个概念的程度。”[1] 其他专家也同意这个观点:“很多术语用来描述[制度发展]……这些表述都有各自的缺陷,不过将定义分类可以确保得到通用的解释和使用。”[2]

因此,本章试图识别制度发展的基本特征,主要考虑三个主题:

- 制度
- 发展
- 制度发展

制　　度

在制度这个标题下,主要考虑三种思想:制度与发展;制度与价值;制度的政治性。

制度与发展

有观点认为“制度的缺陷……已经成为发展中国家的发展障碍,这种制度缺陷在撒哈拉以南的非洲尤为严重,这一地区的第三个联合国发展十年,即20世纪80年代,被称为失去的十年”[3]。这好像是一幅描述人类奋斗史的滑稽漫画。例如,在莫桑比克,“三个基本问题仍然制约着[开

---

* “制度发展”原文为“Institutional Development”,“institution”既有“制度”的意思,也有“机构”、“组织”的含义。从全书来看,译为“制度发展”比较恰当。但在行文中讲具体的做法时,主要是讲在制度发展中如何处理“机构”、改革“机构”、设立新“机构”,因而翻译为“机构”更为合适,因为机构是制度发展的重要内容。——译者

发]系统：低水平的援助者协调，不能提供高效率和高效能的资源分配，单位成本难以降低"[4]。这种情形就是被援助国政府的制度缺陷。

关于发展，争论的焦点是制度的关键性角色问题。

> 公共机构是可持续性和收益性经济增长的核心。它们制定政策，利用和管理资源，并提供服务，以刺激和维持发展。如果公共机构不能正常运转，那么增长和繁荣就不能继续和持续下去。[5]

制度好像是发展流程的基本过滤器，并引导发展流程。

有观点认为"世界上70%的人口生活在发展中国家，而这些国家在努力生存的过程中都面临着行政管理问题的巨大挑战"[6]。挑战已经足够明显，现在的问题是制度的本质是否为发展手段。

制度作为整个发展流程中的基础遭到了质疑，但这反而突出了制度的重要性。一部核心文献在其某一章节中，就为什么在发展过程中需要考虑制度这一问题进行了探讨。其观点是当关注的是发展而不是增长时，制度扮演着战略的角色。这就暗示着增长是私人部门主导的活动；假如存在增长，就不需要干预。相反，发展是一种质的、以公共部门为主导的功能。它是为了鼓励发展(将在下一部分中进行定义)的产生。

一种观点认为制度在发展过程中扮演着关键的角色，尤其是在城市发展过程中。

> 提供城市基本住房保障、服务和基础设施的计划效果取决于公共机构高质量的项目规划和实施。制度主要提供了一种渠道，通过这一渠道城市各部门的问题按优先顺序被明确出来。然后进行项目的规划和实施，并形成了部门间的互补。这被视为关键的干预因素，通过这一因素，经济资源和人的技术被合理地运用，促进了城市的发展。[8]

沙布尔·奇马(Shabbir Cheema)在其以后的书中补充了这一观点[9]。

总之，已经非常明确的是，制度在发展过程中扮演着非常关键的角色。

制度与价值

人们会提出一个实际问题，公共机构的实质是什么。乌普霍夫(Uphoff，1986)提出的一种观点是公共机构和组织这两个词经常被互换使用。据此，得到普遍认可的有三种分类：

- 是组织不是公共机构；
- 是公共机构不是组织；
- 既是组织又是公共机构。

有观点认为，从法律的角度来看，一个新的合法企业是一个组织，法律是一种制度，法庭既是组织又是制度。[10] 在现阶段，这种概念在语义上有些不合实际。

在建立制度理论的时候，曾尝试过提供功能性定义，为后续分析设置一些参量。第一，组织具有内在的集聚性；第二，组织之所以存在是由于其手段性能力；第三，从本质上讲，它们是层级性的；第四，当务之急是构建组织设置以实现组织目标。[11] 从表面上看，这似乎是一个非常标准的分类。

其他学者则更加谨慎，“显然，制度这个词的含义存在太多变化，以至于需要仔细寻味每个作者赋与它的含义……然而有一些普遍的线索存在于某些文献中，其中之一就是价值”[12]。

乌普霍夫(Uphoff，1986)赞同这一观点，“制度分析的角色导向和规则导向方法都包含了对人的价值和社会规范的思考。制度不可避免地与规范思考联系在一起，这就是为什么不能像机械地构建水电坝或公路干线那样构建制度的原因”[13]。更进一步理解，制度化就是为公共机构注入一种超越当前技术任务要求的价值。这种观点暗示了一个制度是加入了人为评价的组织，它超越了直接利益的驱动。

这一观点与阿达莫莱昆(Adamolekun，1990)的观点相一致：“我想论证的是为了发展而建设机构能力……最根本的是要关注那些支撑制度发展或强化的价值。”[14]

制度建设校际研究计划(Inter-University Research Programme in Institution Building—IRPIB)提出了一种关于组织和公共机构的概念上差异的观点：“……这种 IRPIB 学派的思想与其他学者的思想相比，发展了这一概念，价值代表了制度的重要维度。”[15] 这是对埃斯曼和布鲁恩斯(Esman and Bruhns)早期作品的认可，他们提出了：

> 组织主要是一种技术性手段，是达到特定目标的手段，但绝不是目标本身…… 而制度方法不仅强调了其手段性特征，也不只强调了组织系统内部的主要结构、功能和行为要素…… 在制度分析中，我们关注的是目的和价值，这超越了当前的直接任务……[16]

在其他文献中也可以看到相同的观点：

> “公共机构”和“组织”这两个词在应用社会科学方面具有相同的含义。任何学院都是一个组织，因为它包含了通过正式角色和任务分配而实行的有意识的计划，并通过权威的层级结构进行管理。然而，置于学院之上的是一系列清晰的价值和利益，这些价值和利益表达了涉及普通教育和高等教育方面重要的专业和社会关系。从这个意义上讲，使用“公共机构”这个词也是比较合适的。[17]

把这种价值理念作为与制度概念相统一的主题，将其转化为政策的构建并不困难。这种理念是与地方政府相关联的基础，也是本书制度方面的主要关注点。

一篇建立在价值主题基础上的分析文章认为，议会(councils)是“价值资源分配”的平台，进而强调地方政府各种不同的角色定位。议会被认为是：

- 一个法律实体
- 一个代表团体
- 一个服务团体
- 其他政府团体的代理制度
- 人们工作的地方
- 具有历史性的团体
- 地方团体[18]

这一系列的分类并不具有直接的相关性，它只是提出了公共机构和组织的某些属性。然而，它也影射出了一个概念上的难题。当有人谈及地方政府时，人们可能将其解释为法律实体。信息接受者可能从自己工作的角度来过滤信息，但是我们需要一种统一的信息，这又把争论带回到了内在价值问题上。

总之，制度不仅是行动的手段，也具有超越手段性的内在价值。

制度的政治性

科尔巴奇和德格令(Colebatch and Degeling，1986)曾提出制度分析呈现出三个层次。首先……

> 创建本身就是个政治过程；它必然存在并产生权力和利益纠葛。因此，分析的焦点应在于当公共机构成员与他人建立关系时，他们做了什么，他们的行为体现出的意义和利益，他们通过社会实践所表达的以及其行为中所体现的意义和利益是怎样成为制度化的。因此政策

和组织是无法分离的现象。[19]

其次，专家们关注“组织研究是如何以主体为中心的，他们在构建与他人关系以及与他人竞争时，这些主体是如何意识到并表达出他们在干什么？”[20]最后专家们证明了：“政策研究与组织研究在组织行为过程中不是分离的，而是彼此包含和关联；既适应于构建活动中，也适合于产出的成果中。”[21]

布朗(Brown，1989)也同意这一政治性的观点，它降低了文化和社会方面的倾向。在组织分析中，把注意力集中在政治环境的重要影响上。[22]然而，对于制度的概念还是不能给出一个令人满意的定义。

乌普霍夫(Uphoff，1986)就定义制度概念问题提出了一些新的想法：

> 一种更广泛的想法是，组织如果被界定为公共机构，那么就要问一问，如果组织消失了，辖区内的人们——不只是组织成员或直接利益者，是否还希望这个组织重新归来？有多少人愿意为保留这个公共机构而努力或做出牺牲？组织是否变为机构化取决于人们对它的“评价”，即它是否具有了超越直接手段性的价值因素。[23]

在实践方面，一个很好的案例就是印度希望成立城市开发公司，这些组织自然地继承了特定地区以前由地方政府主导的角色和职责。如果这种做法是肯定的，那么开发公司就可以成为机构化的；如果否定这种做法，那么它仅仅是一种可以重构或清算的组织而已，这就是政治维度的制度分析。

总之，制度是一种政治性(如政策)的实体。

本节的主要内容包括：在特征方面，制度在发展过程中扮演着至关重要的角色。尽管在目前的文献中没有制度一词的标准定义，但可以看出制度具有三个特征：它是行动的手段；它因有内在的价值而超越了手段意义；它是一个政治性(如政策)实体。需要掌握的一个最基本的要点是制度是发展过程的基础。

下一节将论述发展的概念。

发　展

在本标题下，主要考虑三种思想：组织开发；发展理性主义；为自由而发展。

组织开发

布朗特(Blunt,1990)曾提出,“现代管理思想的主流范式(ruling paradigm)是权变理论(contingency theory),这种思想认为管理或组织没有最佳方法”[24]。之后,他又提出,“权变方法必须建立在组织的核心价值和规则的基础之上。按照这种观点,组织核心价值必须得到组织成员绝对多数的赞同,并且要构建组织规则和参量”。这些核心价值和规则涉及组织功能的调整、协调和控制、义务与角色关系。[25]规划和沟通[26]、绩效和奖励[27]以及有效的领导[28]也是分析清单上的保留内容。

韦尔兰(Werlin,1991b)针对目前文献中的困惑提出了一种更为谨慎的方法,这也许是一种解决方案,“没有最佳的组织方法……没有最佳的政策、方法或者技术……我们称之为‘政治软件’的方法是指组织[政治硬件]中基本人际关系的质量。这种政治软件对于高效率地执行政策、项目或技术都是必需的”。这种观点方法被引用到了美国各个地方政府系统之中。“并没有证据充分证明某一种形式的地方政府……比其他形式的地方政府的运作更具效率。但是,每一种形式的地方政府都继承了高品质的政治关系。”[29]

这种观点无意中反映了更早期的一种思想。霍南德勒(Honandle,1992)提供了一个制度强化的案例,“能力建设重点与制度建设重点的主要区别是能力建设在组织的基础上,并不单纯关注组织本身,而是引入了新的领域,进而要求更好地理解和利用公共部门之外的社会网络和组织资源”[30]。这就是说“政治软件”将在制度建设流程中逐渐占据主导地位。“从而,政治和可持续性方面的思考将得到更多的关注……并超越单纯依靠技术和项目投资获取回报的方法局限。”[31]从这种意义上说,政治意味着关系的排序,换句话说就是哪种组织元素被优先考虑的问题。可持续性完全是另外一个方面的问题,在第10章将会有详细论述。

阿达莫莱昆(Adamolekun,1990)对这一案例进行了补充:“中心论点……可以总结为在民主价值基础上,对发展中机构能力建设的拥护,同时也主张价值优于技术占据至高地位。”[32]这是很显然的,各种技术对产出环节仅仅起辅助作用,而价值与输出和可持续性密切相关,涉及产出和影响两个方面,这在发展过程中是非常重要的。

总之,本节提出组织开发与政治有本质的联系。

发展理性主义

技术在发展行政中曾经占据了统治地位,并且这种观点危险地蔓延开来。

繁荣的关键因素曾被认为是外国的援助，援助是通过必要的经济和技术转移，以及改良的行政管理系统进行运作而实现的。很明显，所有这些都被认为是两种流程相互作用而直接带来的奇迹。一个是技术传播，以制定适合的经济规划；另一个是接受国通过发展行政吸收外部输入。发展行政被理解为以专业为导向，技术为主要元素，具有政治性和意识形态的官僚体制。[33]

很显然，事实上并非如此。

发展行政并不能从政治经济和发展理论中分离出来。这里的核心假设是发展与现代化之间的统一性，而对于后者的理解是西方化的。发展行政的主要作用是辅助西方化发展——创造稳定和有序的变革……[34]

这一观点的中心思想是发展行政作为变革的手段。如此，又回到韦伯的官僚制概念上去了。

所有这些假设都是对韦伯官僚行政体制进行的详细说明，主流文献中，对于官僚制和发展之间的偶然联系实际上是被过分强调了……[35]

这一观点认为，

发展行政的核心不再是行政结构的管理能力问题，而是作为制度社会化的官僚形式与影响到人们生活质量的发展之间的不兼容问题。[36]

因此，发展行政不再被认为是地方政府和人民以向西方化转变为目的的理性手段，相反，应当将其视为地方政府根据自身面临的问题，自我决定发展的过程。

阿达莫莱昆（Adamolekun，1990）[37]所提出的民主价值观点反映了技术理性主义者（技术和程序）与批判理论主义者（价值和自由）在哲学上的分歧。为了反驳韦伯的分析而提出了两种社会观点：

一种观点被称为社会规则论（sociology of regulation），该理论认为，社会是一种稳定的、整合良好的社会性结构，具有促进社会整合和防止冲突的功能和元素，它假设存在统一的、具有统治地位的价值。另一种观点被称为社会激变论(sociology of radical change),其特点是强调流程和变革,而并非关注稳定性,认为社会受到不同集团和阶级的利益矛盾和冲突的影响,受到不同集团和阶级之间相互统治的影响,也受到不同价值观的影响。[38]

总之,本节认为发展否定了理性主义者的解释,而确认了发展流程中的政治属性。

为自由而发展

在这种政治背景下,组织批判理论(critical organizational theory)中有四种元素被直接运用于发展行政之中。

- 在组织中,存在一种技术理性和非技术理性之间的张力。[39]
- 运营过程中的技术理性占主导的理念与社会统治阶层的利益是一致的。[40]
- 在实践中,通过技术理性建立起来的组织,需要有一种很强的意识形态来掩盖冲突以及由技术理性带来的评判。[41]
- 组织实践中,人类精神因素以及大多数人利益一定能够打破技术理性至高无上的地位。[42]

这种对于组织的批判性理解为发展这一概念增加了政治性和价值的含义,即发展不再是由技术性手段占主导,而试图通过技术优势和理性寻求确保组织存在的其他真正需求。

这一观点被韦尔兰(Werlin,1991b)进一步拓展为"系统理论(systems theory)(以及其他理性理论)的替代物是政治弹性理论(political elasticity theory)。这一理论认为,作为管理者不能完全按照韦伯和科学管理理论家提供的理论去管理,而是应该自动地或毫无疑问地对指导做出反应……"之后,在同一部著作中,他又补充道:

> 组织理论家在试图将政治从行政管理中排除出去的过程中,用机械的或生物的方式结束其非人格化的目标。对行政管理的政治属性认识的失败源于对政治的多维属性认识的失败。一方面是为了获得竞争优势而努力;另一方面是为了多数人的意见以及国家[社区]的需求而努力。[43]

霍南德勒(Honandle,1982)重申了这一观点,对于多数人意见一致的需求必须在发展中以可持续性的思想进行最终的检验。

> 发展涉及以下活动：这些活动能够引导人们自我维持动力，以改善人类生活。因为发展行政强调设计、组织以及管理这些活动，战略干预的可持续性必须在该领域内占据优先的位置。[44]

所有的发展都应当以寻求人类生存条件的改善为目的。为了获得成功，所有的发展都应当具有可持续性，并最终倾向于自我发展。

这一观点受到了普遍的支持。

> 前两个发展的十年强调了现代化，主要通过国外提供的技术转移（既包括思想意识又包括手段）援助而实现。第三个发展的十年，如果还期望不再走错方向，那么必须改变其关注点和战略，并需要实现以下方面的重要目标，包括自力更生、民众需求、社会正义以及消除贫困。发展行政必须为实现这些核心目标提供主动、高效、强有力的条件。国际社会及援助机构正面临着中途修正他们方法的挑战，这是非常困难的，但并非不可能实现。[45]

这种方向性的转变必须从两个源头引入。首先，援助机构接受发展方面的人的增长观念，而非技术观念。其次，"每一个国家都必须制定自己的发展战略……通过依靠自己的[发展]理论和方法来制定"[46]。

布朗（Brown，1989）曾提出："如果第三世界国家的公共部门管理问题研究得到了进一步的发展，那么就需要对现有的方法进行重新定位，这将会减少对设定好的理想绩效标准的重视，并将更多地依靠相关组织的实际绩效……简而言之，我所倡导的第三世界管理是行为而非理想主义方法。"[47]这一行为方法强调关注组织内部的具体活动；识别了单元分析的思想。这是后面要重新研究的问题。

下面的观点是由被援助国家提供的：

> ……我们所关心的并非是界定对发展中国家来说更加适合的组织文化。而是希望开发另外一种文化模式，这种模式可以帮助参与者了解他们所在的组织，并识别他们自身的不同的内在影响因素。

"参与者的理解"这一观念是至关重要的。发展是或者应该是自我理解，并最终自我决定（self-determination），而不应该是外部力量强加的一种组织行为模式。

这一观点可以解释为，非洲政府应该

> 将其在发展中的控制和管制角色转变为促进和支持性角色。在实践中，这意味着政府不应该过多地参与到规划中去……而是通过创造

和维持物质、法律基础设施，帮助民众推动和维持发展。[49]

在这一背景下，有两种层次的自我决定。第一种是相对于国际社会而言的国家政府；第二种是相对于国家政府而言的地方政府，以及对其支持的市民。

这两种层次的概念很重要。国际主体通过双边和多边援助机构与国家政府进行谈判和签订协议。从法律角度看，他们没有与地方政府打交道。因此，发展中的促进作用是两种层次的过程。

总之，很明显的一点就是发展是一个探索的过程，而非强迫接受的过程。

第二节的主要内容包括：认为发展具有四个特征，它与政治有着天然的联系；它否定理性构建；它承认流程的政治属性；它建议探索而非强迫接受。在本质上，发展是一个政治性过程，由政策和人类需求所决定。

下一节将会把发展和制度的概念结合起来论述。

制度发展

在本标题下，主要考虑四种思想：制度发展元素；通过制度发展学习；制度发展的可持续性；制度发展范围。

制度发展元素

赫希曼（Hirschmann，1993）认为在制度发展中，

> 政策改革与制度发展之间关系的第一个问题，是与制度和文化之间的相互联系有关……所关注的第二个问题与变革的速度有关……第三个问题与政治和制度的关系有关，因为制度发展内在的政治属性与其天然的技术属性一样。[50]

伊斯雷尔（Israel，1987）对这个问题考虑得更实际，他认为制度发展是“提高公共机构能力的过程，以实现在制度建设、公共部门管理以及公共行政管理中更高效地利用人力和财政资源（有多种定义）”[51]。在这里，它认为主要的缺陷（包括现在的实践中）是“对于大多数发展战略，重点放在了规划和评估上，而没有重视执行；强调投资和政策，但是没有关注运作”[52]。

在另外一篇文献中，拜克（Buyck，1991）认为，“制度发展是创造和增强组织能力，进行高效的生产、分配和利用人力、财务资源，以实现公共或

私人部门的发展目标。它不仅包括建设和强化制度，还包括在追求公共机构、部门或政府的合理支出过程中资金的节省和清算”。并且认为，在运作过程中，制度发展的主要目标是提高和增强

- 内部组织结构
- 管理系统，包括监督和评估
- 财务管理（预算、会计、审计流程）
- 人事管理，员工开发和培训
- 公共机构间的关系
- 法律框架
- 政府管制和流程[53]

在定义制度发展的其他相关文献中，也提出了类似的制度发展清单。例如，制度发展远远不仅是指对组织的强化，还包括推动各种项目的实施和完成，[这意味着]强化

- 法律和法律辅助系统
- 内部组织和分配功能
- 项目实施的物质和财政能力
- 人事政策和奖励体系
- 制度环境中的资格和技能水平[54]

保罗（Paul，1990a）也提出了一个制度发展的操作清单，主要包括以下分析：

- 人才匮乏，包括技术人员
- 协调问题
- 规划、监督和评估体系的差距
- 地方能力缺陷
- 组织重构或分权需求
- 财务管理问题（成本回收、支持系统和预算控制）
- 补贴和激励结构方面的限制
- 对项目服务需求缺乏关注
- 自治问题[55]

联合国开发计划署（UNDP，1991）认为，制度发展战略通过标准干预来实现关键功能。

在功能方面：

- 应用分析能力
- 规划和程序设计能力
- 管理和实施能力
- 监督和评估能力

在干预方面：

- 改变管理战略
- 提高管理流程的效率和效能
- 改变系统和结构
- 根据环境需求配置任务
- 改变管理结构[56]

还有另外一种定义来自郝伯瑞和李·马钱特（Horberry and Le Marchant，1991）。

> 制度发展的主要目标是创造或强化能力以管理……设计开发结构，加强对环境的责任，为个体和集体的行为提供激励……这要求具有长远的眼光[与单纯的政策形式化不同]……它必须是根据当地政治、经济和文化状况而量身设计。符合当地国情对于发展中国家来说是非常重要的，因为它们的制度是唯一的、复杂的并具有很强的传统……[57]

因此，没有什么制度发展模式可以强加推广，而必须通过协商和规划进行识别，尽可能地让客户参与进来，帮助他们构建自己的制度发展程序。

对于制度建设流程还有另外的观点。“在文献中可以找到各种各样的有关制度建设的定义。”最常用的一种定义是IRPIB学者们所使用的，制度发展是“规划、构建、引导新建的或重建的组织，这一组织(a)体现了价值、功能、物质和/或社会技术方面的变化，(b)建立、培养和保护正常的关系及行为模式，(c)从环境中获得支持和互补”[58]。用更简单的话说，制度发展流程关注的是手段、标准和绩效目标。

制度的变量涉及“领导能力[59]、原则[60]、程序[61]、资源和内部结构”[62]，它们与组织内部结构和流程有着密切关系。制度发展的基础是制度与环境的关系。在关联和交换方面，有观点认为“由于制度的基本目的是引起环境变化，因此，与环境之间的这种关联和交换就尤为重要，实际上，有意识地倾向于环境因素会使制度建设前景具有与众不同的吸引力”[63]。这一点很重要，而且这也是本书第四、五部分的一个实践主题。

回顾世界银行最近的实践，有专家提出，世界银行“集中精力关注组织内部因素而放弃外部环境因素……”[64]因此，在规模上更广阔的制度分析和制度发展（如包括组织开发环境）将改进项目设计和实施。

总之，制度发展可以看做既对内关注组织内部，又对外关注它的发展环境。

通过制度发展学习

制度与环境的关系是基于这样一个前提，即存在反馈机制，这样组织可以通过响应（或学习）与环境保持一致。用布拉斯的话说（Blase, 1986），“系统分析越来越趋向于普遍……并且适应于制度建设的是反馈”[65]。引入一种“反馈学习”机制预示着发展行政的重心发生了重要的转变。“早期的制度建设文献强调社会工程，暗示着制度发展要采用自上而下的方法。近期的文献……表明需要强调参与，并采用自下而上的方法。”[66]

乌普霍夫（Uphoff，1986）拓展了这一观点。

> 近年来，在思考项目开发的规划和实施中出现了许多评估。以前占据主流地位的是蓝图方法，这种方法假设所有的问题和目标都能已经被识别，并能明确地达成共识，因此可以通过全面了解和详细规划，对具体问题进行干预和解决。这种方法是按一定顺序，由专家设计程序，然后由非专业的、能力较低的人员按照程序执行……克顿（Korton）描述的过程学习方法替代了蓝图方法，有时将过程学习方法简称为过程方法。这种方法可以归结为引导性规划，强调价值的假定，并在工作中对战略进行连续的评估和修正，所有的开发都是在真实世界中的实验。[67]

这里所倡导的就是发展行政中的迭代方法（iterative approach）。发展行政的迭代方法支持过程学习，并依赖于人的能力。它提出，

> 尽管制度发展看上去涉及结构、流程、抽象的绩效能力等物质因素，但最终还得依靠人来完成，依靠他们的技能、动力和效能。当谈到建设或强化制度时，必须清楚可以招募、提升、获取多少相关的人才和力量来支持公共机构运作和改进，因此，支持制度发展需要对公共机构人员能力方面进行特别的关注。[68]

这种以人为本的探索模式意味着在发展行政流程中要注重能力建设，然而，这种能力取决于可持续性。

总之，本节认为制度发展是一个探索的流程，探索是通过公共机构人员实现的。

制度发展的可持续性

世界银行很痛苦地承认发展行政项目中存在瓶颈问题，这成为首个涉及世界银行公共部门管理领域……“由于世界银行的承认，银行对其大约一半的项目(在非洲是 2/3)停止资金支持，因此，这些项目成功的概率变得非常低”[69]。最终制度发展将打破这些瓶颈，并确保某些措施的可持续性。

世界银行经常对其绩效进行分析，其中一篇有关市政服务改革的文章强调了可持续性问题。纽伦堡和奈利斯(Nunberg and Nellis，1990)认为：“大多数银行的行为都是以短期成本控制为重点，如果希望得到可持续的改善，那么必须更多地重视长期管理问题。”[70]之后，他们又提出“长期方法最根本的问题是要确保短期措施得到制度体系的支持，并能持续地进行改革”[71]。为了实现这一点，他们提倡“充分的准备，详细的诊断，恰当的技术，谨慎的实施，这些都是成功的基石”[72]。

格雷等人(Gray et al.，1990)提出：“政策的改变会忽视制度支撑，未必能持续或者产生深入的成果。”[73]之后，他又补充说：“某些部门的制度发展项目比另外一些部门的更好，这并不是偶然的。能源和基础设施项目更趋向于独立，而不同国家的制度问题则趋向于标准化。”[74]

丘吉尔(Churchill，1991)曾经尝试研究建立制度发展标准的课题，并以能源部门的开发工作为例进行了说明。这些课题强调：制度发展是一种政治行为[75]；制度发展是一个流程[76]；需要解决外部因素[77]；制度发展的成果很重要[78]；必须谨慎地对待制度发展的具体影响[79]；任何制度发展的政治风险影响都可能很广泛[80]；开始就要解决所有的财务问题[81]；早期的主要影响是十分重要的——从实践中学习远比按部就班地按照事先制定的详细方案实施要重要得多[82]。总之，他认为，“这八条原则是具有普遍意义的。最终，所有这些都表明制度发展流程具有本质上的政治属性，并且要求继续咨询和参与，以发挥这些因素的影响”[83]。

保罗(Paul，1990a)提出，“首要任务并不是拓展制度发展的工作流程，而是深入流程的研究……转变工作重心，更多地关注于可持续性，通过分配足够的资源来支持自下而上的诊断工作，并提高那些研究制度发展问题的员工素质”[84]。这样的工作非常耗费时间，尽管如此，他在后来的论文中提出，

> 制度发展成效与项目可持续性[超出项目期间的收益]是成正向相关联的……41个取得制度发展成效的项目中，40个可能具有可持续性。而46个没有取得制度发展成效的项目中，有33个不太可能具有可持续性。[85]

很明显，可持续性受到若干因素的影响，但制度发展无疑是其中一个重要的影响因素。

增加内部和外部制度发展方法以实现可持续的需求压力使问题变得更加严峻。[86]这是另外一个十分重要的论点，本书的第四、五部分将详细论述。

1988年，经济合作组织（OECD）在论述中不仅强调可持续性的重要性，而且还强调了成功的决定因素。[87]但非常遗憾的是，“学者或参与者既没有对这些问题形成一致意见，也没有对关于在不同的制度发展实践中影响因素也不同这一观点达成一致意见”[88]。OECD从诸多因素中挑选出政府政策、财政分配、管理、组织结构、地方参与、外部经济以及政治因素作为最具相关性的影响因素。

格雷等人（Gray et al.，1990）认为，“良好的制度发展工作需要具备高深的知识，并且要与许多人进行耐心的协商，所有这些需要耗费大量的时间。项目中那些棘手的问题并不应当[由世界银行]草率地解决……很遗憾，我们再三被告知，世界银行没有激励机制来确保良好的监督管理——项目一旦被纳入到决策日程，动力就消失了，对于项目结果的责任意识淡泊”[89]。世界银行陷入了传统的逻辑思维之中，即认为制度发展项目的实施是由项目的程序（准备阶段）决定的，实际上，实施阶段也是制度发展固有的一部分。

世界银行现在承认这种转变的重要性，并将其纳入其新的运作宣言之中。这将“改变银行的国际投资方向，在开发新项目和确保流程成功之间达到一种更好的平衡”[90]。之后，将“提高操作评估的作用，并关注实施后的操作评估，即收益是否可持续”[91]。这是政策方面的重要转变。

对于自身在制度发展中的缺陷，联合国开发计划署（UNDP）也感到十分遗憾。“在其许多项目中，制度强化方面被忽略或者是敷衍了事。经常认为实现了项目的技术目标，将会自动地引导提高公共机构能力……在实践中，UNDP项目设计中的公共机构能力建设方面仍然是一项空

白。[92]到1989年为止，一家多边援助组织承认第三世界的制度发展实践还处于初级阶段。

总之，制度发展必须关注公共机构能力问题，并确保其可持续性。只有这样，制度发展才能被认为是成功的。

制度发展范围

保罗(Pual,1990a)认为，制度发展的基本目标有三个：

- 推动项目实施过程；
- 对项目的可持续性做出贡献(超出项目期间的收益)；
- 支持公共机构部门或次级部门的开发，并加强它们之间的联系，无论它们是否直接参与项目。[93]

第一个目标属于短期问题；第二和第三个目标就超出了项目本身而涉及可持续性和相互间的支持关系。

为了强调以上长期和短期目标之间的区别，给出一个与之相关的世界银行的市政开发项目观点。

> 在目前的理论中，制度发展已经具有了准确的含义。它涉及这样一个层面的含义，即组织超越了直接输出，而具有更为广泛的价值含义。这种价值并不仅仅局限于组织自身的部门机构中，而是使这种内在价值最大限度地在共同体中得到发展。……一种测试结果是提升了[东非地区]市政政府的形象，该地区的见多识广(但没有受过必要的教育)的群众将其市政政府看做是一种外部经济；一种将资源(机构能力)转化为民众承受得起的基础设施和服务机制。[94]

短期的目标是直接流程的改变——制度发展的手段。长期的目标是持续改变的影响，社区获得持续的收益。

在地方政府方面，布伦特和柯林斯(Blunt and Collins,1994)提出，“[世界]银行[在实践中]将四个领域作为强化地方政权的共同目标”。这四个领域是资源循环利用，财务管理，公共机构的效率和市政基础设施的资金供给。[95]简单地说，其他观点认为“制度建设能够帮助政府组织清晰地理解其目标及实现途径”[96]。

银行部门在调整运作中，制度发展的基本组成元素包括：

- 组织重构和强化；

- 政策制定和规划能力；
- 管制和流程改革。[97]

本书在第四、五部分将论述前两个方面的实践，实践中将描述由监管引起的障碍，因此，需要解决管制问题和进行流程改革。

总之，制度发展涉及对组织结构、流程以及管制环境的干预。

这三节主要强调了制度发展可以看做是对公共机构的人力和财务资源实现最佳利用。这是一个探索的过程，通过客户制度来实现。它寻求公共机构内部实体和外部影响机制的强化。过程的迭代模式试图避免蓝图方法，而引入学习的理念。可持续性是个核心问题，其过程主要涉及组织结构、发展过程、管制环境的干预。

在本章的最后，可以确认制度发展具有三个主要特征：

1. "价值"将公共机构和组织区分开；"我们关注那些超越了当前直接任务的目标和价值"[98]。
2. 必须检验开发的"可持续性"；"发展涉及引导行为，这些活动能够引导人们自我维持动力，以改善人类生活"[99]。
3. "探索"是当前制度发展的主要实践模式；"所有的发展都是在真实世界中的试验"[100]。

现在有必要关注一下制度发展在第三世界的应用了。

注　释

1. M. Blase (1986) *Institution building: a source book* (Columbia: University of Missouri Press), p. 329.
2. P. Blunt and P. Collins (eds) (1994) 'Institution building in developing countries', Special issue of *Public Administration and Development*, Vol. 14, No. 2, p. 111.
3. L. Adamolekun (1990) 'Institutional perspectives on Africa's development crisis', *Public Sector Management*, Vol. 3, No. 2, p. 5.
4. L. Graham (1993) 'The dilemmas of managing transitions in weak states: the case of Mozambique', *Public Administration and Development*, Vol. 13, No. 4, p. 417.
5. L. Salman (1992) 'Reducing poverty: an institutional perspective', Poverty and Social Policy Series, Paper No. 1 (Washington, DC: World Bank), p. 11.
6. M. Kiggundu, J. Jorgensen and T. Hafsi (1983) 'Administrative theory and practice in developing countries: a synthesis', *Administrative Science Quarterly*, Vol. 28, p. 66.
7. Blase, *Institution building*, p. 321.
8. G. Shabbir Cheema (1987) 'Strengthening urban institutional capabilities: issues and responses', in Asian Development Bank (1987b) *Urban policy*

issues (Manila: Asian Development Bank), p. 149.
9. G. Shabbir Cheema (1993) 'The challenge of urban management: some issues', in Shabbir Cheema (ed.) (1993) *Urban management: policies and innovations in developing countries* (Westport, Conn.: Greenwood Praeger Press), p. 13.
10. N. Uphoff (1986) *Local institutional development: an analytical sourcebook with cases* (West Hartford, Conn.: Kumarian Press), p. 8.
11. H. Colebatch and P. Degeling (1986) 'Talking and doing in the work of administration', *Public Administration and Development*, Vol. 6, No. 4, p. 339.
12. Blase, *Institution building*, p. 329.
13. Uphoff, *Local Institutional development*, p. 9.
14. Adamolekun, 'Institutional perspectives on Africa's development crisis', p. 6.
15. Blase, *Institution building*, p. 329.
16. Ibid., p. 330.
17. Further Education Unit (1986) *Preparing for change: the management of curriculum-led institutional development* (Laxa: Longman), p. 4.
18. Colebatch and Degeling, 'Talking and doing in the work of administration', p. 344.
19. Ibid., p. 350.
20. Ibid., p. 351.
21. Ibid.
22. D. Brown (1989) 'Bureaucracy as an issue in Third World management: an African case study', *Public Administration and Development*, Vol. 9, No. 3, p. 380.
23. Uphoff, *Local institutional development*, p. 8.
24. P. Blunt (1990) 'Strategies for enhancing organisational effectiveness in the Third World', *Public Administration and Development*, Vol. 10, No. 3, p. 310.
25. Ibid., p. 303.
26. Ibid., p. 304.
27. Ibid., p. 305.
28. Ibid., p. 306
29. H. Werlin (1991b) 'Understanding administrative bottlenecks', *Public Administration and Development*, Vol. 11, No. 3, pp. 194–206.
30. G. Honandle (1982) 'Development administration in the eighties: new agendas or old perspectives', *Public Administration Review*, No. 42, p. 176.
31. Ibid.
32. Adamolekun, 'Institutional perspectives on Africa's development crisis', p. 14.
33. O.P. Dwivedi and J. Nef (1982) 'Crisis and continuities in development theory and administration: First and Third World perspectives', *Public Administration and Development*, Vol. 2, No. 1, p. 60.
34. Ibid., p. 62.
35. Ibid., p. 64.
36. Ibid., p. 65.
37. Adamolekun, 'Institutional perspectives on Africa's development crisis'.
38. M. Alveson (1987) *Organisational theory and technocratic consciousness; rationality, ideology and quality of work* (Berlin and New York: Walter de Gruyter), p. 16.

39. Ibid., p. 245.
40. Ibid., p. 258.
41. Ibid., p. 249.
42. Ibid., p. 253.
43. Werlin 'Understanding administrative bottlenecks', p. 196.
44. Honandle, 'Development administration in the eighties', p. 178.
45. Dwivedi and Net, op. cit., p. 74.
46. Ibid.
47. Brown, 'Bureaucracy as an issue in Third World management', p. 371.
48. T. Franks (1989) 'Bureaucracy, organisation and development', *Public Administration and Development*, Vol. 9, No. 3, p. 368.
49. G. Hyden (1990) 'Creating an enabling environment', in World Bank (1990) *The long-term perspective study of Sub-Saharan Africa. Vol. 3, Institutional and Socio-political issues* (Washington, DC: World Bank), p. 80.
50. D. Hirschmann (1993) 'Institutional development in the era of economic policy reform', *Public Administration and Development*, Vol. 13, No. 2, pp. 116–17.
51. A. Israel (1987) *Institutional development: incentives to performance* (Washington, DC: World Bank and Baltimore: The Johns Hopkins University Press), p. 1.
52. Ibid.
53. B. Buyck (1991) 'The bank's use of technical assistance for institutional development', World Bank Working Paper No. 578 (Washington, DC: World Bank), p. 5.
54. C. Gray, L. Khadiagala and R. Moore (1990) 'Institutional development work in the bank: a review of 84 bank projects', World Bank Working Paper, No. 437 (Washington, DC: World Bank), p. 2.
55. S. Paul (1990a) 'Institutional development in World Bank projects', World Bank Working Paper No. 392 (Washington, DC: World Bank), p. 7.
56. UNDP (1991) *UNDP assistance in the Third World: a thematic assessment* (New York: UNDP), pp. 51–2.
57. J. Horberry and M. Le Marchant (1991) 'Institutional strengthening in international environmental consulting', *Public Administration and Development*, Vol. 11, No. 4, p. 385.
58. Blase, *Institution building*, p. 332.
59. Ibid., p. 335.
60. Ibid., p. 337.
61. Ibid., p. 338.
62. Ibid., p. 339.
63. Ibid., p. 340.
64. D. Brinkerhoff (1994) 'Institutional development in World Bank projects: analytic approaches and intervention designs', *Public Administration and Development*, Vol. 14, No. 2, p. 147.
65. Blase, *Institution building*, p. 340.
66. Ibid., p. 401.
67. Uphoff, *Local institutional development*, p. 192.
68. Ibid., p. 196.
69. H. Werlin (1991a) 'Editorial: Bottlenecks to developments: studies from the World Bank's economic development institute', *Public Administration and Development*, Vol. 11, No. 3, p. 190.
70. B. Nunberg and J. Nellis (1990) 'Civil service reform and the World

Bank', World Bank Working Paper No. 422 (Washington, DC: World Bank), p. i.
71. Ibid., p. 24.
72. Ibid., p. 31.
73. Gray, Khadiagala and Moore, 'Institutional development work in the bank', p. 11.
74. Ibid., p. 13.
75. A. Churchill (1991) 'Implementing reform: strategy and tactics'. Paper presented at the ministers' conference, Mexico, September, 1991. Industry and Energy Department (Washington, DC: World Bank), p. 1.
76. Ibid., p. 2.
77. Ibid., p. 3.
78. Ibid., p. 4.
79. Ibid.
80. Ibid., p. 5.
81. Ibid., p. 7.
82. Ibid.
83. Ibid.
84. Paul, 'Institutional developments in World Bank projects', p. iii.
85. S. Paul (1991) 'The [World] Bank's work on institutional development in sectors: emerging tasks and challenges', Country Economics Department, Public Sector Management and Private Sector Development Division, November 1 (Washington, DC: World Bank), p. 1.
86. Brinkerhoff, 'Institutional development' p. 151.
87. V. Moharir (1991) 'Capacity building initiative for Sub-Saharan Africa', *Public Enterprise*, Vol. 11, No. 4, pp. 234–45.
88. Ibid., p. 237.
89. Gray, Khadiagada and Moore, 'Institutional development work in the land' p. 26.
90. World Bank (1993c) *Getting results: the World Bank's agenda for improving development effectiveness* (Washington, DC: World Bank), p. 2.
91. Ibid., p. 7.
92. UNDP (1989) *Urban transition in developing countries: policy issues and implications for technical co-operation in the 1990s. Programme Advisory Note* (New York: United Nations Development Programme), p. 35.
93. Paul, 'Institutional developments in World Bank projects', p. 2.
94. U. Locher and R. McGill (1994) *Municipal development programme for Sub-Saharan Africa. Final evaluation of MDP* (Phase 1); Eastern and *Southern Africa module. Final Report*, June (Ottawa: Federation of Canadian Municipalities), pp. 58–9.
95. C. Madavo (1989) 'Strengthening local governments in Sub-Saharan Africa' opening paper in World Bank (1989b) *Strengthening local governments in Sub-Saharan Africa: proceedings of two workshops* (Washington, DC: World Bank). Republished as an EDI policy seminar report, No. 21, in 1990, p. 65.
96. Blunt and Collins (eds), 'Institution building in developing countries', p. 116.
97. Paul, 'Institutional developments in World Bank project', p. 11 and Paul (1990b) 'Institutional reforms in sector adjustment operations: the World

Bank's experience', World Bank Discussion Paper No. 92 (Washington, DC: World Bank), pp. v–vi.

98. Blase, *Institution building: a source book*, p. 330.
99. Honandle, 'Development administration in the eighties', p. 178.
100. Uphoff, *Local institutional development*, p. 192.

第2章

将制度发展应用于第三世界

将制度发展应用于第三世界并不存在标准的原则或技术。拜克(Buyck,1991)提出,"实践的艺术和教训仅仅是缓慢地呈现出来,尤其是在公共部门管理领域"[1]。必须建立一个操作框架(operational framework),所以本章尝试识别制度发展的操作参量,主要考虑三方面内容:

- 项目
- 技术援助
- 培训

项 目

在本标题下,主要考虑三种思想:项目强加;成功因素;项目影响。

项目强加

项目的经典模式是从项目的开始到项目的结束、评估所形成的循环,项目循环经常被引用。[2]

霍南德勒和罗森高(Honandle and Rosengard,1983)提出,

> 项目是为完成特定目标而进行的不连续的活动,拥有固定的预算和时间限制。这与程序形成了鲜明的对比,程序没有明确的目标,在制度设置中具有持久的地位。项目还更有可能以特定地理区域和特殊利益集团为目标。[3]

目前,在实践中,项目是制度发展的标准工具。

龙迪内利(Rondinelli,1983)认为:

> 随着项目逐渐成为国际援助的主要途径,以及管理设置逐渐用于发展政策的实施,它们却遭到越来越多的发展理论学者和参与者

> 的批评。他们认为,这并没有实现原定的目标,实际上,却制约了发展中国家的社会学习和制度建设。[4]

从上面的两段引言可以推出项目方法是非常机械的,因为它们缺少必要的探索元素。项目经常受到批评,因为它们"规划和管理失灵……[它们是]复杂的、机械的、一成不变的……是控制手段而没有推动作用……[并且]对提高行政管理能力贡献甚微"[5]。从这个意义上说,项目可以被看做是外部因素强加的结果,而不是在外部支持下自我决定的形式。

专家们提出了许多用于指导制度发展的具有启发性的原则,其中作出重要贡献的是休姆(Hulme,1992):

> 援助者必须抛弃对组织蓝图的偏爱,而认识到改革的偶然性。[他们必须]认识到许多公共部门组织仅有很小的决策空间,因此应该更加注意决策机会的影响。[他们必须]了解在等级森严的官僚体系中,机械模式方法往往会带来消极影响。[最后,他们必须]更多关注财务和战略管理能力方面的可持续性。[6]

总而言之,最终是要"放弃对组织蓝图的偏爱",制度发展并不存在单一的模式和统一的标准方案。

布林克霍夫和英格尔(Brinkerhoff and Ingle,1989)对蓝图方法的消极影响进行了补充,"发展管理的主导模式是由一系列规定好的步骤组成的。从具体问题开始,到项目结束后的评估为止。虽然步骤的数量和专业术语因不同的援助者和被开发国家制度的不同而有所差别,但是该模式的基本要素却是相同的"。[7]

迪希特(Dichter,1989)对蓝图方法作了进一步的批评。

> 蓝图管理是近期许多大型双边和多边援助机构经常使用的方法。顾名思义,蓝图管理要求根据预先设计好的规划进行管理。这个词是从工程学借用过来的,它是一种定义问题、提出目标、选择方案、整合资源、执行规划、评估结果的管理方法。它具有等级结构并采用自上而下的管理方式。[相反的观点是]发展管理中的以人为本的方法或过程学习方法。[8]

总之,传统的项目方法有两个弊端:它是蓝图式(或机械式)的结构;它是等级式(或推行式)的方法。

成功因素

从资料中可以很清楚地看出,学习是成功的因素之一。

> 在发展方面的文献中，过程学习方法的描述与蓝图方法截然不同……蓝图模式是借用了工程学中的项目设计方法，蓝图工作主要用于预先设计好的构建流程中，如大坝、桥梁、建筑物的构建流程。但对于人类社会中那些没有定义好的事情来说并不适合。[9]

鲍德温(Baldwin,1990)也赞成这一观点，“过程学习可以被总结为自下而上的方法，这与[失败的]蓝图方法是完全不同的。在本文中，将提供一个关于这两种方法对比的图表，并使用了发展过程中从开始到评估阶段的清单”[10]。

世界银行(1983)提供了一份关于学习的重要性分析报告，“蓝图方法在解决发展的复杂问题时被拒绝采用，并不意味着蓝图方法是令人失望的。主要的经验教训是在实践中的每一个战略和程序中都加入了有效的过程学习，这是非常重要的”[11]。

为了提供一个替代方向，许多专家尝试识别制度发展应用中的成功要素，其中有一个团体在地方政府方面作了尝试。

> 识别地方政府项目或创造性方面的成功因素极其困难。首先要选择决定项目实施效能的标准，这些标准还必须可以衡量；其次，要确定对项目成功有巨大影响的判断标准。[12]

通过这些论述，我们可以得出三个因素促成项目的成功。

第一个是项目环境的支持，包括政治环境[13]，地方领导者和自力更生的传统[14]。第二个是项目的基本特征，包括受益群体、地方资源的利用[15]、组织文化[16]、项目范围[17]。第三个是项目的组织和管理，包括项目目标的明确[18]、灵活性和反应机制、自治和责任[19]、流程学习、领导水平、人力资源开发[20]。

考尔(Kaul,1988)也尝试过类似的工作，希望识别项目开发中的普遍成功因素，认为项目成功必须具备明确的项目目标[21]，必须具备强有力的项目领导[22]，必须有清晰的项目受益者[23]，必须具有项目管理的合理性自治[24]，必须明确直线负责制[25]，必须建立明确的反馈机制[26]，最后，还要有很强的员工激励和开发[27]。

伊斯雷尔(Israel)也有类似的观点，“所谓[成功]的标准解释，从评估研究中可以得出六组”[28]。即外在因素[29]、优秀个体[30]、高效的规划和实施[31]、高效的应用管理技术[32]、足够相关的定价(传统实体)[33]，以及足够的政治承诺[34]。在这些因素中，承诺思想是非常重要的。“一个国家的坚定承诺是制度发展项目成功的根本要素，相反，如果缺乏承诺，将会导致失败……。”[35]当然，所有的这些因素都很重要，它们作为制度发展手段主导着整个项目。

沙布尔·奇马（Shabbir Cheema，1987）认为：

> 项目在目前或者可以预见的将来是发展政策和国际援助的主要手段，但是，以项目方法开发援助可能会给制度建设带来许多不利影响。在许多案例中，都存在时间过短、日程太紧、地方制度不完善以及在确保自我持续缺陷等问题。因此，必须重新定义项目循环，以吸收上面提到的或者其他的城市发展项目的规划、实施、评估等流程。[36]

对项目方法的批评主要集中在特定的和机械的流程方面。其他学者认为要及早预防，不过也要谨慎的否定，“大多数批评都针对方法的不合理使用问题，而非方法本身，因此要注意不能全盘否定”[37]。

但是，对流程机械性本质的批评促使一些专家提出了一种明确的并且是探索的方法作为替代，布林科霍夫和因格尔提出，

> 存在许多变量，但是所有的变量都具有一些主要的特征，如灵活性和适应性，不断在微观领域内收集信息、试验、迭代学习等。过程模式是从假设开始的，在预实施阶段信息并不充分，如什么是成功，进一步的细节等问题还不明确。当从具体环境中获得信息时，该项目的设计和实施可以不断地修改和完善，每一种迭代设计都代表了一种试验的解决方案……[38]

因此，过程学习是得到广泛提倡的。

总之，探索、迭代（或学习）方法以及环境是项目成功的主要因素。

项目影响

从城市管理角度看，UNDP 提出了一种重心转移的思想，即考虑相关影响问题。

> 在城市部门，UNDP 程序和项目最主要的目标应该重新定位，从解决具体的技术问题转变到为解决第三世界国家公共和私人组织的城市化问题而进行机构能力的强化……[它]必须从以项目为基础的援助方法转变为以程序为基础的方法。程序方法的本质特征是与地方政府变化着的活动相关联，强调响应性和可持续性，强调流程和系统并纳入操作活动中涉及的政策问题，强调实现特定部门和部门内部的发

展目标，包括形成机制，强调与国内其他双边和多边技术活动的配合。[39]

迪希特(Dichter，1989)的一篇文章补充阐述了发展管理的本质。

> 发展管理问题可以看做是未经装饰和简单的问题，不论管理方法是以人为中心还是蓝图方法，都不如向着目标而努力的管理方法重要。管理是否有效？是否起到了基本作用？牢记这些普通的问题可以帮助公共机构避免过度倾向于某一种方法。[40]

因此，流程输出是最终的决定性因素。

金德(Kinder，1988)补充强调了项目效能问题：

> 第三世界国家制度发展中的很多工作仅仅关注组织效率的提高，而忽略了与之相关的制度效能问题，像组织目的和目标、组织输出、组织顾客及其需求、产品和服务质量、组织对环境的影响等问题都很少提及，而这些问题都必须单独解决。当在提高效率时，总是关注简单的劳动生产率问题，而不关心提高总生产率问题。总生产率问题涉及人员、资金和原料的综合绩效影响。[41]

这里引入了一个制度发展的整体概念，因此，必须强调涉及组织内部和组织外部环境影响因素的重要性。

拿教育方面的一个例子来说明整体问题。学校的“发展”必须与学生学习科目的需求相关，因此，所有的组织制度和管理系统，都由学校发展环境需求所决定，这就涉及到所谓的“课程导向”的制度发展问题。[42]而发展环境决定了制度发展的需求，在传统部门，市场决定了一切。在公共行政管理方面，制度发展经常涉及组织强化和重构，而忽略了组织与环境的关系，这个问题将在第7章论述。

总之，项目应该关注组织和组织对发展环境的影响。

本节的主要内容包括：项目方法有两个缺陷，它是一种蓝图(或机械)的结构，它是一种等级(或强制推行)的方法。而在制度发展领域，探索、迭代(或学习)模式得到了提倡，它强调组织及组织对环境的影响，这可以看做是在第三世界发展中进行有意义干预的中心平台。

技术援助

在技术援助这一标题下，主要考虑三种思想：技术援助特征，技术援助机会，成功因素。

技术援助特征

有观点认为，“技术援助是所有目的中的第一个……[它]是相互合作……以及(可能是最重要的)，技术援助涉及知识的国际转移”[43]。

伊斯雷尔(Israel，1987)提出，

> 制度发展的技术方面包括定量、系统和社会科学。第一，它包括网络和关键途径分析，程序和财务分析；第二，它包括组织结构和流程分析，人力资源和组织规划，工作描述和工作评估；第三，它包括从行为视角进行的结构、流程和管理决策研究。[44]

这里的观点是，这些技术作为分析库中的一部分在技术援助中需要优先被转移。

布拉斯(Blase，1986)提出了发展过程中技术援助方面传统方法的基本观点。

> 援助者真正的角色是培养公共机构，使其成为发展过程中的“发动机”，以应对各种任务的挑战……资金援助形式并不完全适合制度建设。仓促的资金、技术援助会导致一些问题，如技术援助人员已到位，但相关人员却不清楚他们来干什么，更别谈与高要求的制度管理目标相一致了。[45]

类似地，拜克(Buyck，1991)对非洲发展项目中的技术援助也感到很遗憾。[46]拜克强调，在非洲所有的地区，他们还继续依赖于长期的咨询者(由于制度普遍存在缺陷)。[47]之后，

> 制度发展的本质决定了，制度发展相关的技术援助要比投资相关的技术援助困难得多。简而言之，制度发展过程是长期的、反复的、曲折的、谨慎的，也是难以预料的，要求不断地变化，因此，
>
> - 对于制度发展相关的技术援助需求，政府很难明确地感知，而且更容易产生不满……
> - 制度发展的传递效率不能确保长期持续的影响。[48]

第二个观点非常重要，制度发展的输出是在一个可控的环境之中，尤其在涉及咨询者的环境中，组织活动的输出被识别出来并加以强化，必要的技术转移也是识别的一部分，当这些技能进入流程后，对公共机构绩效的影响是可识别的。

评估制度发展绩效的方法还不成熟，但是，有两位专家做出了值得称赞的尝试，提供了一个可以实现评估的结构。首先，他们对输出（项目产出倾向）和影响（希望得到的项目结果）进行了重要区分。接着，他们强调“项目的成功受到项目实施的目标人群、政治经济环境等因素的重大影响。不过他们没有涉及可持续的概念”[49]。

总之，制度发展中的技术援助与传统的项目方法有着密切的关系。

技术援助机会

有观点认为，制度发展的技术援助有两个缺陷。

> 缺少优秀的参与者，发掘合适的人才是一项富有挑战的任务。对于制度发展和公共机构能力建设来说，仅有掌握技术和大量知识的人员并不够，还需要具有指导能力、团队精神，对当地环境和文化比较了解，适应能力强，富有成功实践经验的人才。市场上的人才不能满足这些条件。[第二，]更多的工作需要用在绩效的考核上。[50]

了解制度发展还处于不成熟阶段是非常重要的，即在制度发展技术援助中的干预形式方面，缺少普遍的共识和亲和力。

因此，在制度发展规划流程中，建议“顾客、规划者、管理者、技术人员共同进入迭代流程，程序随着提供的框架不断改进，包括开放系统中的动员、组织、培训、资源提供以及系统管理等因素。这里，开放系统方法（open systems approach）是与说明性模式（prescriptive formula）相对立的，每项政策的实施都与特定的环境相关。这种方法是对第三世界国家政治社会、经济多样性的承认”[51]。因此，技术援助应该是一种广义的学习过程，而不仅仅是一种传统的、机械的开发项目元素。

为了确保成功，制度发展方法（不管是否有技术援助）必须确定一些分析单元（units of analysis）。否则，制度发展将会是一个短暂的概念，与实践者的真实意图相背离，温施（Wunsch，1991a）提出了这个观点。

> 在分析战略中，对于提供产品或服务的主要特征以及提供产品的流程都要进行分析。个体采取或者不采取行动来提供产品或服务就是分析单元。组织、任务成为重要的变量，来预言/解释为什么实现或者没有实现结果？[52]

伊斯雷尔（Israel，1987）提供了一个抽象的观点尝试识别分析单元，“公共机构效能恰当地分析单元是组织内的行为”[53]。通过推论和实践逻辑，这一行为涉及人力和财务资源(包括物质资料)配置，以实现组织某些单元的输出。组织单元分析是一个重要的概念，可以帮助理解绩效和相关预算问题。

伊斯拉尔继续识别了制度发展分析流程。

> 制度发展项目本身是从整体角度设计的，很容易出现整体失误。项目是从实现制度分析开始，并提出一揽子的解决方案，如果成功，将会大大提高公共机构能力。

有观点认为这样的全面方法并不可取。

选择的原则……可以应用于制度发展，很少涉及具体的行为。全面方法尝试解决制度所有的问题，但不清楚在具体什么样的时间内得到结果。总之，全面方法在范围和时间方面的做法应该在制度发展中舍弃，而应该采用局部的、累积的、目标集聚的方法。

这样的解释与形态方法(morphological approach)类似。这种方法在本质上是没有解决好 A 问题就不去解决 B 问题。“[因此，]如果本书中仅有一条信息的话，那么就是在大多数国家里，发展过程将会是缓慢的、艰难的过程，甚至比想象的更加缓慢和艰难。”[54]

总之，目前看起来，技术援助是从以项目为基础的做法转变为探索、实践的模式，功能分析也被认为是很重要的。

成功因素

制度发展是一个艰难的过程，为了成功必须付出很大的努力，“……规划或执行的变化不能太快，必须花费一定的时间来了解目前的状况，必须花费更长的时间来改变态度和实践，这都是非常有意义的进步”[55]。这间接给出了公共机构和组织在本质上的区别。组织干预涉及组织绩效的手段问题，而公共机构干预涉及手段以及超越手段的政策和价值问题，包括了参与者(内部的)和受益者(外部的)。

制度发展实践中有意义的因素被记录下来。拜克(Buyck，1991)解释了设计一个项目要面临的挑战：

> (1) 反映接受者的真实需求；(2) 与接受者的接受能力相适应；(3) 灵活设计，注重实施效果。首先，全面分析制度是非常必要的，包括评估国家的承诺；其次，做出承诺并进行测试，流程设计必须要考虑参与者的因素，由政府引导并确定优先需求、目标、参考事项以及工作程序；最后，使实施可管理化……项目应该简化为：

- 具有明确的目标定义;
- 精简构成元素;
- 尽可能少的实施机构;
- 输入要与当地需求和能力相适应;
- 设计一系列绩效指标。[56]

结论是制度发展是非定性的,有时甚至是非定量的过程。

制度发展与工程项目相比,由于其具体性不明确,因此经常会失败。当预先提供一种可能获得成功的方法时,其他专家就会对这些传统的制度发展技术输入提出警告。

拜克(Buyck,1991)论述道,

> 实践中,大多数制度发展方法被有关团体认为是令人失望的,包括长期咨询者以及在职培训的相应人员(技术援助的标准形式)。失望来自两方面因素:本国人员缺乏激励和动力,而专家们很少有能够将实施和培训工作完美结合的,因为这两种任务需要不同的技能和部署。制度发展技术援助更多的成功希望在于整合国家机构人员的短期咨询和长期技术援助。[57]

它强调了制度发展实践中的根本要素,在技能转移方面,通过临时的、常驻顾问和培训方式实现。

从另一个视角看,亚洲开发银行主要关注了项目人员和技术转移问题。确保项目成功的一个重要途径是尽可能多地"使用[上级]机构的相应人员,这样使项目开发人员具有一种主人翁的感觉……政府和国际机构在项目规划、预算和人员方面必须现实一点"[58]。主要的问题是:专家顾问和相应人员的角色是什么?在支持不足的情况下是否应该具有灵活性?是否需要一个全职的管理人员?技术转移是否有时间限制?顾问及相应人员的支持是否有时间限制?

在最后的分析中,制度发展涉及培训人员从提出问题到解决方案以及方案实施等能力方面的问题。最后提出了一种观点,"技术援助已经不是对成形技术的转换,而是转换运用技术创新、研究结果、政策重审,并赋予其简洁的定义"[59]。而组织结构以及后续流程和财务资源仅仅是实现目的的手段。

总之,将呈现这样一种趋向,即从长期的技术援助,转变为更深入、短期的相应人员培训。

本节的主要内容包括:技术援助与制度发展传统项目方法相关。现在,制度发展的技术援助从以项目为基础转变为越来越多地采用探索和实践模式。在任何技术援助干预中,分析单元必须明确。提拔培训从制度发展项目中的附属角色转变为核心的、实践的行为。本质上,技术援助越来越多地具有探索性和实践性,并越来越多地采用探索和实践模式。

在强化地方政府的背景下,城市管理绩效中的培训角色问题将在下一节讨论。

培　　训

在培训这一标题下,主要考虑两种思想:城市管理培训;实践中的培训。

城市管理培训

1989年,世界银行出版了一本关于撒哈拉以南非洲的小册子[60],它提倡要持续不断地提高执行能力。从城市管理角度,主要考虑五个要素:城市化;城市效率;可持续;改进基础设施;强化地方政府。其中,强化地方政府是最直接相关的。

它提出,"在大多数国家中,城市增长已经远远超过了中央和地方的规划和管理能力,而满足大量基础设施需求的任务都落到了地方政府的肩上,当然也应该由地方政府负责。尽管能力较弱、资金短缺的地方政府尽最大努力去满足地方社区的需求……地方政府的发展能力和相应水平是能力建设的核心"[61]。

联合国人居中心(United Nations Centre for Human Settlements—UNCHS)强调了培训方面的挑战,"人类居住发展的复杂性要求考虑培训问题,这种培训的范围是很广阔的,要反映人类居住政策的广度和范围,并且要涉及技术技能和服务操作方面,政策和程序的形式要涉及高层行政管理。然而,重要的是培训要以实践为导向……"[62]

科尼尔斯和考尔(Conyers and Kaul,1990a)强调"两个主要问题:第一,机构培训要随着项目水平而改变……第二,这些机构主要针对地方人员的开发"。他们最初的结论是培训"要边学边做。目的不是培养高素质的专业人才,而是培养地方社区高效率的工作人员。主要的技能需求包括意识培养和规划探索模式培养"[63]。

在回顾人类居住政策的人力资源开发方面,拉奎因(Laquian,1979)给出了一个简单但很具影响的表述:"学习如何做什么事情的最好方式就是切实地去做这些事情”[64]。

一个阶梯式的技能层级被引入用来描述培训挑战的范围，这是人类居住培训背景下的全面方法。主要用六个层级来解释培训过程中能力建设的不同阶段：

层级 1 了解事实。
层级 2 理解和运用原则。
层级 3 执行简单技能的能力，观察和解决常规问题的能力。
层级 4 展现社会合作技能和专业态度。
层级 5 评估城市环境设计和适当产品以及构建程序的能力。
层级 6 解决非常规问题、专业化决策的能力。[65]

在城市管理领域提高人员能力是为了强化城市管理系统本身，不仅仅是为了“重塑市政管理结构”，还认识到“如果要改变目前的方向，以实现积极的、前进的城市化，第三世界任何一个国家政府和市政机构都必须付出比以前多几倍的努力”[66]。

建议重点加强人力资源开发程序的提法补充了这种观点，“应当包含一系列充分的教育、研究、出版、学员、合作项目和咨询，以及正式和非正式的对话与协商”[67]。

布莱尔(Blair，1985)提出，教育和人类居住的范围是“教育当地化”：

> 教育当地化涉及全面整合和实施人类居住规划和发展的概念，这里的整合，是全面规划流程，包括物质、社会、经济环境方面，它是一个过程而不是一次性的规划方法……[68]

它强调城市管理中需要足够的培训。

> 提供城市住房、服务、基础设施等需要对三个群体的管理者进行足够的培训：(a) 涉及国家和地方政府领导者和市民服务者……(b) 非营利组织的领导和员工，(c) 正式和非正式社区的领导。这些群体由于担任不同的角色和职能，因此在培训内容和方法上也要有所不同……城市部门培训的重点包括：(a) 市政服务和设施的运作和维护，(b) 公共事务和建筑管理，(c) 贫民区改善方面的规划和实施，(d) 项目规划和设计，(e) 项目管理……(f) 城市水平和企业规划，(g) 社区组织……(h) 资源利用，财务管理和成本控制，(i) 土地需求……(j) 预算和人事管理。[69]

上面是一个很全面的清单，它解释了城市管理范围较广的本质。但是，为了获得成功，许多专家呼吁城市管理培训应该在实践背景下进行。

许多因素影响着城市管理培训，古奈塞克拉（Gunesekera，1988）提出：

> 培训要找准培训的目标群体，培训应该成为发展系统的一部分，使整个组织都进入培训之中……课程应该包含实践元素［并且］应当有一些明确的实践应用。[70]

实践元素和培训应用性问题不应该被忽略。

考帕德卡（Kopardekar，1989）认为，在城市管理培训中，“非常重要的一点是，培训程序应当在整个城市问题背景下进行设计，并实现国家中特定情形下的预定发展目标”[71]。因此，培训应当是实践的、解决问题的、目标集聚的。如果将此种方法纳入制度发展之中，那么就可以将培训慢慢灌输于组织之中，培训和实施城市管理。桑瓦尔（Sanwal，1990）提出，“在培训中，目标的实现是螺旋的、反复的，而不是直线的”[72]。也就是说，整个培训不仅是探索性的，而且是非明确性的，更重要的是这种探索是深入组织运作文化之中的。

马丁利（Mattingly，1989）补充认为，培训是制度发展中技术援助的核心元素。“培训作为制度建设功能在实践中很少得到支持，而培训作为一种实施工具，可能会获得成功。”[73]之后，“好像培训最直接的目的……已经超越了获得会学习和有能力的员工，培训的真正目的是在培训过程中制定出政策，培训不仅仅是一项准备工作，它还是实施行为”[74]。

世界银行在东非和南非的市政发展计划（municipal development programme—MDP）的实践验证了“培训流程中制定政策”的观点。MDP的培训分类方法是，实际上，一系列政策的输出包括：行为规划、战略规划、培训规划……[75]

奈洛比小组（Nairobi Group）列举出培训中的实践元素：

- 决定地方当局……地方社区……公共政策（决定环境战略）的目的和目标。
- 决定必须承担的功能……以实现这些目标。
- 必须承担的单个具体任务，以实现执行功能。
- 识别执行这些任务所需的技能。
- 分析在执行这些任务方面的官方和社区成员现有的技能。
- 比较现有的技能和所需要的技能，确认它们之间的差距、不匹配和重叠部分。

- 将培训模块按优先次序排列，以弥补差距，将技能提高到需要的水平。[76]

这是培训的另一个本质——实践性，即从政策输出到技能差距弥补。

总之，培训已经不再是普通的强化概念，而是有具体目标，以实施为导向的行为。

培训实践

这里举两个城市管理培训方面的案例。1985 年，印度尼西亚政府着手实施整合城市基础设施发展计划（Integrated Urban Infrastructure Development Programme——IUIDP）。这个计划不仅遵循一些基本的方法，而且它的主要目标是强化省级和地方政府的角色，IUIDP 中有一个关于培训的计划。

> 培训计划中的提议主要集中于开发 IUIDP 的员工能力，这些 IUIDP 提议包括整合城市发展政策和战略规划，构建基础设施投资项目，解决基础设施实施、运作、维护方面的财务和公共机构资源问题。[77]

IUIDP 培训计划是一系列内部联系的模块，包括四项课程，即城市战略规划，紧随其后的是 IUIDP 计划，之后是实施和监督，最后是运作和维护。城市战略规划和实施/监督模块有一个主题蓝图作为补充。IUIDP 计划有两个补充，即制度规划和财务规划。省级政府有两个培训模块，第一个是程序/项目评估，这个模块纳入 IUIDP 计划课程；第二个是监督和实施，这个模块纳入实施和监督课程。[78]

最近，报道了另外一个强化发展国家城市管理的全面计划，即斯里兰卡的地方政府绩效改进计划（performance improvement programme—PIP）。“PIP 的基本原理是关注恢复失去的功能，在进行其他工作之前，首先为城市地方当局解决必要的管理、财务和服务功能问题，当然这要在可以接受的范围内进行。它主要关注五个领域的支持活动。”第一个领域是一般管理，“引入一个更具管理性和系统性的方法来处理地方当局事务……它的目标是通过现有预算支付所有债权人的债权，消除财政赤字，建立资金程序和财务管理、预算系统”。第二个领域是资源利用，目标包括“通过提高集资、费率、税收，并降低支出等方式扩大地方财政，确保水电等生存必需品的供给”。第三个领域是将财务管理、服务供给和维护系统结合起来，目标是“阻止基本设施、道路、排水系统的恶化，提供高标准的维护，并加强维护方面的资金支出”。最后是培训工作，以支持上述绩效目标的实现。目标是“实现培训、培训资源利用以及机构方面量的、质的提高，以支持PIP。在各地方当局建立培训基础设施，包括组织改变能力等”[79]。

上述两个培训计划都是为了提高各自地方的绩效，但是，它们两个也有着本质的区别。第一个计划将整个城市管理系统作为一个明确和实践的过程；第二个计划更像传统方式的组织强化和财务能力改革。因此，第一种方法比较适合第三世界城市管理制度发展的需求。

将培训整合到当地公共机构之中非常重要。

> 很多人认为制度发展是第三世界城市增长的先决条件，这种论断往往与规划联系不大……制度建设和制度变革的目的远远超过于此，它需要一个战略来开发评价(1)更长远规划目标，(2)与其他方面协调合作的益处。[80]

斯泰因贝里(Steinberg，1991)论述了城市管理和培训的关系：

> 这方面的表述是……新的城市管理意味着对城市管理者和行政人员新的培训重点。这种培训需要以强化地方机构为导向，使地方机构在新的运作程序和项目中扮演管理者角色。[81]

罗伯茨(Roberts，1990)提出，为了实现实践导向，必须建立每个培训计划的评估标准。

> 培训评估通常包括两个步骤，第一步是对参与者的判断，主要是在培训课程的最后阶段。评估课程是否达到了预期目的，培训人员是否学到了关于价值方面适当的知识；第二步是在工作场所的评估……用工作绩效是否得到提高来评估培训工作的获益情况。[82]

这两种步骤的评估不仅可以用于培训之中，还可以用于技术援助中一般任务的技能转移方面(不论是常驻顾问或是短期咨询者)。

最后，欠发达国家的教育规划评估是非常令人沮丧的，城市管理这一概念从来没有被讨论过，这是由于他们将“技术和设计”与“政策和流程”为导向的教育规划进行了区分。在发展中国家，城市管理是城镇规划的核心，而非潜在的附属物。[83]这点不应该被本书中提出的积极方面而掩盖。

总之，非常清楚的是创新实践将培训看做与实践组织问题解决紧密相关。

第三节主要内容包括：对于第三世界城市管理而言，培训可以看做是制度发展过程中的基本组成部分。它强调培训逐渐由普通强化理念转变为具体集中、以实施为导向的活动。因此，创新实践思想建议培训面向实践问题解决。培训应该与当地公共机构的需求完美地结合在一起。本质上，培训在制度发展中的贡献逐渐被看做是实践的、以任务为导向的。

在本章的最后，可以总结出制度发展实践中的另外三个主要特征，以辨别和区分制度发展的本质，它们是：

4. "学习"是制度发展的基本方法；"每一次迭代设计代表一种实践的解决方案"[84]。
5. 制度发展中必须识别"功能"；"对公共部门的效能进行恰当的分析，是在该部门内部进行的实践活动，也就是一项具体的功能"[85]。
6. "培训"必须是以实践和实施为导向；"培训并非实施的准备工作，而是实施行为"[86]。

下面是对第一部分观点的小结。

注　释

1. B. Buyck (1991) 'The bank's use of technical assistance for institutional development', World Bank Working Paper No. 578 (Washington, DC: World Bank), p. 25.
2. Asian Development Bank (1986) *Environmental planning and management: a regional symposium* (Manila: Asian Development Bank), p. 46; Asian Development Bank (1987a) *Environmental planning and management, and the project cycle* (Manila: Asian Development Bank), p. 16; World Bank (1993c) *Getting results: the World Bank's agenda for improving development effectiveness* (Washington, DC: The World Bank), p. 19.
3. G. Honandle and J. Rosengard (1983) 'Putting projectised development in perspective', *Public Administration and Development*, Vol. 3, No. 4, p. 299.
4. D. Rondinelli (1983) 'Projects as instruments of development administration', *Public Administration and Development*, Vol. 3, No. 4, p. 308.
5. Ibid., p. 317.
6. D. Hulme (1992) 'Enhancing organisational effectiveness in developing countries: the training and visit system revisited', *Public Administration and Development*, Vol. 12, No. 5, p. 433.
7. D. Brinkerhoff and M. Ingle (1989) 'Integrating blueprint and process: a structured approach to development management', *Public Administration and Development*, Vol. 9, No. 5, p. 488.
8. T. Dichter (1989) 'Development management: plain or fancy? Sorting out some muddles', *Public Administration and Development*, Vol. 9,

No. 3, p. 383.
9. L. Salman (1992) 'Reducing poverty: an institutional perspective', Poverty and Social Policy Series, Paper No. 1 (Washington, DC: World Bank), p. 5.
10. G. Baldwin (1990) 'Nongovernmental organisations and African development: an inquiry', in World Bank (1990), p. 92.
11. World Bank (1983) *World Development Report* (Washington, DC: World Bank), p. 126.
12. D. Conyers and M. Kaul (1990a) 'Strategic issues in development management: learning from successful experience, Part I', *Public Administration and Development*, Vol. 10, No. 2, p. 128.
13. Ibid., p. 130.
14. Ibid., p. 131.
15. Ibid., p. 132.
16. Ibid., p. 133.
17. Ibid., p. 134.
18. Ibid., p. 135.
19. Ibid., p. 136.
20. Ibid., p. 137.
21. M. Kaul (1988) 'Strategic issues in development management: learning from successful experiences', *Public Sector Management*, Vol. 1, No. 3, p. 15.
22. Ibid., p. 17.
23. Ibid., p. 18.
24. Ibid., p. 19.
25. Ibid., p. 20.
26. Ibid., p. 21.
27. Ibid.
28. A. Israel (1987) *Institutional development: incentives to performance* (Washington, DC: World Bank and Baltimore: The Johns Hopkins University Press), p. 31.
29. Ibid., p. 32.
30. Ibid., p. 34.
31. Ibid., p. 36.
32. Ibid., p. 37.
33. Ibid., p. 39.
34. Ibid., p. 40.
35. Ibid., p. 132.
36. G. Shabbir Cheema (1987) 'Strengthening urban institutional capabilities: issues and responses', in Asian Development Bank (1987b) *Urban policy issues* (Manila: Asian Development Bank), p. 178.
37. Honandle and Rosengard, 'Putting projectised development in practice', p. 304.
38. Brinkerhoff and Ingle, 'Integrating blueprint and process', pp. 488–9.
39. UNDP (1990a) *Cities, people and poverty, urban development cooperation for the 1990s* UNDP strategy paper (New York: UNDP), p. viii.
40. Dichter, 'Development management: plain or fancy? Sorting out some muddles', p. 398.
41. C. Kinder (1988) 'Total resource management in the Third World', *Public Sector Management*, Vol. 1, No. 1, p. 40.
42. C. Turner (1983) 'Curriculum-led institutional development: the management model'. Coombe Lodge Working Paper, No. 1849 (Bristol: Further Education Staff College).

43. Blase, *Institution building: a source book*, p. 350.
44. Israel, *Institutional development: incentives to performance*, p. 28.
45. Blase, *Institution building: a source book*, p. 404.
46. Buyck, 'The bank's use of technical assistance for institutional development', p. 14.
47. Ibid., p. 17.
48. Ibid., p. 26.
49. M. Bamberger and E. Hewitt (1987) 'A manager's guide to monitoring and evaluating urban development programmes: a handbook for programme managers and researcher', World Bank Technical Paper No. 54 (Washington, DC: World Bank), p. 4.
50. Buyck, 'The land's use of technical assistance for institutional development', p. 25.
51. D.F. Luke (1986) 'Trends in development administration: the continuing challenge to the efficacy of the post-colonial state in the Third World', *Public Administration and Development*, Vol. 6, No. 1, p. 81.
52. J. Wunsch (1991a) 'Institutional analysis and decentralisation: developing an analytical framework for effective Third World administrative reform', *Public Administration and Development*, Vol. 11, No. 5, p. 436.
53. Israel, *Institutional development: incentive to performance*, p. 48.
54. Ibid., p. 200.
55. T. Pike (1988) 'The experience of British aid in the urban field – possible future directions', *Habitat International*, Vol. 12, No. 3, p. 167.
56. Buyck, 'The land's use of technical assistance for institutional development', pp. 30–1.
57. Ibid., p. 34.
58. Asian Development Bank (1991) *Guidelines for integrated regional economic-cum-environmental development planning* (Manila: Asian Development Bank), p. 30.
59. N. Harris (1990) 'Urbanisation, economic development and policy in developing countries', Working Paper No. 19 (London: Development Planning Unit, University College), p. 29.
60. World Bank (1989b) *Sub-Saharan Africa: from crisis to sustainable growth* (Washington, DC: World Bank).
61. Ibid., p. 58.
62. UNCHS (1984b) *Human settlements policies and institutions: issues, options, trends and guidelines* (Nairobi: United Nations Centre for Human Settlements (Habitat)), p. 130.
63. Conyers and Kaul, 'Strategic issues in development management', p. 294.
64. A. Laquian (1979) 'Human resource development for human settlement policies', *Habitat International*, Vol. 3, No. 3/4, p. 399.
65. M. Juppenlatz (1979) 'A comprehensive approach to the training of human settlements', *Third World Planning Review*, Vol. 1, No. 1, p. 94.
66. Ibid., p. 99.
67. Laquian, 'Human resource development', p. 398.
68. T. Blair (1985) 'Education for habitat', in T. Blair (ed.), *Strengthening urban management* (New York: Plenum), p. 198.
69. Shabbir Cheema, 'Strengthening urban institutional capabilities', pp. 176–7.
70. R. Gunesekera (1988) 'Training urban development managers: an example from the technical co-operation training programme for India', *Habitat International*, Vol. 12, No. 3, p. 154.
71. H.D. Kopardekar (1989) 'Training and developing skills for urban management', *Urban Affairs Quarterly*, Centre for Urban Studies (Nagarlok:

The Indian Institute of Public Administration), Vol. 21, No. 4, p. 134.
72. M. Sanwal (1990) 'Revitalising organisations in developing countries: the case of an administrative training unit', *Public Sector Management*, Vol. 3, No. 3, p. 59.
73. M. Mattingly (1989) 'Implementing planning with teaching: using training to make it happen', *Third World Planning Review*, Vol. 11, No. 4, p. 417.
74. Ibid., p. 418.
75. U. Locher and R. McGill (1994) *Municipal development programme for Sub-Saharan Africa. Final evaluation of MDP (Phase 1); Eastern and Southern Africa module. Final Report*, June (Ottawa: Federation of Canadian Municipalities).
76. C. Benninger (1987) 'Training for the improvement of human settlements', *Habitat International*, Vol. 11, No. 1, p. 156.
77. P. Sidabutar, N. Rukmana, R. van den Hoff and F. Steinberg (1991) 'Development of urban management capacities: training for integrated urban infrastructure development in Indonesia', *Cities*, Vol. 8, May, p. 145.
78. Ibid., p. 146.
79. D. Pasteur (1992) 'Training for urban local government in Sri Lanka', *Papers in the Administration and Development*, No. 42 (Birmingham: Institute of Local Government Studies), pp. 2–3.
80. Mattingly, 'Implementing planning with teaching', p. 102.
81. F. Steinberg (1991) 'Urban infrastructure development in Indonesia', *Habitat International*, Vol. 15, No. 4, p. 18.
82. L. Roberts (1990) 'The policy environment of management development institutions in Anglophone Africa', Economic Development Institute Policy Seminar Report, No. 26 (Washington, DC: World Bank), p. 33.
83. M. Qadeer (1993) 'Planning education in less developed countries of the Commonwealth: an assessment', *Habitat International*, Vol. 17, No. 1, pp. 69–84, table 2.
84. Brinkerhoff and Ingle, 'Integrating blueprint and process', pp. 488–9.
85. Israel, *Institutional development*, p. 48.
86. Mattingly, 'Implementing planning with teaching', p. 418.

小结

两位专家尝试寻求发展行政过程中的一般趋势。卢克(Luke,1986)认为,这种趋势是行政管理正从

> 20 世纪 60 年代和 70 年代初的最紧急的是为发展中国家研究合适的行政管理理论,转变为涉及发展政策实施的实践方面……第三世界有超过 8 亿人口生活在绝对贫困状态,提高他们生活水平的手段不能仅仅局限在偶然的关注上。[1]

埃斯曼(Esman,1988)提供了一个类似的分析。

> 概念与社会行动之间的争议颇多,作为介于二者之间的中庸理论,许多公共思想便应运而生。尽管这些思想不符合大多数人的意见,然而它代表了学者和参与者的思想,提供了非正式对话和相互批评学习的理论基础……这些理论代表了对于 20 世纪 60 年代主流思想的思考性背离。[2]

卢克和埃斯曼共同提供了一种更加成熟和以现实为导向的理论观点,来推动第三世界的发展和公共管理功能。

世界银行完善了这一观点:"……公共部门的公共机构能力低下是绩效糟糕的原因,再好的政策也不可能在公共管理水平极低的制度产生效果。结论是什么?机构能力问题是至关重要的。"[3]

第一部分分析了第三世界制度发展的过程。第 1 章主要关注了制度发展的各种不同观点。第 2 章主要考虑了制度发展在发展中国家的不同应用,并引入了城市管理理念。将这两章的问题总结如下。

定义制度发展

制　度

在特征方面，制度在发展流程中扮演着至关重要的角色。尽管在目前的文献中没有制度一词的标准定义，但可以看出制度具有三个特征：它是行动的手段；它因有内在的价值而超越了手段的意义；它是一个政治性（如政策）实体。本质上，制度是发展过程的基础。

发　展

发展具有四个特征：它与政治有着天然的联系；它否定理性构建；它承认流程的政治属性；它建议探索而非强迫接受。在本质上，发展是一个政治性过程，由政策和人类需求所决定。

制度发展

制度发展可以看做是对公共机构的人力和财务资源实现最佳的利用。这是一个探索的过程，通过客户机构来实现。它寻求公共机构内部实体和外部影响机制的强化。过程的迭代模式尝试避免蓝图方法，而引入学习的理念。可持续性是个核心问题，其流程主要涉及组织结构、发展过程、管制环境的干预。到目前，关于制度发展的本质还没有达成一致。本质上，制度发展被看做是一个探索的过程而不是一个可描述的过程。

将制度发展应用于第三世界

项　目

项目方法有两个缺陷：它是一种蓝图（或机械）的结构，它是一种等级（或强制推行）的方法。而在制度发展领域，提倡探索、迭代（或学习）模式，它强调组织及组织对环境的影响，这可以看做是第三世界发展中任何有意义干预的中心舞台。本质上，项目被看做是机械的、蓝图方法的技术援助。

技术援助

技术援助与制度发展传统项目方法相关。现在，制度发展的技术援助从以项目为基础转变为越来越多地采用探索和实践模式。在任何技术援助干预中，分析单元必须明确。提拔培训从制度发展项目中的附属角色转变为核心的、实践的行为。本质上，技术援助越来越多地具有探索性和实践性，并越来越多地采用探索和实践模式。

培　训

培训可以看做是制度发展流程的基本组成部分。它强调培训逐渐由普通强化理念转变为具体集中、实施为导向的活动。因此，创新实践思想建议培训面向解决实践问题。培训应该与当地公共机构的需求完美地结合在一起。本质上，培训在制度发展中的贡献逐渐被看做是实践、任务为导向。

通过分析可以得出两种结论，第一个是制度发展的一般特征；第二个是过程中的具体特点，它们并不相互排斥。

制度发展流程中的一般特征如下：

1. 制度是发展过程的基础，实际上，它们往往被认为是发展过程的障碍。
2. 发展是由政策和人类需求主导的政治性过程。
3. 制度发展被看做是探索性的而非描述性的过程。
4. 项目被看做是机械的，如技术援助中的蓝图方法。
5. 技术援助在项目描述和实施中逐渐倾向于探索的和实践的模式。
6. 对于制度发展而言，培训逐渐被看做是实践的、任务导向的贡献。

制度发展流程的具体特点如下：

1. “价值”将公共机构和组织区分开；“我们关注那些超越了当前直接任务的目标和价值”[4]。
2. 必须检验发展的“可持续性”；“发展涉及引导行为，这些活动能够引导人们自我维持动力，以改善人类生活”[5]。
3. “探索”是当前制度发展的主要实践模式；“所有的发展都是在真实世界中的实验”[6]。
4. “学习”是制度发展的基本方法；“每一次迭代设计代表一种实践解决方案”[7]。
5. 制度发展中必须识别“功能”；“公共机构效能的恰当分析单

元式组织内的行为——也就是一项具体的功能”[8]。

6. “培训”必须是实践的，并且以实施为导向；“培训并非实施的准备阶段，而是实施行为”[9]。

总之，分析的重要性分为两层：第一，它提供了一个制度的定义；第二，它确认了一个干预过程，用来指导(制度发展)思考方式而不是描述结果。

在第一点方面，建议对“制度”进行测试，引用下面一段论述(补充上面第一层的观点)：

> 组织是否制度化取决于人们对其的评价，看它是否超越了直接手段属性，而具有价值思考。[10]

在第二点方面，应该为第三世界制度发展流程引入一个初始概念框架。为了保持制度发展流程的总体描述，城市管理培训的具体特征在第一阶段没有涉及。框架包括三部分：

- 流程范围
- 干预模式
- 成功因素

每个部分中，都识别出一些变量。它们的排序是根据第一部分中被引用的频率确定的。这一概念性框架如表 1.1 所示，第 11 章将再次讨论这个框架。

第二部分将分析第三世界城市管理的功能。

表 1.1　制度发展变量

流程范围	引用频率
制度发展的可持续性	11
迭代的、学习性的、实践性的制度发展	10
对更广泛社区的价值	9
政治理性而非技术理性	6
制度：发展中的关键角色	5
发挥地方自助的潜能	2
关系质量(政治软件)	2
流程范围	**引用频率**
强化人力和财力资源	2
结构、流程和输出	2

续表

干预模式	
环境评估	5
结构和组织	3
政策和管理流程	3
人员和培训	2
财务	2
法律框架和政府管制	2
机构间的设置	2
绩效的报酬/激励	2
成功因素	
项目领导和环境支持	7
项目清晰和目标明确	3
涉及的受益者/相应人员	3
自主性和负责性	2
项目规模和较少的元素	2
地方资源的利用	2

注意：频率指的是第一部分中各变量被引用的次数。

注　释

1. D.F. Luke (1986) 'Trends in development administration: the continuing challenge to the efficacy of the post-colonial state in the Third World', *Public Administration and Development*, Vol. 6, No. 1, p. 82.
2. M. Esman (1988) 'The maturing of development administration', *Public Administration and Development*, Vol. 8, No. 2, p. 129.
3. World Bank (1991e) 'The reform of public sector management: lessons from experience', Policy and Research Series, No. 18, Country Economics Department (Washington, DC: World Bank), p. 37.
4. M. Blase (1986) *Institution building: a source book* (Columbia: University of Missouri Press), p. 330.
5. G. Honandle (1982) 'Development administration in the eighties: new agendas or old perspectives', *Public Administration Review*, No. 42, p. 178.
6. N. Uphoff (1986) *Local institutional development: an analytical sourcebook with cases* (West Hartford, Conn.: Kumarian Press), p. 192.
7. D. Brinkerhoff and M. Ingle (1989) 'Integrating blueprint and process: a structured approach to development management', *Public Administration and Development*, Vol. 9, No. 5, pp. 488–9.
8. A. Israel (1987) *Institutional development: incentives to performance* (Washington, DC: World Bank and Baltimore: The Johns Hopkins University Press), p. 48.
9. M. Mattingly (1989) 'Implementing planning with teaching: using training to make it happen', *Third World Planning Review*, Vol. 11, No. 4, p. 418.
10. Uphoff, *Local institutional development*, p. 8.

第二部分

城市管理功能

第二部分主要探析城市管理功能的主要特征,这是在文献中没有可以普遍接受的第三世界城市管理模式的前提下进行的。第3章尝试识别第三世界城市的规划理念。第4章评估第三世界城市的干预范围。第二部分的小结确认了第三世界城市管理功能的主要特征,并引入了一个初始概念框架。

第3章

规划理念

联合国人居中心(UNCHS,1987c)提出:“没有居住管理的通用模式:人类居住的发展战略和机构设置,是特定政治结构、需求改变和机会的响应。”[1] 本章和第4章将关注“发展战略”的各个方面。第三部分将分析“机构设置”。因此,本章尝试识别从传统规划到当代管理中的突出问题。主要考虑三个方面的主题:

- 城市与经济增长
- 规划响应需求
- 从规划到整合管理

城市与经济增长

在城市与经济增长主题下,主要考虑两种思想:利益驱动;新方法。

利益驱动

关于第三世界城市增长公共干预的本质问题,过去20年来存在着大量的争论,尤其是在1978年的范库弗峰人类居住会议(Vancouver Human Settlements Conference)之后。[2]

联合国人居中心和其他专家[3] 提出第三世界城市人口数量“已经超过了欧洲、北美、日本人口数量的总和,目前估计共有13亿,而且还以每年5000万的数量在增长”。在这种背景下,大多数第三世界国家仍在继续推动城市化,有些甚至走快速城市化的道路。斯特恩和麦克卡内(Stren and McCarney)认为,从现在到2025年,是发展中国家广泛进行城市化时期。[4] 巨大的人口总数和年增长率提醒人们所面对的城市管理问题。南美洲已经拥有了巨大的城市增长数字,亚洲也拥有了百万城市,撒哈拉以南的非洲最终也不可避免地出现大量的城市增长,这种增长既会带来许多问题,同时也会存在一些机会。

李-史密斯和斯特恩(Lee-Smith and Stren,1991)评价道:“历史证明,城市(而非中央政府)是经济发展的发电站。”[5] 米尔斯(Mills,1991)补充了这一点,“城市对于经济发展至关重要,它们的规模和密度决定了经济增长的范围和规模……城市领域的增长可能会使生产更具效率,也可以鼓励新技术的采用”[6]。

城市对于经济的积极作用得到了许多专家的重视,韦格林(Wegelin,1990)认为,“城市对于经济的积极作用可以通过基础设施、城市服务和住房改善等方面的适当投资更好的发挥出来,这一点得到了越来越多人的认同”[7]。联合国人居中心(UNCHS,1987b)拓展了这一主题。

> 城市不仅是居住的地方,还对社会和经济增长起着重要的作用。发展中国家越来越多地以城市作为经济发展的基础,依靠城市提供服务和产品。城市是财富的创造者,城市可以提供就业机会,城市是发展中国家进入国际经济和政治主流的媒介。但是,像所有生产工具一样,城市需要足够的资本投入、运作技能、维护方法和定期改善,这就意味着要想让城市发挥作用,必须注意基础设施网络、结构和服务等问题。[8]

斯特恩(Stren,1993)再次评价道:“经济活动与城市的关系可以用国家收入水平同城市化之间的关系来解释。”[9] 本质上,城市化水平越高,预期的经济增长率就越高。

但是,城市增长速度过快也有其消极影响:

> 尽管城市是经济发展的发动机,但是快速城市化中的管理缺失可能威胁人类健康、环境质量和城市生产力。第三世界城市面临着最直接和主要的环境问题是:安全用水匮乏,垃圾管理不力,污染控制无效,交通拥堵,敏感地的占用和退化,并且这些问题相互关联。当今这代人尤其是城市贫困者的消费水平急剧下降,这影响了他们的健康、生产效率,并降低了收入和生活质量。

莱特曼等人(Leitmann et al.,1992)提出,“如果解决了社会环境和社会公平问题,快速的城市化仍然会支持经济增长”[10]。这是城市规划专家面临的困境,他们既要应对不可阻挡的城市增长问题,又要考虑城市居民的利益问题。以经济增长为中心同环境、公共卫生相分离,是大城市经济发展的主要模式,其他专家也分析了这个问题。[11]

当前政策制定者也不得不接受快速城市化的能量和动力观点,“越来越多的人开始接受，城市化是国家经济发展和利益驱动的结果”。同时，快速增长给城市居民带来的威胁也得到了重视，“目前亟待改进人员、技术和其他资源，来战胜和阻止城市经济、社会中的环境和贫困问题”[12]。

总之，第三世界城市发展迅速，可以看做是由经济和社会发展驱动的。

新方法

在政府方面，结果是“城市增长的速度往往超过了管理能力、财政资源和城市化进程本身的信息能力。最重要的是，资源滥用和长期规划的缺失导致物质环境的恶化”[13]。

此外，

> 城镇、城市被从不同的视角予以关注，一方面，它们被认为是经济增长的创造者，是现代经济发展过程中的关键；另一方面，它们被看做是带有鲜明特征和氛围的社会和文化实体。但是，最近几年，经常提及的不是这些特征，而是大量城市居民正在遭受的贫困和非人性的居住状况。[14]

这是社会和环境退化的消极一面，必须引起足够重视。

不论对第三世界城市挑战的理解是否正确，“需要抛弃欧洲价值判断来定义和解决非洲城市问题。必须提出与当地实际相符的解决方案。其中的一条途径是从当地实际中学习——帮助他们自己解决各类问题，并看是否有发展空间”[15]。诺克斯和马西莱拉（Knox and Masilela，1989）补充了这一观点，“欧洲和北美等工业国家的城市规划者是在一个专业化文化环境下运作的，这种文化环境中存在理性主义、问题解决意识、技术主义和管理导向等独特的价值观。因此可以通过这种特殊途径驾驭经济和社会变革”[16]。罗格森（Rogerson，1989a）尝试从亚洲和非洲其他地区（不是西方）获取经验，以帮助解决[南非]预言中的城市大爆炸问题，这些经验来自与它们相似的国家之中。[17]

例如，过去几年中最常见的实践是贫民区和棚户区清理问题。奥科帕拉（Okpala，1987）提出应该采用地方自决的指导思想，“目前流行的关于贫民区和棚户区必须大规模清理的思想应该摒弃。实际中，尤其是在目前环境下，很难想象如何绕开人类居住问题。而贫民区和棚户区居住问题应该用动态的思想去解决，如发展社区和改进住房等”[18]。第三世界城市增长管理中这种方法的主要内容将在第4章论述。

抛开社会和经济思维，城市作为“生产力工具”是一个基本的概念。

它承认城市在国家经济发展的作用，它也将管理方法引入到城市领域之中。1975年，伦敦大学发展与规划中心（London University Development Planning Unit）出版了一些开创性的作品，主要的观点是“城市系统作为一个复杂的生产单位是来自管理思维，它可以满足城市居民的需求和期望”。[19]为了实现这一点，城市增长必须具有一系列特征。

钱德拉赛卡尔（Chandrasekhara，1989）这样定义这一挑战：

> 市政管理必须预测人口数量的增长情况，并提前提供……规划、执行、预算、监督等程序。目前这些方面的做法都不足以解决大量存在的问题。因此，市政管理必须设计新的战略、先进的增长预测程序，为新增人口提供住房和就业机会，并为城市财政收入作出贡献。

必须寻求新增城市人口提高潜在经济生产力的响应机制，如在“新战略”[20]背景下引入规划、执行、预算和监督理念。

佩尼亚（Pernia，1991）分析并提出可以考虑三个主题。第一，没有关于人类居住政策方面的确切理解，“一个主要的问题是必须制定全面的政策，这个政策具有重要意义和作用，可以触及经济和社会生活的各个方面。这就需要准确了解人类居住概念，并非简单意义上的提供住房或其他实质结构……而是整合所有人类活动过程，并提供物质结构来支持这些活动”[21]。

第二，为了更好地管理城市，必须有明确的政策手段和机构设置，机构设置是为了确保手段有效的使用，这是非常困难的，因为人类居住问题政策涉及问题太多。“菲律宾在前任政府第一夫人的领导下，曾成立过人类居住问题部门，尽管有她的强力领导，人类居住政策也没有制定全面，还是支离破碎。”[22]

第三，城市发展中基础设施利用在空间格局方面占有重要的地位。

> 研究表明，基础设施（能源、运输、交通、供水）的利用和社会服务（医疗、教育）对当地经济活动和人口数量影响巨大。相反，直接的干预措施，如财政激励（补贴、贷款等）和非激励手段（禁令、处罚、税收等）往往效果不佳，而且成本非常高。[然而，]关键是这不仅是空间平衡本身的问题，还涉及环境改善和城市化维持方面的问题。[23]

在城市增长过程中，基础设施作为空间格局决定因素的重要性被提出来了。

罗科迪（Rakodi，1987）对这方面采用的一般方法作了非常精辟的总结，“发展中国家城市管理最重要的任务是帮助吸纳快速增长的人口，满足他们的基本需求，并高效、公平地利用城市土地和其他资源”[24]。采纳的中心思想是：创造条件让城市移民在城市增长中扮演全面发展和自我支持的角色。广义的概念涉及管理原材料满足城市需求，正如论证的那样，包括生产力的各种复杂工具。

总之，应对城市挑战的任何方法都必须从第三世界的实际出发，并避免全部照搬西方模式。而且，城市作为经济生产单位存在许多优点，这有利于帮助理解挑战的本质。

本节的主要内容是：第三世界城市正在增长，这可以看做是经济和社会发展驱动的结果。它们已经在不同程度上对国民生产总值作出了贡献，城市作为一个经济生产单位的思想被提出来。相反，快速的城市增长也带来了较差的卫生条件、交通拥堵、环境恶化、贫困以及基础设施和服务缺失等问题。应对城市挑战的任何方法都必须从第三世界的实际出发，并避免全部照搬西方模式。现在的问题是：第三世界城市挑战的规划响应需求是什么？

规划响应需求

在本标题下，主要考虑两种思想：总体规划失效；管理方法。

总体规划失效

在第三世界传统的规划响应机制中存在一个核心的困境，在马德拉斯(印度东南部的一个城市。——译者)，他们提出，“到目前为止，城市规划系统与中央、地方政府的公共投资、预算及经济规划流程完全背离”[25]。也就是说，城市规划系统过去一直深受总体规划综合症(master plan syndrome)之害。西恩欧(Sinou，1998)对此观点表示赞同：“第三世界城市人口的爆炸性增长(有些年增长率可能达到10%)的情形下，城市规划及方法却仍然采用低增长率的数据，这是无效的。”[26]根据西方的惯例，将其概括为总体规划综合症。[27]

理查德森(Richardson，1993)继续讨论了总体规划综合症问题。

> 例如，德里、马德拉斯、卡拉奇、达卡，以及雅加达等城市，都曾周期性地开发了总体规划，此总体规划包括了空间战略等若干要素。不幸的是，这些规划几乎都没起什么作用。通常这些规划中的人口增长预测不准确，土地利用与实际偏差太大。而且，这些规划太过于刚性，缺乏灵活性，难以适应不断变化的环境。[28]

法瓦克和麦克奥斯兰(Farvacque and McAuslan,1992)扩展了这一论点。

> 总体规划需要耗费太久的时间进行准备;它们很少能够分阶段执行并提供技术指导原则;它们很少会评估开发成本,并很少尽力解决资金供给问题;它们很少或几乎不关注政策和项目所必须的资源分配和财务方面的可行性问题;总体规划很少是建立在对城市经济潜力和可能的人口增长现实性评估的基础上;社区领导和执行机构很少在真正意义上进入总体规划流程;总体规划很少能及时更新,其静态的属性与发展中国家动态的城市增长很难适应。在大多数城市的总体规划中,低收入群体的住房供给数量与总体规划关系不大。简而言之,总体规划和全面规划技术优先设计产出问题,但不关心具体实施问题、土地市场复杂性问题、公共部门与私人部门角色不同的问题以及空间结构与财政规划联系的问题。[29]

克拉克(Clarke,1992)采用了类似的观点:

> 传统的总体体规划具有静态的属性,是与缓慢增长的城市相适应的。在这种类型的城市里,大多数的基础设施、公路、服务投资以及其他公共投资都可以通过长期规划而进行详细的计划。而在快速增长的城市中,人口增长极快,基础设施和服务匮乏,资金和人员短缺,这需要一种更加动态的规划流程,通过这一流程可以持续不断地评估、再评估资源的利用优先顺序问题……因此,规划系统需要关注短期计划问题。[30]

UNCHS(1987c)对这一观点进行了补充:

> 最初,规划主要关注居住开发的物质方面,显示了土地利用分配和运输网络需求。这种[总体]规划与指示性计划一样,因为它仅指示需求方向,而对变化因素缺乏控制……对指示性计划的批评一直存在,世界上各地的案例都可以证明这一点,他们要求反映真正发展需求的规划……创新性规划(Innovative Planning)可以实现这一发展目标,改善居住条件和有效地提供基础服务。因此,规划可以被看做一个管理工具。[31]

这里,城市规划和城市管理之间的具体关系明确了。

总之,总体规划是一种长期行为,它与财政相互分离,与第三世界城市发展管理不相适应。

管理方法

特纳(Turner,1992)也同意上述观点,“规划或城市管理应当具有变化的属性,应当有限定的目的和目标,并逐渐实现。目标过大的项目可能具有一定的政治价值,但在大多数案例中,很难实现重要意义上的改变”[32]。迭代规划流程的思想(评估、再评估优先问题和程序)被引入,同时,也暗示了规划与城市管理之间的关系。

发展规划中一个更具响应性、流程导向的方法被广泛地采用,戴维(Davey,1983)论述道:

> 一个周期性政策评估、更具灵活性的流程具有很多理论优点,存在的唯一问题是,它能否引起同样的政治兴趣以及与目前的总体规划承诺是否相一致……规划需要以当前活动和政策的监督和评估为基础……规划与监督之间的联系可以动态调整政策,可以更实际一点并避免组织行为的剧烈变化……一个广泛承认的缺点就是规划与预算的联系问题。[33]

麦克尼尔(McNeill,1983)也强调需要从长期物质规划转变为短期的、预算控制投资的计划。[34]

文献中已经确认了城市规划和城市管理之间的关系:“规划并非一项孤立的实践活动,而应该是城市管理整体的一部分。”[35]赛菲尔(Safier,1992)扩展了这一观点,认为规划应当是“持续的、循环的过程,并将直接的、灵活的、增量的行为与需求结合起来,开放的机会往往是以协商和妥协为基础的,而且还以长期战略方向为基础……[它应当]深入涉及实施问题”。[36]因此,城市管理的思想得到了证实。

斯瓦拉马科瑞斯南和格林(Sivaramakrishnan and Green,1986)的著作补充了这一观点:

> 大都市管理必须采用新的观念来规划和管理城市发展……这种观念鼓励从惯例上的城镇规划(如土地利用规划)转变为提倡广泛的、政策导向的研究,分析相应需求,改变行为方式(并非专注于土地利用)。这种导向的转变与经济和社会背景下的发展问题及目标相关,这些行为包括设计和评估相关项目、日程等,并从绩效评估中学习。[37]

因此提出了从无经验的传统城市管理向探索的、迭代的流程转变。

哈拉(Halla,1985)提出,如果城市规划干预有相关因素,那么一定是以政治经济为基础。

> 一个以政治、经济为基础的规划关注于优先顺序，并根据社会基本需求制定实施日程，从而形成城市规划。因为完成这些日程是积极支持和引导政府、公共部门在城市事务中的直接促进的和企业家的角色，基本需求意味着社会需求，如：
>
> - 城市增长和社会经济状况，
> - 收入和公共财富的分配或分享，
> - 公民参与政治和资源分配过程（组织、管理和公共事务管理），以及
> - 保护社会物质和生态环境。[38]

这种观点认为，“基于政治经济的规划培养了一种传统，即涉及城市领域的问题和需求的拓展分析，之后，优先解决最迫切需要解决的问题，并从中获得解决其他问题的能力”[39]。这是非常重要的区分，传统的城市规划（通过总体规划）主要关注物质和土地利用等方面的目标，而新的城市管理寻求一般的“政治”理解，以识别在什么领域需要干预。

通过这些理论贡献，发展中国家引入了一种适合的一般规划论。需要强调两个方面：(a)“将空间分析纳入投资规划之中，识别项目和程序，需要改进的主要发展问题，加强和明确地区空间结构，整合不同的居住水平”。(b)“项目整合通过空间和经济分析识别不同地区，并在具体的期限内，在不同地区按照优先次序进行投资，按照次序制定预算”。[40]强调的重点是城市规划和促使规划生效的投资需求之间的直接联系。“整合”一词开始出现在规划理念之中，本书的下一节将关注从一般规划到整合管理的转变问题。

联合国提出了实现城市管理干预的手段，建议：

> 为了管理成功，规划必须与项目和预算相联系。项目流程涉及所有的干预者，即公共部门或私人部门都要承担居住规划的实施，实施的可行性都要进行评估，评估通过参与流程的所有机构的资金能力实现。[41]

这是个重要的发展。这是第一次有专家承认整合城市建设过程中所有参与者的重要性。但是直到 1993 年，戴维(Davey)还曾说道：“物质和投资规划的整合做得还不够，一种合适的[规划]方法还没有明确。”[42]

总之，规划干预应该是短期的，并与管理理念有关。因此，管理方法

应该在流程中占主导，包括项目和预算方面。

本节的主要内容是：总体规划是一种长期的行为，它与财政相分离。未来的规划干预应该是短期的，并与管理理念相联系。城市管理应该由这样一种流程主导，这种流程关注城市的政治经济（如贫困和财富）。干预的手段就是一种城市管理流程，它吸收了规划、项目和预算。本节还引入了将各部门所有参与者整合到规划和发展过程的理念。干预和整合的主要特征将在下一节论述。

从规划到整合管理

在本标题下主要考虑三种思想：整合；非正式部门；银行陷阱。

整　合

整合城市管理有多种形式，埃斯皮诺萨（Espinoza，1985）提出："一个发展规划被定义为一个经济、社会政策，它以合理的形式整合了目标、措施和资源，是所有的地方、地区、中央政府实体采取行动的指导原则。最好的政府政策是整合的社会经济规划，政府的所有层级都响应国家优先的要求，而不是服务于某一特权群体。"[43] 德阿尔沃诺兹（De Albornoz，1985）补充了这一观点，他举了一个地方规划作为国家规划流程中的一个整合部分的案例，"委内瑞拉地方政府在整合规划中扮演着领导角色……在第七个国家规划中，地方政府被认为是非常重要的组成部分，市政委员会在整合规划流程中得到了扮演地方规划领导者角色的机会"[44]。每个专家都关注于政策的整合。

根据委内瑞拉的案例，伊拉若门迪（Illaramendi，1985）提出，"整合规划包括三个方面：

- 机构间保持一致，共同努力解决城市居住问题，
- 在诊断规划流程中，社区直接参与，
- 实践项目中要获得公共/私人组织、团体的资助。

这些方面要通过整合项目相关的国家、地区、州、市政部门和地方力量，共同来完成"[45]。通过强调组织角色的相互关联、顾客的特定角色，以及项目在实践中的实施，将整合的概念向前推进了一步。

博茨瓦纳的案例也是一个很好的例证，瓦利斯（Wallis，1987）提出，博茨瓦纳

与大多数非洲国家相比，在发展规划方面非常认真，它之所以相对成功，是由于(a) 在执行规划和经济合理性方面，做出了很多的政治承诺，(b) 有一个高层部长的强有力领导，整合了规划、预算和经济政治。[46]

这里不仅强调了整合规划系统，还强调了高层对于所有参与者的协调问题。

将环境维度整合进整个城市管理流程可以被看做是一个挑战。里斯(Rees，1987)解释说："迫在眉睫的环境问题迫使要实施以环境为导向的政策，并且管理也以整合为基础而非是某一个部门的单独行为。从整合的、动态的视角出发，可能获得到合理的发展。"[47]

唐森(Dawson，1992)提出了一个在秘鲁进行的社区参与的地区规划案例，"第二个项目就是整合地区发展规划。这一项目尝试开发这样一种系统，[地方]人们能够参与到地区发展规划的设计中去……[项目包括]为地方社区领导者提供培训"[48]。这是一个将社区作为客户而整合入城镇规划的理想方法。然而，成功的"主要障碍"是市长以及各党派的政治斗争问题。这显示了支持环境的重要性。巴拿马的案例提供了一个类似的分析，也显示了地方政府因地制宜发展中监督环境(中央政府)的重要性。[49]

我们看到了理想的一幕：整合城市管理流程中谨慎的纳入了社区参与。可能艾纳(Aina，1990)对这一观点的总结是最完美的：

[规划中]自下而上的方法(bottom-up approach)是一种以人为本的方法，因为它涉及对平民的政治性动员……在这种背景下，参与者不仅被单纯地定义为咨询者和选举者，而且是居住于城市社区的直接控制产出决策的群体。[50]

从另外一种视角看，国际援助机构对于城市部门的视角正在拓宽。例如：

在存量住房、供水系统、排水系统、排污系统及交通系统升级等方面都可以单独构成一个项目。全市性方法(citywide approach)经常反映项目中的技术和财务援助元素，而不是对发展趋向、潜力以及局限的反映。

然而，在这样一种紧迫需求的情形下，机会还是自己出现了，"为了更好的整合和识别更大范围内潜在的问题，亚洲开发银行最近尝试研究城市部门，然后，识别这一领域内的相关项目，并借鉴成功的项目经验”[51]。在该案例中，整合被视为既包含机构参与又包含部门建议。

按照亚洲开发银行相关领域的关注，雅加达提供了一个很好的案例。克拉克(Clarke，1985)调查了印度尼西亚首都的规划流程：“给出了城市增长中的项目范围，但不确定的未来是变化的……而且资源有限，仅为大城市区域制定了一般长期规划……给出了零散的明显决策，但是项目在政府两个层级的实施存在很多困难。需要强调一种更具整合性的方法，这种方法可以更好地协调社会经济、财政、物质和机构规划部门。”[52]在这一阶段，证据显示需要将城市挑战看做一个整体的概念，每个变量在战略和操作层面上都相互依赖和影响。

马尼拉有过类似的城市管理案例，此案例中识别出五个主要的问题，即规划中部门的孤立问题，地方政府参与不足问题[53]，规划方法缺失问题，资源管理系统缺陷问题[54]，以及发展中国家城市管理中最大的问题——制度零散化(institutional fragmentation)。为了解决这些问题，设计了一个规划系统“涉及与国家预算系统相关的年度活动规划循环，主要的输出是一个五年的投资项目，包含了预期基金利用和政府优先”。在本案例中，重点强调的是整合，不仅将制度整合到规划流程之中，还将规划与项目、预算整合在一起。其他人认为这种方法可以作为其他地区的发展模式。[55]

这里的重点是识别年度政策和预算循环以及整合城市管理流程中所有资金参与者的核心角色问题。阿莫斯(Amos，1989)提出：“在市政层面上，每个城市领域都该有一个城市程序，用来识别各种项目，并可以进行合理的资源分配，以承担资本投资、维护和操作成本。此程序应当……定期评估、修正，并逐年推进……它应当包含所有的公共部门支出。”[56]这些建议提供了一个主要的框架：首先，对年度计划和预算循环进行确认；其次，倡导整合城市建设流程中所有参与者(如所有公共部门支出)的理念。

戴维森(Davidson，1991)认为：“城市管理是通过资源利用实现城市发展目标。”[57]之后，他提出，

> “整合”是经常使用的词汇，许多项目在标题中都含有“整合”这个词，但是真正实现整合是非常困难的……整合的益处是很大的(如同 2+2=5)。有效的整合包括多个因素，如规划整合，合理的起始范围，管理区域整合，财务整合等。[58]

除此之外，在李的著作中(Lee，1991)，

> 城市发展并非传统意义上的城市领域单个部门的发展，这点已进行过讨论。城市发展的价值在于它是一个机会，以此来协调和整合……某一领域内的不同元素。存在的一个问题是这种协调和整合是否可行和符合实际，是否存在努力方面的限制。在计划和项目的表述中，不仅是各类事务功能的关联，还包括制度设置……[59]

换句话说，在城市建设过程中，无论是什么制度，在规划和实施方面都应该有一个共同的参考点（或战略）。这样，在不考虑组织的情况下，所有参与者都能参与到城市管理流程中。机构间设置的概念将在第6章进行论述。

将城市管理与整合联系在一起，可以引用UNCHS的案例，“高效的居住管理不仅意味着改善居住条件，也意味着要实现全国的发展目标”，即“效率只能通过在一个连续过程中整合物质规划和资源管理而实现”[60]。规划和预算之间的联系是城市管理的基本概念，这已经被看做是传统规划实践中的主要缺陷（见前一节）。

总之，很显然地，从规划到城市管理的转变需要一种整合的理念，需要引入一种城市管理整体视角。

非正式部门

贫困者必须被吸纳入非正式劳动力市场之中，这是单个发展过程的第一步。至少城市管理过程中应当重视这一问题（如同重视供水设施一样）。林（Linn，1983）清楚地表达了这一观点：

> 在尝试改进城市管理和行政的过程中，非常重要的一点就是，不仅仅是要记住经济利益和新兴部门（modern sector）。城市管理劳动力政策中最重要的目标就是低技能劳动力的吸收问题，之后，城市管理过程中必须提供相应的公共服务，以满足这些劳动力的需求，并调整管制和税收政策，以最大程度地降低非正式部门的执行成本。[61]

在必须吸收增长的城市人口背景下，发展研究所认为需要有整合的理念以建立政策互补机制（Institute of Development Studies，1978）：

> 增加城市吸纳能力的有效措施是各种因素相互补充，因为各种因素互补的总体贡献要大于各个单体的贡献和。例如，成人教育和初等学校教育可以提高实践技能，这些技能可以应用于房屋改善和基础设施项目，之后他们可以自己寻求工作机会和获得收入，这是真

正的整合方法。[62]

非正式部门对于城市建设流程的贡献是整合城市管理系统发展的另一个基本观点。

斯特恩和麦克卡内(Stren and McCarney,1992)对这一观点进行了补充:“自从20世纪70年代以来,有关发展方面的文献都已经认识到了‘非正式部门’的重要性日益增大,尤其是城市领域的劳动力雇佣方面。”[63]另外,珀尔曼(Perlman,1993)曾提出“大部分第三世界城市中的非正式部门吸收了近三分之一的城市劳动力,而且在过去的1/4个世纪里,不论是经济繁荣还是经济衰退,这一比例一直保持着稳定状态”[64]。

在一篇世界银行讨论性的文章中,巴德拉和布兰道(Bhadra and Brandao,1993)评论道:“许多专家认为在发展中国家,非正式部门以一种有序和高效率的方式运营着,并使城市部门从中受益。”[65]更有甚者,沙布尔·奇马(Shabbir Cheema,1993)认为,“城市非正式部门在城市里的作用就是产生就业机会”[66]。

然而,这种有序的、高效的和富有弹性的特点并不是因为管制环境,下面的案例解释了这一点。

> 在第三世界城市中,大多数新住房和新居住区都是在法律规定之外进行组织、计划和建设的。大多数城市居民除了自建、购买和租住非法住宅之外,别无选择。因为他们连最便宜的合法住宅或公寓都承担不起。现在很正常的一个现象是大约30—60%的城市人口居住在非法的住房或居住区。在大多数城市,75—95%的新住房是非法建筑。[67]

UNCHS也同意这个观点:“私人部门提供了大多数(80%—90%)住宅所需的资金。而其中非正式部门……提供了70%—80%私人部门的房屋建设资金……在尼日利亚、斯里兰卡、泰国和坦桑尼亚,非正式部门的资金比例超过了90%。”[68]

琼斯和萨特思韦特(Jones and Satterthwaite,1989)补充了这一观点:“未来城市在很大程度上是由低收入者提供资金、建设和构造的,这些人群为城市提供了经济发展必需的廉价劳动力、廉价商品和廉价服务。但是,他们却被排除在合法土地和房屋市场之外……这些群体将会管理未来大部门新的城市发展。”[69]换句话说,整合的城市管理必须同时包含机构合作和社区直接参与。实际上,没有非正式部门的潜在主导作用的城市管理流程(可能有争议)是没有意义的。如果上述数字是准确的,那么更是如此。

但是，非正式部门是把双刃剑，它们的弹性依赖于其非正式性和缺少进入规则。“非正式部门最可贵之处恰恰在于其规则的最小化，它们没有工资管制，没有价格控制，不存在（或很少）新进入者的壁垒。”这些都显示了这个部门的特点，这种单一的工作机制却将大多数城市居民吸收入城市系统之中。“另一方面，非正式部门也并非天堂。”[70]其所面临的挑战是利用非正式部门的活力而非抑制它。

蒙特哥莫瑞（Montgomery，1988）将有关非正式部门的角色问题研究向前推进了一步：

> 作为一种智力或政治的挑战……城市发展规划是与国家层面上的发展相对的……城市与国家有很多相似之处，但城市并非是国家的缩小版，它们承担的功能与其占有的资源相比，实在太少了。城市政府不能复制中央政府的技术模式。因此，提高城市行政能力的任务方式也不能复制国家解决政府行政能力的模式，而是需要有效地利用现有公共行政管理范围以外的资源。[71]

这包含了非正式部门对城市服务的一系列可能的贡献。

阿尔杜瓦和萨特思韦特（Hardoy and Satterthwaite，1990）强调了这一观点，“政府在支持和协调这一群体行为方面的失效，意味着政府和这一群体人们双方面的巨大损失”[72]。当涉及非正式部门对经济发展作出的贡献时，这一损失更加明显。基于这一点，再次回顾大约20年前出版的作品《制度发展研究》，“非正式部门的作用早已被强调，它在城市建设、房屋建筑、商业领域中都起着重要的作用”[73]。在上述三个领域中，城市建设理念应该被牢记。

为了强调正视和非正式部门的区别，城市管理中在同时说明一些问题时，必须有一定的弹性。用西恩欧（Sinou，1988）的话来说，

> 城市管理不能局限于日常事务的管理上，而应该结合第三世界的实际情况，重新构建干预模式。例如，基于西方实践基础上的城市发展计划（很少涉及当地城市居民）应该给出一定的空间，来开发新活动和新干预模式。这就意味着一种新的城市构建思路，不是按照成型的操作模式去实施，而是从发展的视角重新理解现实社会。[74]

总之，非正式部门对于城市建设流程的贡献必须加以利用。

银行陷阱

现在的困难是国际援助团体越来越多地将城市干预焦点完全集中在财政方面，西恩欧(Sinou，1988)提出，

> 对城市管理的反思很明确地向着重新定义城市的方向发展，即服务方面(住房、供水、电力、卫生)存在一种依赖当地居民资源的完全财政视角。白人和当地居民的对立反映了合法城市和现实城市之间的对立，现实城市是一种继承下来的传统城市化。[75]

这种现实或“不合法”的城市必须加以重视。

马博贡耶(Mabogunje，1992)也同意这个观点，并提出了第一个具有重要意义的、国际响应需求的指示器。

> ……制度激进化已经被拓展到了更加广泛的社会活动领域。目前，这些活动中的绝大多数都被描述为“非正式的”，而无论其是否是一个社会适应的过程，包括利用土地建设房屋、资本性生产活动、经营运输服务、建立信用制度，乃至自我组织活动都有可能被迫取消，不仅认为这些活动是“非正式的”，还认为这是“非法的”。当城市中大多数人们的活动被这样描述和对待时，就需要对城市土地和城市管理进行严格的评估和修正了。[76]

阿耶提(Ayittey，1990年)提出，这一激进的方向应当是“将当地居民整合进发展战略之中……如果发展是真正意义上的改进现有的方式，以帮助群众脱离贫困，那么焦点就应该集中在当地居民和非正式部门上，因为这是群众所在之处”[77]。

更进一步说，“引入第三种新的概念可能存在一定的风险——银行为破产的城市作担保，这种界限的确认并非如同空间界限确认那么简单”。第一方面是要明确城市建设、配置设施和管理方面的担保项目(用专家的术语说就是银行提供财政支持)；第二方面是那些食物资源极少、仅能过一天算一天的城市人口。“这些穷人……发现自己只能被排除在新的理论之外。”[78]

假如关于银行的这一观点对非正式部门具有负面影响，那么其对环境也同样有负面影响。里斯(Rees，1992)认为：

> 主流经济学家一般都排斥承载能力(carrying capacity)这一概念，他们认为，技术可以持续不断地提高生产力，制造资本(manufac-

> tured capital)会完全替代自然资本(natural capital),地区间贸易也能够完全缓解地方增长限制……比较而言,生态学的视角则显示了承载能力是人口统计/资源分析的基础。它揭示了传统模式很难发现其中的关系和依赖——边际价格和货币分析不能反映功能定位、存量、自然资本存量下降的需求数量或绝对价值问题。全球生态环境的改变已经表明某些自然资本的生产能力已经突破了生态层承受能力。当经济分析认为单个城市地区是可以开放式地进行交换时,却没有意识到整个生态层在本质上是封闭的,而且最终是有限的。[79]

科洛(Kolo,1991)再次论述了这一观点:“最大的困境是在环境中发展,或是与贫困斗争。环境和地区发展的关系,可以用生活水平与经济增长的关系来衡量,这也是比较复杂的。人们直接依赖于环境,采用原始的技术获取生活必需品——食物、住房、能源、就业等等。”[80] 城市的财政模式对于现实(非正式)城市和资本(生态)基础是非常危险的。举一个简单的例子,撒哈拉以南非洲居民的主要能源是树木,他们使用篝火做饭,采伐树木的速度已经远远超过了目前森林的承受能力。

塔科尼和提斯代尔(Tacconi and Tisdell,1993)表达了这样的观点,“一种可持续发展的整体理念已经成形,这种理念要同时考虑经济、生态、社会以及政治因素”[81]。在城市管理流程中,环境问题必须得到重视。银行方法必须纳入更广阔的环境视角中。

约翰逊(Johnson,1990)给出了需求提示:

> 随着欠发达国家的增长,应该更多地关注它们的环境问题。城市环境对于数百万的家庭来说非常重要,这与他们现有的经济并不冲突。环境维持社会和经济活力的能力最终是有限的。发展影响负荷(development impact exactions—DIA)与城市承载能力的关系非常重要,它提供了整合规划、管理、城市基础设施、服务、财政的机会,这些都将是对城市环境和城市经济潜力有限的响应。[82]

环境问题和非正式部门通过“银行担保”项目联系在一起,它们有各自的限制和贡献。对于未来任何城市管理理念,这些主要元素都应当明确。

总之,银行担保项目不仅将非正式部门排除在外,在环境问题上也是失败的。

本节的主要内容包括:从规划到城市管理的转变过程中提出了一个整合流程的概念。城市干预需要有一个整体的理念。干预手段需要包含公共机构设置和社区参与，以开发实践项目。非正式部门对于城市建设的贡献要合理利用。非正式部门由于“银行担保”项目而被排除在外是危险的(可能是无意的)。银行担保项目在环境问题上也是失败的。到本阶段为止，还没有城市管理的一般模式。

因此，在本章的最后，可以确认规划理念的三个主要特征：

1. 城市是经济发展的发动机。
2. 规划响应的焦点应该集中在城市的政治经济上。
3. 非正式部门对城市建设流程的贡献需要合理利用。

下一章主要考察城市管理干预范围。

注　释

1. UNCHS (1987c) *Global report on human settlements* (Nairobi: United Nations Centre for Human Settlements (Habitat)), p. 98.
2. UNCHS (1984a) *An approach to the analysis of national human settlements: institutional arrangements* (Nairobi: United Nations Centre for Human Settlements (Habitat)), p. 1.
3. UNCHS (1989c) *Urbanisation and sustainable development in the Third World: an unrecognised global issue* (Nairobi: United Nations Centre for Human Settlements (Habitat)), p. 6; J.E. Hardoy and D. Satterthwaite (1991) 'Environmental problems of Third World cities: a global issue ignored?' *Public Administration and Development*, Vol. 11, No. 4, pp. 341–61.
4. R. Stren and P. McCarney (1992) 'Urban research in the developing world: towards an agenda for the 1990s', Major Report No. 26. Centre for Urban and Community Studies, University of Toronto, p. 2.
5. D. Lee-Smith and R.E. Stren (1991) 'New perspectives on African urban management', *Environment and Urbanization*, Vol. 3, No. 1, p. 27.
6. E. Mills (1991) 'Urban efficiency, productivity and economic development', *World Bank Annual Conference on Development Economics: Report of proceedings* (Washington, DC: World Bank), p. 21.
7. E. Wegelin (1990) 'New approaches in urban services delivery: a comparison of emerging experience in selected Asian countries', *Cities*, Vol. 7, August, p. 245.
8. UNCHS (1987b) *Executive summary of the global report on human settlements* (Nairobi: United Nations Centre for Human Settlements (Habitat)), p. 8.
9. R.E. Stren (1993) 'Urban management in development assistance: an elusive concept', *Cities*, Vol. 10, May, p. 127.
10. J. Leitmann, C. Bartone and J. Bernstein (1992) 'Environmental management and urban development: issues and options for Third World cities', *Environment and Urbanisation*, Vol. 4, No. 2, p. 132.
11. J.E. Hardoy and D. Satterthwaite (1990) 'The future city', in J.E. Hardoy, S. Cairncross and D. Satterthwaite (eds) (1990) *The poor die young: housing and health in Third World cities* (London: Earthscan), pp. 228–44;

D. Rondinelli (1988a) 'Giant and secondary city growth in Africa', in M. Dogan and J.D. Kasarda (1988) *The metropolis era: Vol. 1, a world of giant cities* (London: Sage Publications), pp. 291–321.
12. G. Clarke (1991) 'Urban management in developing countries: a critical role', *Cities*, Vol. 8, May, p. 107.
13. R. White (1989) 'The influence of environmental and economic factors on the urban crisis', in R.E. Stren and R. White (eds) (1989) *African cities in crisis: managing rapid urban growth* (Boulder: Westview Press), p. 19.
14. S.K. Sharma (1989) 'Municipal management', *Urban Affairs Quarterly – India*, Vol. 21, No. 4, p. 47.
15. J.M. Lusagga Kironde (1992) 'Received concepts and theories in African urbanisation and management strategies: the struggle continues', *Urban Studies*, Vol. 29, No. 8, p. 1289.
16. P. Knox and C. Masilela (1989) 'Attitudes to Third World urban planning: practitioners versus outside experts', *Habitat International*, Vol. 13, No. 3, p. 69.
17. C. Rogerson (1989a) 'Managing urban growth in South Africa: learning from international experience', *South African Geographical Journal*, No. 71, p. 129.
18. D. Okpala (1987) 'Received concepts and theories on African urbanisation studies and urban management strategies: a critique', *Urban Studies*, Vol. 24, p. 141.
19. Institute of Development Studies (1978) *Development Research Digest*, No. 1, Spring, pp. 11–14, on J. Collins, I. Muller and M. Safier (1975) *Planned urban growth: the Lusaka experience 1957–1973* (London: Development Planning Unit, University College).
20. C.S. Chandrasekhara (1989) 'Improving municipal management', *Urban Affairs Quarterly*, Centre for Urban Studies (Nagarlok: The Indian Institute of Public Administration), Vol. 21, No. 4, p. 66.
21. E.M. Pernia (1991) 'Some aspects of urbanisation and the environment in South East Asia', Report No. 54 (Manila: Asian Development Bank), p. 20.
22. Ibid., p. 21.
23. Ibid., p. 23.
24. C. Rakodi (1987) 'Urban plan preparation in Lusaka', *Habitat International*, Vol. 11, No. 4, p. 95.
25. A. Lakshmanan and E. Rotner (1985) 'Madras, India: low cost approaches to managing development', in J.P. Lea and J.M. Courtney (eds) *Cities in conflict: planning and management of Asian cities* (Washington, DC: World Bank), p. 85.
26. A. Sinou (1988) 'From planning to management', *RISED Bulletin*, No. 8 (Brussels: European Environmental Bureau), p. 25.
27. UNCHS (1987a) *Environmental guidelines for settlements planning and management. Vol. 1, Institutionalising environmental planning and management of settlements development* (Nairobi: United Nations Centre for Human Settlements (Habitat)), p. 2.
28. H. Richardson (1993) 'Problems of metropolitan management in Asia', in G. Shabbir Cheema (ed.) *Urban management: policies and innovations in developing countries* (Westport, Conn.: Greenwood Praeger Press), p. 61.
29. C. Farvacque and P. McAuslan (1992) 'Reforming urban land policies and institutions in developing countries', Urban Management Programme Policy Paper No. 5 (Washington, DC: World Bank), p. 63.

30. G. Clarke (1992) 'Towards appropriate forms of urban spatial planning', *Habitat International*, Vol. 16, No. 2, pp. 149–50.
31. UNCHS (1987c) *Global report on human settlements*, pp. 98–9.
32. A. Turner (1992) 'Urban planning in the developing world: lessons from experience', *Habitat International*, Vol. 16, No. 2, p. 124.
33. K. Davey (1983) 'Development administration revisited', *Papers in Administration and Development*, No. 20 (Birmingham: Institute of Local Government Studies), pp. 16–17.
34. D. McNeill (1983) 'The changing practice of urban planning: the World Bank and other influences', Working Paper No. 15 (London: Development Planning Unit, University College), p. 5.
35. N. Devas (1989) 'New directions for urban planning and management', *Papers in Administration and Development*, No. 34 (Birmingham: Institute of Local Government Studies), pp. 13–14.
36. M. Safier (1992) 'Urban development: policy planning and management. Practitioners' perspectives on public learning over three decades', *Habitat International*, Vol. 16, No. 2, p. 11.
37. K.C. Sivaramakrishnan and I. Green (1986) *Metropolitan management: the Asian experience* (Oxford University Press for the World Bank).
38. F. Halla (1985) 'Changing the theoretical basis of urban planning from "procedures" to "political economy"', Working Paper No. 16 (London: Development Planning Unit, University College), pp. 36–7.
39. Ibid.
40. D. Rondinelli (1984) 'Small towns in developing countries: potential centres for growth, transformation and integration', in H. Detlef Kammeier and P.J. Swan (eds) *Equity with growth: planning perspectives for small towns in developing countries* (Bangkok: Asian Institute for Technology), p. 42.
41. UNCHS (1987b) *Executive summary of the global report on human settlements* (Nairobi: United Nations Centre for Human Settlements (Habitat)), pp. 11–12.
42. K. Davey (1993) 'Elements of urban management', Urban Management Programme, Working Paper No. 11 (Washington, DC: World Bank), p. 36.
43. H.R. Espinoza (1985) 'Planning and national development', *Planning and Administration*, Vol. 12, No. 2, p. 29.
44. B.O. De Albornoz (1985) 'The municipalities and local planning', *Planning and Administration*, Vol. 12, No. 2, p. 32.
45. A. Illaramendi (1985) 'Integral plans: an experience with public participation and housing in Venezuela', in T. Blair (ed.) *Strengthening urban management* (New York: Plenum), p. 40.
46. M. Wallis (1987) 'Local government and development in Southern African states: Botswana and Lesotho compared', *Planning and Administration*, Vol. 14, No.1, p. 72.
47. C.P. Rees (1987) 'Urban development: the environmental dimension', in Asian Development Bank (1987a) *Urban policy issues* (Manila: Asian Development Bank), p. 231.
48. E. Dawson (1992) 'District planning with community participation in Peru: the work of the institute of local democracy – IPADEL', *Environment and Urbanisation*, Vol. 4, No. 2, p. 96.
49. P.H. Hector (1985) 'The participation of local governments in the planning process of Panama', *Planning and Administration*, Vol. 12, No. 2, p. 41.

50. T.A. Aina (1990) 'The politics of sustainable Third World urban development', in D. Cadman and G. Payne (eds) (1990) *The living city: towards a sustainable future* (London and New York: Routledge), pp. 202–3.
51. S. Domicelj (1988) 'International assistance in the urban sector', in Asian Development Bank (1987a) *Urban policy issues* (Manila: Asian Development Bank), p. 252.
52. G. Clarke (1985) 'Jakarta, Indonesia: planning to solve urban conflicts', in J.P. Lea and J.M. Courtney (eds) (1985) *Cities in conflict: planning and management of Asian cities* (Washington, DC: World Bank), p. 44.
53. R. Allport and N. Einsiedel (1986) 'An innovative approach to metropolitan management in the Philippines', *Public Administration and Development*, Vol. 6, No. 1, p. 27.
54. Ibid., p. 28
55. J. Courtney and J. Lea (1985) 'Lessons in resolving the conflicts (of managing Asian cities)', in J.P. Lea and J.M. Courtney (eds) (1985) *Cities in conflict: planning and management of Asian cities* (Washington, DC: World Bank), p. 106.
56. F. Amos (1989) 'Strengthening municipal government', *Cities*, Vol. 6,
57. F. Davidson (1991) 'Gearing up for effective management of urban development', *Cities*, Vol. 8, No. 2, p. 122.
58. Ibid., p. 126.
59. B.K. Lee, (1987) 'Major urban development issues: an overview', in Asian Development Bank (1987a) *Urban policy issues* (Manila: Asian Development Bank), p. 30.
60. UNCHS (1987c) *Global report on human settlements*, p. 108.
61. J. Linn (1983) *Cities in the developing world; policies for their equitable and efficient growth* (New York: Oxford University Press), pp. 57–8.
62. Institute of Development Studies (1978) *Development Research Digest*, No. 1, Spring, p. 13.
63. Stren and McCarney (1992) 'Urban research', p. 47.
64. J. Perlman (1993) 'Mega-cities: global urbanisation and innovation', in G. Shabbir Cheema (ed.) (1993) *Urban management: policies and innovations in developing countries* (Westport, Conn.: Greenwood Praeger Press), p. 47.
65. D. Bhadra and A. Brandao (1993) 'Urbanisation, agricultural development and land allocation', World Bank Discussion Paper No. 201 (Washington, DC: World Bank), p. 4.
66. G. Shabbir Cheema (1993) 'The challenge of urban management: some issues', in G. Shabbir Cheema (ed.) (1993) *Urban management: policies and innovations in developing countries* (Westport, Conn.: Greenwood Praeger Press), p. 12.
67. J.E. Hardoy and D. Satterthwaite (1989) *Squatter citizen: life in the urban Third World* (London: Earthscan), p. 12.
68. UNCHS (1990a) *Financing human settlements development and management in developing countries* (Nairobi: United Nations Centre for Human Settlements (Habitat)), p. 51.
69. J.E. Hardoy and D. Satterthwaite (1990) 'The future city', in J.E. Hardoy, S. Cairncross and D. Satterthwaite (eds) (1990) *The poor die young: housing and health in Third World cities* (London: Earthscan), pp. 232–3.
70. R.E. Stren with V. Bhatt *et al.* (1992) 'An urban problematique: the challenge of urbanisation for development assistance', Centre for Urban and Community Studies (University of Toronto), p. 29.
71. J.D. Montgomery (1988) 'The informal service sector as an administrat-

ive resource', in D. Rondinelli and G. Shabbir Cheema (eds) (1988) *Urban services in developing countries: public and private roles in urban government* (Houndmills: Macmillan), p. 91.
72. Hardoy and Satterthwaite, 'The future city', p. 236.
73. Institute of Development Studies, *Development Research Digest*, p. 12.
74. Sinou, 'From planning to management', p. 25.
75. Ibid., p. 26.
76. A.L. Mabogunje (1992) 'Perspective on urban land and urban management policies in Sub-Saharan Africa', Africa Technical Department Series No. 196 (Washington, DC: World Bank), p. x.
77. G. Ayittey (1990) 'Indigenous African settlements: an assessment', in World Bank (1990) *The long-term perspective study of Sub-Saharan Africa. Vol. 3, Institutional and Socio-political issues* (Washington, DC: World Bank), p. 28.
78. Sinou, 'From planning to management'.
79. W.E. Rees (1992) 'Ecological footprints and appropriated carrying capacity: what urban economics leaves out', *Environment and Urbanisation*, Vol. 4, No. 2, p. 129.
80. J. Kolo (1991) 'Environmental planning in the Third World: dilemmas and possibilities', *Habitat International*, Vol. 15, Nos 1/2, p. 213.
81. L. Tacconi and C. Tisdell (1993) 'Holistic sustainable development: implications for planning processes, foreign aid and support for research', *Third World Planning Review*, Vol. 15, No. 4, p. 411.
82. T. Johnson (1990) 'Development impact exactions: an alternative method of financing urban development', *Third World Planning Review*, Vol. 12 pp. 144–5.

第4章

干预范围

1993年，两位专家悲观地论述了城市管理现状。斯特恩(Stren)认为："从20世纪80年代中期开始，城市管理作为一个整合的概念就失去了实质的内容和定义……此概念的核心意义变得那么难以捉摸。"[1] 之后，"当(联合国人居中心——城市管理)项目部门遇到类似的概念性工作时，城市管理整体概念仍没有得到实质的进展"[2]。类似地，戴维(Davey)认为，"城市管理的发展抛弃了城市和市政层面上的开发一种有效的战略规划和管理方法的尝试，文献中鲜有好的实践案例"[3]。本章将主要寻求城市管理参量的识别，主要考虑三个主题：

- 操作参量
- 基础设施
- 机构强化

操作参量

在本标题下，主要考虑三种思想：流程本质；实践关注点；整体概念。

流程本质

曾经将城市管理定义作为一项课题研究过，威廉姆斯(Williams，1978)认为，"城市管理主义不是一种理论，甚至也不是一种统一的理念，而是一个研究框架"[4]。他进一步将城市管理的本质定义为"一种更具体的涉及权力关系、城市本质和社会与经济结构"[5]，文章随后谈及流程中的参与者。

> 关于政府官方的角色定位问题存在着相当大的争议，它是纯粹的裁判员，还是在公共服务和私人部门都扮演着资源控制者的

角色？[6]

很显然，资源控制是成功的一个基本条件，行为范围是另外一个问题，本文后面将重点论述，因此提出，

> 城市管理主义提供了一条有用的途径来洞察城市领域中的复杂关系，这种洞察通过单个消费者和稀有资源分配者的联系实现，不仅要找出分配的过程，还要明确分配的原因。[7]

在这一方面，从西方城市可以看出，这是一种政治解释。莱昂纳德(Leonard，1982)评价道："社会管理者应该关注城市问题的解决，开发政治经济方法……必须保留针对人类最迫切的研究任务。"[8] 资源分配预示着必须要有资源可以进行分配，但像看到的那样，第三世界国家中仅有很少的宝贵资源可以分配。因此，非正式部门在城市建设中的潜在角色极为重要，一个正确的观点就是城市管理应当包含公共和私人部门所有的行为。

用夏尔马(Sharma，1989)的话说，

> 城市管理可以被简单地描述为一系列的活动，这些活动规范和引导城市领域内社会的、物质的以及经济的发展。城市管理最主要的应该是干预这些领域以促进经济的发展，并能够保持健康的发展，确保提供必要的服务。[9]

促进经济发展和提供必要的服务看起来已经足够了，但是这仅是早期的分析，罗科迪(Rakodi，1991)也有类似的观点：

> 城市管理的目的是确保管理系统中的各种元素，以维持城市的日常功能，为各种经济活动提供便利和条件，使居民获得住房、服务、设施、收入等基本需求。[10]

新的城市管理方法"是以这样一种信念为基础的，这种信念是城市管理应该通过规划创新和项目开发实施提供增量的、例行的公共产品和服务供给与维护"[11]。这涉及具体城市管理的操作性和战略方面的问题。

马巴赫(Marbach，1986)强调了这一观点：

> 城市管理理念在过去的50年里发生了巨大的改变。过去，城市管理者希望能够管理城市日常事务，提供最低限度的服务，如街道照明、供水、垃圾回收等。而现在，城市需要规划好快速发展的社区，刺激或控制增长和变化，解决住房、公共卫生、教育、就业、福利以及贫

困增多等问题。地方当局仅仅作为一个保管员和会计已经不行了，他们必须规划和实行主要的财务运作，代表中央或国家政府管理好自己的账户。[12]

很显然，城市管理从例行性转变为复杂性管理，无论是在操作层面上还是战略层面上。

拉马钱德兰图（Ramachandran，1993）提出了"一个严格概念上的城市管理的定义"[13]，之后，"在为城市战略规划建立一个更广范围的框架时，主要考虑五个领域……它们是土地、基础设施、公共服务、交通运输、财政和组织绩效"[14]。这看起来好像是全面了解的第一步。举一个例子，在市政管理方面，文件的标题和内容都建议要包含城市管理流程，缺点是这个建议仅用于管理市政组织本身[15]。而城市管理是（或应当是）涉及城市的发展和组织（市政）管理。

总之，城市管理必须在城市发展干预范围内有一个资源分配的实践重点。

实践关注点

拿印度尼西亚的实践案例来识别城市管理流程中的主要操作关注点，它们是"饮用水供给、排污系统，人类垃圾、固体垃圾系统，排水、洪涝控制，城市道路、住房、土地供给服务和城市空间规划"。在实践中，城市管理主要涉及的基础设施和相关服务供给是，生活必需品（饮用水）、公共卫生（医疗和垃圾管理）、经济发展（道路）、住所（房屋）、一般基础设施（土地服务）以及它们之间的相互关系（空间规划）。[16]

科顿和弗朗西斯（Cotton and Franceys，1988）提供了一个类似的清单，提出"最优先的基础设施供给是基本的服务……"清单包括"土地储备、排水系统、饮用水供给、公共卫生、固体垃圾、能源和社区"[17]。理查德森（Richardson，1993）给出了一个类似的但质量更高的城市基础设施供给评估清单，它包括住房、供水、排污、排水系统、能源、医疗、教育、交通运输和环境保护[18]。以上的专家都涉及了基础设施和服务供给概念，但仅有一位专家包含了空间元素。[19]

市政政府的作用向前迈进了一步。

城市当局的管理水平对城市是否增长以及如何增长产生了重要的影响……城市管理的主要问题是：为工业、商业提供适当的公共设施；为高效分配产品和服务以提供功能良好的交通运输系统；为新的工业发展利用好土地服务；提供足够的公共市政设施，包括批发和零售方面；一个好的通信系统（电话和邮政）；一个良好的公共行政，最低限度地降低效率损耗，并降低管制和税收成本。[20]

在这里，城市管理理想的政策和实践输出可以看做是城市发展的外部经济（如道路），相反，城市管理输出供给失败可以导致外部不经济（没有道路）。

世界银行最近的一个基础设施需求评估涉及约旦河西岸的占用问题，这里，基础设施清单主要包括供水、垃圾管理、电力、道路、教育、医疗以及通信。[21]

钱德拉赛卡尔（Chandrasekhara，1989）提出，

> 市政主体由于各自权限问题，在扩张的建设领域和行为中逐渐成为无能的观众，他们不能全部甚至不能部分地满足需求和维持现有的服务水平。因此，提高市政管理不仅能够提高他们管理日常服务的能力，还可以使他们能够满足日益增长的［未来的］需求。[22]

为了实现这些，他定义了市政管理系统的基本元素：

- 促进发展，
- 服务规划，发展和管理，
- 资源利用，
- 培训和能力提高。[23]

通过 UNDP 可知，“城市管理必须更好地利用城市财富，为社区谋福利，维持和开发基础设施和服务网络，照顾好日益增长的城市贫困者”。在这种观点中，主要强调了四个问题，它们是：

- 分权并将资源从中央政府向市政一级转移，
- 通过私人部门和社区组织的积极参与，通过地方资源利用好市政收入，
- 强调住房和基础设施方面有效的战略，对弱势群体进行特殊帮助，
- 改善城市环境质量，尤其是广大城市贫民区和棚户区方面。[24]

另外，城市管理的关注点方面论述得很详细，但好像是在流程中将政府全部功能锁在了传统观念中，这是要坚决反对的，阿莫斯（Amos，1989）评论认为：

> 城市管理是市政政府的职责，城市管理涉及城市发展（包括公共

和私人部门)的所有方面,市政当局的服务操作没有界限……好的城市管理取决于国家、地方、公共机构行为的协调能力。[25]

这是非常重要的,它把我们带回到了整合整个城市管理流程的理念中去,下一节就论述这一主题。

涉及战略理念,托马森(Thomson,1989)提出,"有效的城市管理必须缓解城市贫困问题",因此,活动的范围应当包括"战略规划……土地利用政策……经济活动管制……基础设施和服务实施"[26]。

另外,斯特恩(Stren,1991)认为:"城市管理没有唯一的定义,它至少包含四个不同的元素,它们是:

- 使城市发展项目成为城市和公共机构的重要考虑事项;
- 更多地关注地方财政资源,以使市政政府更多地分权;
- 关注组织的变化和城市服务财政问题,包括供水、公共交通、电力、公共卫生服务和废物处理;
- 寻求和促进地方社区参与,以支持城市服务和基础设施。"[27]

这是非常好的,它将城市和公共机构重点事项放在了一个更广阔的视角上,它定义了一个分权的市政政府的功能,也涉及基础设施财政问题,并通过参与概念间接涉及非正式部门。这种观点似乎吸收了城市管理的政治概念和基础设施供给的实践方面。

阿莫斯(Amos,1989)也提出了一个类似的理念。

城市管理的中心关注点是……操纵和管制经济、社会、物质环境需求方面,以确保提供足够的必要服务,促进经济发展和人类和谐,城市管理系统的必要元素是:

- 相关机构间的一个有效的沟通和协调网络;
- 一个为公共机构提供目标的战略;
- 一个行为和资源供给计划,以确保战略的实施。

使城市管理任务变得复杂和困难的原因是这三个元素并非在同一维度上。[28]

这种观点是推动行动流程,理想情况下,前面的理念应该与后面的结合在一起。

总之,城市管理应该通过各种政策和实践干预支持经济发展。

整体概念

这种更加广泛的观点反映了其他地方的思想，例如，丘吉尔(Churchill,1985)提出，

> 在“城市管理”方面开始呈现出新的丰富含义，它不再是单纯的一个控制系统，而是一系列的行为关系，居民的种种行为之间相互影响，并与城市治理也相互影响。城市管理的目标非常清晰：改进人们日常活动的效率，并在分配中实现公平……然而，城市的无效率，不论是在住房还是交通领域，不可避免地导致贫困。[29]

效率的概念在实践中很好理解，但关于公共干预的公平问题，就是一个非常模糊的概念。

理查德森(Richardson,1993)提供了另外一个理念，他提出城市管理的成功与否可以通过三种检验来衡量，“城市管理者实施空间战略的能力可以被看做是一个管理效率方面的合理检验”[30]。“发展中国家城市管理中另外一个效能方面的合理检验是提供基本服务和基础设施网络，满足快速增长的城市人口需求的能力。”[31]“最后一个是城市服务供给方面的操作与维护管理问题。”[32]

克拉克(Clarke,1991)补充了这一观点：“典型的发展中国家城市行政管理面临着两个任务(1) 促进经济增长提高生活水平(2) 改进基础设施和服务供给，以避免城市地区及周围环境资源遭到永久性的破坏。”[33]他还认为：“现实是城市干预应当强调管理进程，城市化本身并不是非常完美的，也会存在一定的问题。”[34]然后，他论述了整合方面的观点，“随着时间的推移，任何国家都必须定义城市管理需求，城市管理整合的观点鼓励空间整合，机构协调，资源共享和信息交流，以实现各方共赢”[35]。这就是城市管理的整体理念。

战略作为城市管理进程的一部分，逐渐被短期主义(short-termism)占据了主导，李和柯特尼(Lea and Courtney,1985)评论道：

> 从20世纪60年代起，一种新的项目导向的方法出现了，它强调短期行为，利用预算以确保财政的可行性；强调物质[土地利用]规划，包含了一系列的社会经济政策。这种新的范式好像加速了项目实施进度，但它却产生了固定的思维模式……[36]

之后，两位专家论述了雅加达的部落改善计划：

> 在通过小商业活动和非正式部门教育整合物质基础设施和社会经济政策以提高就业的计划失败了。此外，关联机构和设计对于项目实施的地方组织关注太少。[37]

这说明了城市管理需要包含城市建设、维护、补给等整个过程，它还强调了城市和(它治理的)制度建设的重要性。

UNDP 也认可这一观点，

> 从过去和近期得到的主要教训是，发展中国家在物质规划方面的孤立项目和城市紧急需求的供给，采用了过时的模式和实践是失效的。城市管理可以解决这一挑战，提供一个概念上和实践中的整体发展方法。[38]

这种方法是令人鼓舞的。

其他作者也有城市管理方面的论述，如沙布尔·奇马(Shabbir Cheema)，

> 由于农民向城市迁移，以及城市人口分散政策和计划没有成功。因此，逐渐意识到城市增长是不可避免的，城市问题的解决方案取决于城市管理的效果。城市管理是一个整体概念，它旨在强化政府和非政府组织的能力，以识别政策和计划的改变，实施最佳结果。因此，城市管理的挑战是高效地反映各个城市的问题，并能够执行它们的功能。[39]

进而确认的是所有发展中国家城市面临的主要问题，即基本的城市服务和基础设施问题。

其他专家也补充了一些观点，认为城市干预是整体的和整合的。文章中涉及了 8 位专家，也许是巧合，"整体"这一词也被提及了 8 次，具体如下：

1. 必须整体对待城市政策(在部门方面以及城市和农村环境关系方面)。[40]
2. "城市发展方法"……承认了城市经验的多样性和不同政策对城市地区影响的途径的多样性。这一方法既涉及多学科，又涉及全面性。[41]
3. 整体方法的需求……对于涉及的环境挑战来说，最重要的是高层部门之间的合作。[42]
4. 由于城市生活是动态的和多维的，因此城市研究方法必须反

映这种多样性特点。整体方法的本质……是对所有的部门、地区的相互关系进行识别。[43]

5. 任何尝试使城市政策领域保持连贯性的战略或方法都往往被称为城市发展方法……在理想的情况下，这种方法应该是整体性的（确认促使城市“运转”的各种元素间的复杂影响）。[44]
6. 整体方法是必需的，[因为]所有的人类活动都紧密联系，正如城市系统概念本身暗示的那样。[45]
7. 整体方法，例如……[要求]对于涉及正式和非正式经济部门之间的明确联系。[46]
8. 城市经济损耗是将城市问题作为整合和空间联系来看待的最好例证，经济损耗本身就是一个整体概念……[47]

城市管理整体方法现在被看做是城市管理流程和结构成功的核心。

总之，很显然存在这样的需求，即把城市建设流程中所有的参与者纳入城市管理流程之中，因此需要一个整体的概念。

本节主要的内容包括：提出城市管理必须通过城市发展干预范围确定资源分配的中心关注点，必须通过基础设施和服务供给干预支持经济发展。在功能方面，市政政府扮演着非常重要的角色。城市管理的输出可以看做是支持城市发展的外部经济。城市管理流程包含了战略和操作两方面的思考，这一流程应当包含城市建设中的所有参与者，它应当被看做是一个整体概念。下一节将关注城市管理输出问题。

基础设施

在本标题下，主要考虑三种思想：支持经济发展；挑战案例；经验。

支持经济发展

基础设施是经济增长的关键。因此，它的供给是任何相关城市管理流程的核心输出，这也是目前世界银行城市开发项目的普遍关注点，世界银行的一个官员提出，

城市领域是经济活动的焦点，需要提供高效的服务以支持制造业并培育小企业的成长，以及培养国内市场的发展；需要基础设施和公共服务强有力的支持——从交通运输到公共卫生，从住房到学校——并需要一个城市管理框架，能够提供必要的支持；还需要有一

个高效的地方政府行政管理，以实现地方自治和决策……以实现管理城市增长和资源利用，从而应对快速膨胀的城镇和城市。[48]

最初，城市被看做是经济增长的发动机，但这需要提供基础设施和公共服务作为支撑。

最近，世界银行表达了这样一种观点，“城市经济活动在很大程度上依赖于能源、道路、供水等基础设施。类似地，城市人口的健康[城市经济活动也是如此]……取决于公共卫生和清洁用水”[49]。在同一份文件中，“城市服务的供给不足限制了工商企业和城市家庭生产力增长。因此，也限制了城市经济的发展”[50]。这一系列的观点被马博贡耶(Mabogunje，1993)提炼并作了完美的总结，“城市管理效率的衡量可以看做是基础设施供给状况的衡量”[51]。

基础设施和服务供给的重要性非常明显，正如龙迪内利(Rondinelli，1990a)论述的那样，“将来，经济的持续增长和社会进步将主要取决于一个国家城市系统资源转换的效率，从而实现新的转换方式取代长期以来的进口和出口”[52]。进而，“城市经济的增长将取决于那些支持城市企业的城市服务、设备、基础设施利用程度……服务和基础设施的投资方向极大的影响着发展中国家城市化的格局，也影响着城市经济发展的速度和形式”[53]。这里，专家确认了两个重要观点，第一，基础设施在支持经济发展方面的作用；第二，基础设施在影响空间格局方面的作用。基础设施在空间方面的作用决不能忽视。

基础设施对经济和城市发展有着根本的作用，“基础设施供给是高效城市化的主要输入形式，基础设施反映了企业和家庭两方面的需求”[54]。基础设施供给被确认为三个层面：国家基础设施网络；城市基础设施网络；街道基础设施(如住房、商业、工业、机构等定点设施和服务)。其中，城市基础设施网络(供水、公共卫生、固体废物、电力、电信、道路和运输系统)是至关重要的。“网络的结构决定着城市的格局。”[55]这里的网络指的就是城市基础设施网络。另外，具体场所的基础设施对城市发展也很重要。

阿尔杜瓦和萨特思韦特(Hardoy and Satterthwaite，1987)发展了这一观点，他们的论述是关于住房位置的。“所有的居住领域需要三种公共干预：

- 基础设施供给和维护——饮用水输送、下水道或人类垃圾的其他处理方式，暴雨和路面积水排放系统，道路铺设和电力。
- 基本服务供给——家庭垃圾回收，公共交通运输，如果没有提供下水道系统，需要考虑提供公厕的容器、腐烂物的容器以及人类垃圾的其他容器。
- 鼓励和支持人们来维持、升级和改进住房设施。”[56]

在网络和具体位置方面，城市管理提供基础设施和服务的挑战非常明显，这些问题解决之后，人们才能建房、建造工厂和商店。

凯恩斯(Cains，1988)补充了这一论点：

> 公共部门通过直接的政府参与方式不能满足贫困人口的居住需求，政府的角色很明确，是间接的促进住房开发(支持自我帮助，如一些升级项目等)。[57]

这是令人鼓舞的，它暗示了准备接受非正式部门巨大的建筑潜力。

总之，基础设施和服务供给是城市经济发展的关键，它们还影响着城市空间格局。

挑战案例

实践中有一个城市基本服务计划(urban basic services programme—UBSP)，格纳内斯赫瓦(Gnaneshwar，1990年)考察了这一计划，

> 主要关注针对妇女、休闲和住房等领域的供水、医疗、教育、培养、环境改善、经济活动，所有这些服务供给都由私人和公共机构积极参与，并强调成本效益和本土技术，最大限度地关注妇女和儿童问题，以此引导整个社区的发展。[58]

贫困人口对于基本服务的需求是很明显的，也是最基本的。

奇塔姆(Cheetham，1991)提出，“大约3.5亿人口生活处于绝对贫困状态，更多的人享受不到足够的基本服务……超过40%的城市人口(20亿的40%)享受不到公共卫生服务”[59]。除了感叹之外，这也暗示了第三世界的城市管理面临着的巨大挑战。

在最基本的层面，首先要提供的是清洁的饮用水。罗思(Roth，1987)论述道：“每年有一半的婴儿死于介水传染病(water-borne)，世界上80%的疾病与饮用水有关，世界上50%的医院床位被与水传播疾病有关的人占据着。”[60]

之后，罗思(Roth)强调：

> 饮用水的日常供给是生存的必要条件，但发展中国家超过一半的人口得不到足够的饮用水供给，大约四分之三的人口没有享受到

公共卫生服务。并且由于有些地区的饮用水地点非常遥远，饮用水还被污染了。大约有1千万的妇女、儿童每天要花费3个多小时的时间去取回那些污染的饮用水。

许多国家还存在这样一种扭曲的现象，“富人享受有补贴的自来水服务，而穷人却要花高价从商家那里购买饮用水”[61]。这是很滑稽的，它强调了对清洁饮用水的需求，以及妇女在收集清洁用水中的作用，她们大部分是从公共水塔和井中收集饮用水。

任何有意义的城市管理进程的第一个目标是解决供水和污水处理以及相关的公共卫生问题。其他的基础设施问题涉及住房（主要土地利用）和基础设施网络[干线]支持等，科恩（Cohen，1988）强调了这一观点：

> 必须记住的是，每年超过90%的住所并不是由公共机构参与构建的……基础设施网络[因此]是社会改善和住所升级的基本条件。没有基础网络的扩展，不可能为开发土地提供高效的服务，这些服务的高效管理和财政问题对住房计划的成功起着至关重要的作用。[62]

不管提供什么样的基础设施和服务，必须了解它们的成本和在社区中的影响，这提供了一条如何配置有限资源的方法。米尔斯和贝克（Mills and Becker，1986）强调了一些细节：“首先，当考虑到效率与公平问题时，什么样的公共服务要优先供给？第二，进行成本分析后，什么样的投资收益最大？什么样的投资最能符合低收入群体的需求？”[63]对这些问题的回答是首先要关注供水和公共卫生，供水是生活的基本条件，而公共卫生是健康的基础。

城市管理中，对于低收入群体的关注越来越得到重视，龙迪内利（Rondinelli，1988b）提出：

> 未来十年里，发展中国家遇到的主要挑战是如何满足城市中的基本社会服务、基础设施、公共设备等需求问题……大部分分析研究显示政府在满足这些需求方面的能力是有限的，解决这些问题的政治承诺是难以实现的，也是存在缺陷的。市政政府既没有财政资源也没有行政管理能力来提供这些服务。[64]

斯特恩和麦克卡内（Stren and McCarney，1992）也给出了类似的结论：“第三世界城市贫困问题的一个重要方面是城市服务和基础设施的衰退或无效供给。随着人口的增长，可利用资源的下降，公共服务和基础设施水平的降低，可以导致城市丧失了生产力能力。”[65]城市管理面临的挑战已经非常明确了。

李(Lee,1987)也表达了这样的观点:

> 城市基础设施和服务的持续升级和扩展不仅需要减少目前存在的不足,还要满足城市领域日益增长的需求,尤其是要整合供给、排水、抗洪、固体废物管理、道路、电力以及其他基本服务(如学校、医疗设备、公共市场……)等系统。所有城市人口都可以从基础设施改善中获益,但低收入群体将获得更大的益处。因为不论在排水还是供水方面,他们获得过很少的服务。[66]

基础设施、服务供给和维护规划可以决定空间发展和缓解资源限制,文献中关于这方面的主题很少。正如上面论述的那样,许多专家都主要讨论城市、规划、管理、基础设施和整合。但是,很少有人尝试论述实践中的城市管理操作模式。仅有过几个关于东南亚的实践案例,例如,罗格森(Rogerson,1989b)提出,在首尔,在利用社区资源向贫困者提供城市基本服务过程中,采用了一些创新的试验,主要通过自下而上、分权、参与等方法实施,这些尝试可以看做是发展中国家城市在向贫困者提供服务方面积累的经验,尤其是为南非国家城市发展提供了宝贵经验。[67]

总之,基本的供水需求往往被忽视,而且有证据表明饮水与疾病有很大的关系。另外,基础设施财政问题是永恒的关注点。

经 验

本节主要回顾亚洲最好的案例。1984 年菲律宾引入了一个基本市政基础设施、设备、维护和能源开发计划(a programme for essential municipal infrastructure, utilities, maintenance and engineering development—PREMIUMED),作为促进地方政府自力更生的具体战略,它主要有以下目标:

- 减少城市基础设施、设备和服务供给与城市人口快速增长之间的差距。
- 强化/改进地方政府尤其是城市中心区的财政/税收基础。
- 加强地方政府在规划、计划、项目管理和维护、升级基础设施、设备、设施等方面的技术和行政管理能力。[68]

在泰国,主要的焦点是确保曼谷都市地区(Bangkok Metropolitan Region—BMR)的发展,依赖于工业和服务部门的增长,支持经济增长战略规划目标的实现。在这种背景下,城市管理战略吸收了下列要素:

- 物质规划和基础设施投资整合。
- 通过提高税收效率和扩展税基、城市公共设施成本控制以及国有企业和私人部门参与城市服务供给等方式加强地方财政收入基础。
- 加强自力更生能力，加强向城市贫困者提供基础设施方面的社区参与。
- 通过人力资源开发和培训，加强城市服务供给和提高地方政府能力，建立和改进机构间的协调机制。[69]

在印度尼西亚，最先提出了城市服务供给的全国性方法，这就是著名的整合城市基础设施开发计划(Integrated Urban Infrastructure Development Programme—IUIDP)，这一计划有以下特点：

- 将城市服务供给的规划、计划、实施职责在实际中放到了地方一级上。
- 这样做，可以尽力整合物质方面以及不同财政资源方面的基础设施供给元素。
- 通过上面中期阶段对资源需求和利用的分析评估，可以刺激地方政府资源的利用程度，并支持财政/制度发展行动规划。
- 这种方法吸收了地方政府层面多年的基础设施投资规划及其财政规划，并吸收了基于此规划的年度预算建议。[70]

对三种方法的比较显示，“尽管所有计划都有加强市政管理和财政能力的目标，但其实质是不同的。这些计划的主要不同是有的项目强调城市服务规划和计划的效能增加(印度尼西亚和菲律宾)，而有的项目强调改进管理结构和流程，以及提高地方政府财政收入的途径和意义(泰国)”[71]。

柯特尼和李(Courtney and Lea，1985)总结了目前的经验，具有重要的价值。

> 首都马尼拉的项目被看做是菲律宾其他地区开发预算和评估修正国家投资的模式。自从中央政府资金注入以后，城市政府和国家预算或财政部门参与到资金预算中就变得非常重要了，中央各部门、半国营企业、城市和地方政府都应当参与到主要部门的投资规划中。[72]

另外，公共机构间的规划机制的重要性也显现出来，这种分析与另外一种观点形成了鲜明的对比，“马尼拉城市并不具备直接规划和发展的政府形式……这种状况使行政管理系统不能协调运转，而且有时还会陷入混乱”。之后提出了在马尼拉，“政府优先投资方向和满足大多数人的基本需求之间存在矛盾，大部分的投资优先考虑基础设施网络……相反地，人们的紧急需求如提供住房等很难得到改善……”[73]

这是现实中的一个困境，从宏观角度出发，基础设施网络可以为经济发展创造条件；从微观角度出发，地方改善可以改进普通人的状况，吸收大量潜在的人口。因此，必须在这两者之间找到一个平衡点。

最近，《经济学家》(*The Economist*)杂志上的一篇文章提出，亚洲在吸引私人资本提供和运行主要基础设施以及能源和道路部门方面成为引领者。[74]这种分析结果可能是将快速发展的亚洲与经济发展缓慢的撒哈拉以南非洲相比得出的。

总之，亚洲的创新实践尝试整合规划、计划和预算，以实现基础设施的可持续供给。

本节的主要内容包括：基础设施供给是经济发展的关键，并且它会影响空间格局。清洁用水这一基本需求往往被忽视，但有证据证明它与疾病有很大关系。基础设施财政仍然是一个长久的关注问题。在规划和基础设施供给的组织能力方面，亚洲给出了很好的例证。亚洲的创新实践尝试整合规划、计划和预算。下一节将通过目前该领域的强化工作关注城市管理流程中的更多问题。

机构强化

在本标题下，主要考虑两个问题：为城市管理而强化；一般挑战。

为城市管理而强化

目前存在两个多边机构开发计划，它们都关注于城市问题。一个是世界银行和联合国人居中心的城市管理计划(Urban Management Programme—UMP)，另外一个是联合国人居署的城市可持续计划(Sustainable Cities Programme—SCP)，这个计划已经纳入到UMP之中。

世界银行/UNCHS为其城市管理计划(UMP)找到了一个标准的依据，“在城市之中，城市管理者发现越来越难以解决污水排放问题，以及解决破烂的棚户居住引起的健康问题。只有从特别干预转变为整合的、多年规划和持续一致的政策框架方法，才能在城市发展中将环境问题提上日程”。之后，在同一份报告中：“城市持续发挥经济作用的能力在很大程度上依赖于基础设施和市政服务的利用程度。进而，高效的基础设施和服务供给取决于地方政府能力和城市管理的效能。”[75] 从它们最初的表现看来，这一计划包含三个主观关注点：管理[76]；基础设施[77]；市政财政[78]。为城市管理开发操作模式的主要目标是：“为整合空间、部门、经济、财政和机构规划而实现城市发展目标，并制定指导方针。”[79]

下一个计划文件主要通过一系列地区研讨会方式概括了能力建设战略，还强调了其他的主观内容，其中包括环境问题。[80] 这一文件中值得注意的是没有提及城市管理开发操作模式的内容，很难清楚地了解到这仅仅是一个过失还是经过考虑后的政策转变，这种转变只能被解释为某些具体国家和地方政府在建设它们各自的开发操作模式能力。

这样的结论好像也是第三个计划的产物，“这一阶段最主要的任务是同国家一起建设它们的能力，以解决城市问题……整体目标是提高发展中国家的能力，使它们在可持续的基础上管理各自的城市领域”[81]。另外，这一文件中也没有提及城市管理的开发操作模式问题。在这一阶段，主要的关注点是城市管理计划，有人简单地论述了 UMP 的内容修正“尽管没有定义城市管理，但却描述了项目元素的细节”[82]。这看起来像是一个严重的失误。

UNCHS 提出了另外一个标准依据，这次是为了它的城市可持续计划(SCP)。

> 发展中国家快速的城市增长产生了一系列严重的问题，这就要求有新的方法来进行一般城市规划和管理，并特别强调环境规划问题，因为大多数城市管理的紧迫需求如废物管理、供水等，也涉及环境问题。

它继续强调：

> 因此，最根本的是要实现环保型的城市可持续发展，环境管理必须纳入到城市规划和投资战略中去，并成为一种惯例。整合流程要求将环境规划和管理纳入信息收集和利用之中，在市政计划、预算、项目实施、监督和评估中，要实现跨空间、跨部门的政策描述。[83]

后面一份有价值的文件中提出了城市可持续方面的一系列目标，最主要的两个是：第一，“为城市准备一个战略发展规划，包括环境战略、部门投资战略、空间规划战略、财政规划以及行政管理/法律需求等主要元素"[84]。第二,"加强地方的规划、协调、管理城市发展增长的能力,强调提高多部门、协调和社区为基础的参与"[85]。这一计划于 1992 年首先在达累斯萨拉姆开始实施。

城市管理计划和可持续城市项目的重点是(无论是第一个所暗示的还是第二个所明确表述的),它们都尝试为城市管理流程构建操作模式,并加强相关机构的执行力。为了强化机构能力,必须实现合理的人力资源配置和利用。

必须对人力资源方面进行考查,阿莫斯(Amos,1989)评论道,"系统无论设计得多么好,如果没有匹配的人力资源的话,一点价值也没有……技能开发要深入到基本技能、系统和管理中去"。之后,他认为,"制度发展与许多其它的开发项目不同,因为它是无限的……如果城市管理能够应对未来 20 年的挑战,那么其主要的机构将会被给予功能和项目上的优先关注"[86]。

总之,在两个计划中将规划看做是整体和整合的流程。一个计划明确表述了而另一个暗示了需要开发一个城市管理流程中的弹性模式。

一般挑战

亚洲开发银行(1987b)对这些挑战进行了总结:"应该将更多的精力放在国家和市政层面的机构能力建设上,以制定和实施发展计划和管理城市领域。最终,同一般的政策改进一样,大量采用技术援助,而不再需要具体的投资。"[87]技术援助作为技能转移机制在第 2 章已经讨论过了。

发展中国家城市管理制度发展本质的一般观点再次被重申,在亚洲背景下,龙迪内利(Rondinelli,1987)认为:

> ……政府改变未来状况的能力在很大程度上依赖于地方和市政当局的规划、管理和财政能力。未来十年里要更多地关注地方政府的管理和财政能力方面,这就要求国家政府支持或引导市政管理评估,以确定地方政府的能力水平,并提高规划和管理能力,因为这些领域内发现了很多问题。

他提出了五个领域内的行为,其中包括

> 提高地方政府的规划能力,发展财政管理功能和提高人事管理能力。[88]

UNDP 记录了地方政府强化方面的经验。

> 20世纪60、70年代大的国家计划削弱了地方政府的权威和能力……在发展中国家的大多数地区，地方政府的能力依然十分低下。这就是过去几年里，很多国际援助机构开始关注提高城市机构管理能力和增加城市发展中地方资源利用的原因。[89]

并且还为20世纪90年代设计了一个日程安排，“如果城市继续进行人力开发，我们需要机构体制来促进相应的增长，鼓励性别敏感(gender-sensitive)，参与发展并提高城市和城镇的财政和管理能力”[90]。

UNDP继续强调了城市管理挑战的一些特点，并涉及了制度发展需求。

> 强化地方政府和行政管理应该将重点放在向市政一级进行权力和资源下放……[91]

> 发展中国家的城市面临着两方面的问题——城市是经济增长的发动机和城市是贫困增加的中心，这既不构成风险也不构成灾难，快速城市化为社会经济转型提供了创新的机会。[92]

> 发展中国家基础设施和服务的投资将会更加重要，因为这不仅是为了满足供水、公共卫生、教育和医疗等方面的基本需求，还为了提高私人部门的效率和降低生产成本。[93]

将私人部门包含在内是非常重要的。

卡普托(Caputo，1989)的作品强调了这一挑战的本质：

> 当起草强化地方政府能力使之承担资源利用任务的战略时，首先要提出的问题是如何增加内部资源以提高生产率和生产能力并促进城市经济环境的改进？以积极参与和促进小商业发展的管理战略实施影响可以总结为：第一，税收体系和财政状况得到改善；第二，降低阻碍小商业发展的瓶颈。传统的方法(城市管理)总是忽略建立在地方经济基础上重要性。[94]

因此，对于城市管理而言，不仅开发规划系统很重要，释放潜在的财政资源也很重要。

根据哈特和罗格森(Hart and Rogerson，1989)的观点，肯尼亚的实践为南非城市管理提供了经验。

> 国家城市政策应该纳入到(而不是孤立于)国家发展规划中去，那些忽略了贫困者需求的政策应该进行修改。最终，应该尽最大努

力避免破坏城市管理实践，剥夺项目利益，政策应该以城市贫困者为目标。[95]

因此，发展中国家的机构强化不仅要涉及建设中的积极方面，还要避免城市管理中的消极方面。

在斯里兰卡的地方政府绩效提升项目中，伯顿(Bertone，1992)提出了一个日程，目标是：

- 在新的市政资金投资下，强调现有设备的运作和维护。
- 提高财政收入方面的绩效。
- 实现健康的财政管理和预算。
- 实现可承担的市政服务。[96]

这看似是一种很传统的制度建设思想，好像没有考虑到对地方政府发展环境的积极影响——它的城镇和城市。

作为总结，可以认为"在现实中，城市管理是机构间乏味的流程，其重点在于协调而非命令，其质量取决于持之以恒的努力和团队合作，其成功取决于自身的努力以及对迅速变化(各种各样)的城市生活的适应能力"[97]。

沙布尔·奇马(Shabbir Cheema，1993)对各种各样城市管理挑战的本质进行了补充，引用他的书是因为"研究中存在不足，即没有提供城市管理问题的整体理念"[98]。但在他的另外一本书里，却极力呼吁城市发展的整体方法。[99]目前，关于城市管理各种各样本质的普遍观点还是集中在城市管理争论上。

一个对发展中国家城市和城市挑战的高级政策研究所经过深思熟虑总结出一个主要观点是，城市发展领域的主要多边机构(世界银行、UNDP和UNCHS)"给出了一个改变他们工作方式的信号，将从传统的项目方法转变为一种强调过程，抓住机遇，强调持续性，认识到城市活动的多部门本质，强调需要用整体的方式看待城市"[100]。这无疑是受到了本节中多部门机构强化的影响。

总之，必须强调人力资源的作用，并且需要强化地方政府规划系统。

本节的主要内容包括：两个多边机构赞成他们在城市管理机构强化中的一般方法。他们认为这是一种整体和整合的过程。一个强化计划暗示了而另一个明确表示了城市管理流程开发弹性模式的需求，为了实现这一目的，必须强调城市管理机构强化中的人力资源问题，也需要强调通过城市发展财政下放的分权概念。地方政府在城市管理中的核心作用是需要对其强化的主要原因。

在本章的最后，在干预范围方面有三个主要特征：

4. 城市管理对于城市而言可以看做是一种外部经济。
5. 基础设施是经济发展的关键并影响着空间格局。
6. 机构强化必须关注城市管理的整体概念。

下一节是第二部分的小结。

注　释

1. R.E. Stren (1993) 'Urban management in development assistance: an elusive concept', *Cities*, Vol. 10, May, p. 131.
2. Ibid., p. 137.
3. K. Davey (1993) 'Elements of urban management', Urban Management Programme Working Paper No. 11 (Washington, DC: World Bank), pp. 19–20.
4. P. Williams (1978) 'Urban managerialism: a concept of relevance?', *Area*, Vol. 10, No. 3, p. 236.
5. Ibid., p. 237.
6. Ibid., p. 239.
7. Ibid., p. 240.
8. S. Leonard (1982) 'Urban managerialism: a period of transition', *Progress in Human Geography*, Vol. V, No. 2, p. 210.
9. S.K. Sharma (1989) 'Municipal management', *Urban Affairs Quarterly – India*, Vol. 21, No. 4, p. 48.
10. C. Rakodi (1991) 'Cities and people: towards a gender-aware urban planning process?', *Public Administration and Development*, Vol. 11, p. 542.
11. K.C. Sivaramakrishnan and L. Green (1986) *Metropolitan management: the Asian experience* (Oxford University Press for the World Bank), p. 12.
12. C. Marbach (1986) 'A review of ten years of *Habitat International*', *Habitat International*, Vol. 10, No. 4, p. 196.
13. A. Ramachandran (1993) 'Improvement of municipal management', *Habitat International*, Vol. 17, No. 1, p. 12.
14. Ibid., p. 13.
15. F. Amos (1993) 'Comment on Ramachandran (1993)', *Habitat International*, Vol. 17, No. 4, p. 93.
16. F. Steinberg (1991) 'Urban infrastructure development in Indonesia', *Habitat International*, Vol. 15, No. 4, p. 7.
17. A. Cotton and R. Franceys (1988) 'Urban infrastructure: trends, needs and the role of aid', *Habitat International*, Vol. 12, No. 3, p. 142.
18. H. Richardson (1993) 'Problems of metropolitan management in Asia', in G. Shabbir Cheema (ed.) *Urban management: policies and innovations in developing countries* (Westport, Conn.: Greenwood/Praeger Press), p. 66. E. Brennan and H. Richardson (1989) 'Asian megacity characteristics, problems and policies', *International Regional Science Review*, Vol. 12, No. 2, pp. 117–29.

19. Steinberg, 'Urban infrastructure development in Indonesia'.
20. J. Linn (1983) *Cities in the developing world: policies for their equitable and efficient growth* (New York: Oxford University Press), pp. 56–7.
21. World Bank (1993a) *Developing the occupied territories: an investment in peace*. No. 1, Overview (Washington, DC: World Bank), pp. 9–10.
22. C.S. Chandrasekhara (1989) 'Improving municipal management', *Urban Affairs Quarterly*, Centre for Urban Studies (Nagarlok: The Indian Institute of Public Administration), Vol. 21, No. 4, p. 55.
23. Ibid., p. 56.
24. UNDP (1990b) *Human development report* (New York: Oxford University Press), p. 90.
25. F. Amos (1989) 'Strengthening municipal government', *Cities*, Vol. 6, No. 3, p. 208.
26. B. Thomson (1989) 'ODA workshop on urbanisation and British aid: a note for discussion', *Cities*, Vol. 6, No. 3, p. 172.
27. R.E. Stren (1991) 'Old wine in new bottles? An overview of Africa's urban problems and the "urban management" approach to dealing with them', *Environment and Urbanization*, Vol. 3, No. 1, p. 10.
28. Amos, 'Strengthening municipal government', p. 202.
29. A. Churchill (1985) 'Foreword', to J.P. Lea and J.M. Courtney (eds) *Cities in conflict: planning and management of Asian cities* (Washington, DC: World Bank), p. v.
30. Richardson, 'Problems of metropolitan management in Asia', p. 63.
31. Ibid., p. 64.
32. Ibid., p. 65.
33. G. Clarke (1991) 'Urban management in developing countries: a critical role', *Cities*, Vol. 8, May, p. 95.
34. Ibid., p. 96.
35. Ibid., p. 97.
36. J.P. Lea and J.M. Courtney (1985) 'Conflict resolution in the Asian city: an overview', in J.P. Lea and J.M. Courtney (eds) *Cities in conflict: planning and management of Asian cities* (Washington, DC: World Bank), p. 6.
37. Ibid.
38. UNDP (1989) *Urban transition in developing countries: policy issues and implications for technical co-operation in the 1990s. Programme Advisory Note* (New York: United Nations Development Programme), p. 60.
39. G. Shabbir Cheema (1993) 'The challenge of urban management: some issues', in G. Shabbir Cheema (ed.) *Urban management: policies and innovations in developing countries* (Westport, Conn.: Greenwood Praeger Press), p. 7.
40. R.E. Stren with V. Bhatt *et al.* (1992) 'An urban problematique: the challenge of urbanisation for development assistance', Centre for Urban and Community Studies (University of Toronto), p. xiii.
41. Ibid., p. xiv.
42. Ibid., p. xxi.
43. Ibid., p. 4.
44. Ibid., p. 10.
45. Ibid., p. 67.
46. Ibid., pp. 68–9.
47. Ibid., p. 76.
48. J. Doyen (1990) 'The management of urban growth in Sub-Saharan Af-

rica: an operational perspective from the World Bank', Internal paper from the Infrastructure Division, Africa Technical Department, March 16. Presented at the launch of the Municipal Development Programme (Washington, DC: World Bank), p. 2.
49. World Bank (1991c) *Urban policy and economic development: an agenda for the 1990s*, A World Bank Policy Paper (Washington, DC: World Bank), p. 36.
50. Ibid., p. 37.
51. A.L. Mabogunje (1993) 'Infrastructure: the crux of modern urban development', *Urban Edge*, Vol. 1, No. 3, p. 3 (Washington, DC: World Bank), p. 3.
52. D. Rondinelli (1990a) '*Decentralising urban development programs: a framework for analysis* (Washington, DC: US Agency for International Development), p. 3, citing J. Jacobs (1984) *Cities and the wealth of nations: principles of economic life* (New York: Random House).
53. Rondinelli, op. cit.
54. A. van Huyck (1987) 'Defining the roles of the private and public sectors in urban development', in Asian Development Bank (1987b) *Urban policy issues* (Manila: Asian Development Bank), p. 109.
55. Ibid.
56. J.E. Hardoy and D. Satterthwaite (1987) 'Housing and health: do architects and planners have a role?', *Cities*, Vol. 4, No. 3, pp. 226–7.
57. J. Cains (1988) 'Urbanisation and urban policy in the Third World', *Habitat International*, Vol. 12, No. 3, p. 95.
58. V. Gnaneshwar (1990) 'Basic services approach to urban development: Indian experience', *Cities*, Vol. 7, No. 4, p. 337.
59. E. Cheetham (1991) 'Comment on E. Mills (1991) *Urban efficiency, productivity and economic development, World Bank Annual Conference on Development Economics: Report of proceedings*' (Washington, DC: World Bank), p. 237.
60. G. Roth (1987) *The private provision of public services in developing countries* (Washington, DC: Oxford University Press for the World Bank), p. 230.
61. Ibid., p. 264.
62. M. Cohen (1988) 'Replicating urban shelter programmes: problems and challenges', in D. Rondinelli and G. Shabbir Cheema (eds) *Urban services in developing countries: public and private roles in urban government* (Houndmills: Macmillan), p. 123.
63. E. Mills and C. Becker (1986) *Studies in Indian urban development* (Oxford University Press), p. 207.
64. D. Rondinelli (1988b) 'Increasing the access of the urban poor to urban services: problems, policy alternatives and organisational choices', in D. Rondinelli and G. Shabbir Cheema (eds) (1988) *Urban services in developing countries: public and private roles in urban government* (Houndmills: Macmillan), p. 19.
65. R. Stren and P. McCarney (1992) 'Urban research in the developing world: towards an agenda for the 1990s', Major Report No. 26 (Centre for Urban and Community Studies, University of Toronto), p. 19.
66. B.K. Lee (1987) 'Major urban development issues: an overview', in Asian Development Bank (1987b) *Urban policy issues* (Manila: Asian Development Bank), p. 38.
67. C. Rogerson (1989b) 'Successful urban management in Seoul, South Korea: policy lessons for South Africa', *South African Geographical*

Journal, No. 71, p. 171.
68. E. Wegelin (1990) 'New approaches in urban services delivery: a comparison of emerging experience in selected Asian countries', *Cities*, Vol. 7, August, p. 248.
69. Ibid., pp. 249–50.
70. Ibid., p. 247.
71. Ibid., pp. 250–1.
72. J. Courtney and J. Lea (1985) 'Lessons in resolving the conflicts (of managing Asian cities)', in J.P. Lea and J.M. Courtney (eds) *Cities in conflict: planning and management of Asian cities* (Washington, DC: World Bank), p. 106.
73. H. Henward, Jr. (1985) 'Metro Manila: conflicts and illusions in planning urban development', in J.P. Lea and J.M. Courtney (eds) *Cities in conflict: planning and management of Asian cities* (Washington, DC: World Bank), p. 21.
74. *The Economist* (1994) 'Infrastructure in Asia: the trillion-dollar dream', February 26, London, p. 86.
75. World Bank and UNCHS (1989) *Urban management programme: overview of programme activities* (Washington, DC: World Bank and Nairobi: UNCHS), p. 2.
76. Ibid., p. 4.
77. Ibid., p. 6.
78. Ibid., p. 7.
79. Ibid., p. 11.
80. World Bank and UNCHS (1990) *Urban management programme: phase 2* (Washington, DC: World Bank and Nairobi: UNCHS), p. 1.
81. World Bank and UNCHS (1991) *Urban management programme: revised prospectus* (Washington, DC: World Bank and Nairobi: UNCHS), p. 13.
82. R.E. Stren (1993) 'Urban management in development assistance: an elusive concept', *Cities*, Vol. 10, May, p. 131.
83. UNCHS (1990c) *The sustainable cities programme* (Nairobi: United Nations Centre for Human Settlements (Habitat)), p. 1.
84. UNCHS (1991) *Sustainable city demonstrations* (Nairobi: United Nations Centre for Human Settlements (Habitat)), p. 5.
85. Ibid., p. 7.
86. F. Amos (1989) 'Strengthening municipal government', *Cities*, Vol. 6, No. 3, p. 206.
87. Asian Development Bank (1987b) *Urban policy issues* (Manila: Asian Development Bank), p. 10.
88. D. Rondinelli (1987) 'National objectives and strategies for urban development in Asia', in Asian Development Bank (1987b) *Urban policy issues* (Manila: Asian Development Bank), p. 79.
89. UNDP (1990a) *Cities, people and poverty, urban development cooperation for the 1990s*, UNDP strategy paper (New York: UNDP), p. 3.
90. Ibid., p. 4.
91. Ibid., p. 5.
92. Ibid., p. 21.
93. Ibid., p. 53.
94. E. Caputo (1989) 'Enabling local economic growth', in World Bank (1989b) *Strengthening local governments in Sub-Saharan Africa: proceedings of two workshops* (Washington, DC: World Bank). Republished as an EDI policy seminar report, No. 21, in 1990, p. 111.

95. D. Hart and C. Rogerson (1989) 'Urban management in Kenya: South African policy issues', *South African Geographical Journal*, No. 71, p. 198.
96. T.L. Bertone (1992) 'Improving local government in Sri Lanka', *International Review of Administrative Sciences*, Vol. 58, No. 1, p. 72.
97. Sivaramakrishnan and Green, *Metropolitan management: the Asian experience*, p. 90.
98. Shabbir Cheema (1993), 'The challenge of urban management: some issues', p. 14.
99. Stren with Bhatt *et al*., 'An urban problematique: the challenge of urbanisation for development assistance'.
100. N. Harris (ed.) (1992) *Cities in the 1990s: the challenge for developing countries* (London: UCL Press), p. xxi.

小结

有两位专家对城市管理挑战的本质进行了归纳，林(Linn,1983)提出，“城市当局的城市管理质量对城市是否有增长以及如何增长(公共设施的充分供给等)有着重要的影响”[1]。这说明了城市管理对城市外部经济作用。

戴维森(Davidson,1991)论述道：“如果希望对城市管理能力有持续性的影响，那么物质发展目标必须与制度发展目标相整合。”[2] 这确认了城市管理的核心关注点，即城市和制度发展。

第二部分分析了第三世界城市管理的流程(或功能)。第 3 章主要关注各种规划理念。第 4 章主要考虑城市管理干预的范围。对本部分六节中强调的问题总结如下：

规划理念

城市与经济增长

第三世界城市正在增长，这可以看做是经济和社会发展驱动的结果。它们已经在不同程度上对国民生产总值作出了贡献，城市作为一个经济生产单位的思想被提出来。相反，快速的城市增长也带来了较差的卫生条件、交通拥堵、环境恶化、贫困以及基础设施和服务缺失等问题。应对城市挑战的任何方法都必须从第三世界的实际出发，并避免全部照搬西方模式。本质上，城市被看做是经济发展的发动机。

规划响应需求

总体规划是一种长期的行为，它与财政相分离。未来的规划干预应该是短期的，并与管理理念相联系。城市管理应该由这样一种流程主导，这种流程关注城市的政治经济(如贫困和财富)。干预的手段就是一种城市管理流程，它吸收了规划、项目和预算。本节还引入了将各部门所有参与者整合到规划和发展流程的理念。总之，规划响应应该关注城市的政治经济。

从规划到整合管理

从规划到城市管理的转变过程中提出了一个整合流程的概念。城市干预需要有一个整体的理念。干预手段需要包含机构设置和社区参与，以开发实际项目。非正式部门对于城市建设的贡献要合理利用。非正式部门由于“银行担保”项目而被排除在外是危险的(可能是无意的)。银行担保项目在环境问题上也是失败的。总之，非正式部门对城市建设流程的贡献必须合理利用。

干 预 范 围

操作参量

城市管理必须通过城市发展干预范围确定资源分配的中心关注点，必须通过基础设施和服务供给干预支持经济发展。在这些功能方面，市政政府扮演着非常重要的角色。城市管理的输出可以看做是支持城市发展的外部经济。城市管理流程包含了战略和操作两方面的思考，这一流程应当包含城市建设中的所有参与者，它应当被看做是一个整体概念。主要的观点是城市管理可以看做是城市的外部经济。

基础设施

基础设施供给是经济发展的关键，并且它会影响空间格局。清洁用水这一基本需求往往被忽视，但有证据表明它与疾病有很大关系。基础设施财政仍然是一个长久的关注问题。在规划和基础设施供给的组织能力方面，亚洲给出了很好的例证。亚洲的创新实践尝试整合规划、计划和预算。本质上，基础设施是经济发展的关键，并影响着空间格局。

机构强化

两个多边机构赞成他们在城市管理机构强化中的一般方法。他们认为这是一种整体和整合的流程。一个强化计划暗示了而另一个明确表示了城市管理流程开发弹性模式的需求，为了实现这一目的，必须强调城市管理机构强化中的人力资源问题，也需要强调通过城市发展财政下放的分权概念。地方政府在城市管理中的核心作用需要对其强化的主要原因。本质上，机构强化必须关注城市管理的整体概念。

因此，第二部分的结论如下：

1. 城市是经济发展的发动机。
2. 规划响应的焦点应该放在城市的政治经济上。
3. 非正式部门对城市建设流程的贡献需要合理利用。
4. 城市管理对于城市而言可以看做是一种外部经济。
5. 基础设施是经济发展的关键并影响着空间格局。
6. 机构强化必须关注城市管理的整体概念。

第三世界城市管理的这些特点代表了城市管理功能上的一系列普遍特征，在第 12 章中将再次讨论这些特征。

总之，分析的重要之处在于识别了思考城市管理流程问题的指导思想，但并未对结果进行描述。

剩下的是要为第三世界城市管理功能方面引入一个概念性的框架，这一框架主要包括两部分内容：

- 功能范围
- 干预模式

每一部分中，都识别出一些变量。它们的排序是根据第二部分中被引用的频率确定的。这一概念性框架如表 2.1 所示，第 12 章将再次讨论这个框架。

第三部分将分析第三世界城市管理形式。

表 2.1　城市管理功能变量

功能范围	引用频率
整合流程中所有参与者	17
整体概念	13
城市建设中包含非正式部门	12
解决贫困问题	10
机构强化/分权化	9
规划、计划和预算	8
公民参与	7
基础设施和服务供给	6

续表

流程范围	引用频率
整合投资决策	6
基础设施支持经济发展	6
制定战略	5
保护/改善环境	5
迭代或学习过程	4
管理规划	3
城市政治经济中的规划	3
运营和维护	3
基础设施的空间影响	3
空间规划	2
干预模式	
供水	13
污水排放系统	11
固体废物管理	11
能源	11
道路	11
排水和防洪	6
教育	5
医疗	5
住房	2
环境保护与改善	2

注意：频率指的是第二部分中各变量被引用的次数。

注　释

1. J. Linn (1983) *Cities in the developing world; policies for their equitable and efficient growth* (New York: Oxford University Press), pp. 57–8.
2. F. Davidson (1991) 'Gearing up for effective management of urban development', *Cities*, Vol. 8, No. 2, p. 132.

第三部分

城市管理形式

第三部分主要探析城市管理形式的特征，这是在文献中没有可以普遍接受的第三世界城市管理的标准组织设置前提下进行的。第5章识别了一些组织困境。第6章评估了组织城市管理的构建标准。小结部分确认了第三世界城市管理形式的主要特征，并引入了一个初始的概念性框架。

第5章

组织困境

世界银行确立了基础设施缺失与公共机构能力低下之间的联系，“物质基础设施缺失和服务供给不足反映了部门政策和计划缺乏一致性……公共机构职责的不完整（等等）”[1]。

沙布尔・奇马（Shabbir Cheema，1993）认为：“城市政策和计划的效力在很大程度上依赖于公共机构对规划和实施的责任度。”[2] 这包括在“规划和管理权威方面向地方政府分权因素（其他因素之一）”。

龙迪内利（Rondinelli，1988b）进一步提出“市政政府改进服务供给的能力必须大幅度的扩展，而且单一的能力是不够的。长期看来，政策变革和组织设置变量必须与复杂而深入的问题相适应，即第三世界城市增长以及附带的需求”[3]。

问题是：什么样的组织设置能够为城市管理流程带来、产生、给出合适的设置？因此，本章尝试识别组织结构中的突出问题，主要考虑三个主题：

- 组织模式
- 分权良策
- 城市管理分权

组织模式

在本标题下，主要考虑三个问题：没有定式；从功能到形式；地方政府。

没有定式

十年前，UNCHS 悲叹地论述道，“不仅在人类居住政策方面没有普遍的机构设置模式，而且，任何一个国家采用的机构设置都会随着时间的推移而不断改变”[4]。莫胡德(Mawhood,1987)也表达了同样的观点,“在地方社区行政管理和发展促进方面,没有可以在其他地区推广的单一模式”[5]。最近,理查德森(Richardson,1993)评论道:“发展中国家大城市管理中的最大困难是解决制度框架问题。”[6] 其他专家也尝试识别地方分权方面的因素。[7] 在城市管理机构设置方面,好像没有一个普遍的参考观点。

罗科迪(Rakodi,1987)提出:“城市管理中机构职责的分配在国家与国家之间大不相同,有的国家是中央和地方政府联合,而有的国家则存在多个法律实体。”[8] 但它们共同的特点是,这些组织都是部门支配的。

贝克(Baker,1989)定义了部门支配的组织问题,“发展中国家的行政管理结构大部分是从殖民政权完整的继承下来的,部门、部、局(如农业、医疗、教育)都是按垂直方式组建的。这种体系在没有出现高广度和整合性问题之前,运转非常良好”。城市问题就是一个很明显的例子。部门结构中“只识别属于自己部门领域内的问题,也只解决这些而已”[9]。当缺少对城市发展问题由哪一机构负责的界定时,部门同地方政府之间的争论就产生了:

- 是各部门在城镇规划立法下制定土地利用规划吗?
- 是地方当局在地方政府立法下制定发展和资金战略?
- 是各部门在中央政府立法下为实施和构建的基础设施买单(通过援助基金)? 还是
- 通过协调三方共同执行? 需求在哪儿? 谁做主?

《环境与城市化》(*Environment and Urbanisation*)的一篇社论中提出了第三世界地方政府面临的基本组织困境问题,文章将困境描述为:

> 大多数第三世界国家在城市增长管理过程中,市政政府没有成功地履行职责(包括基础设施和服务供给)……地方政府很少有能力来投资基础设施和服务扩展方面的工作……存在一个普遍的认同是,地方政府在刺激和支持发展过程中扮演着非常重要的角色。

文章进一步描述道:

> 仅仅最近才开始有援助机构将基金分配到机构建设、城市管理培训、地方政府财政和城市规划中,而且大部分规划是来自世界银行——多数是20世纪80年代后期的。[11]

对最近第三世界城市管理进行比较,可以发现一个很有趣的问题,

“第三世界存在大量的研究者和研究机构，他们长期以来一直批判标准流程的应用和提高政府效率定式方法的使用”[12]。到目前为止，城市管理组织方面已经发现了两个缺陷，第一个是中央政府的组织部门化；第二个是地方政府财政方面的缺陷。

总之，许多专家都承认，在解决第三世界城市管理挑战方面没有单一的组织模式。

从功能到形式

在这一背景下，必须对城市政府的角色进行界定。根据李（Lee，1987）的观点，这需要“一方面在中央政府规划、方向和地方当局分权方面达到平衡，另一方面……不幸的是，没有向城市政府合理分配职责方面的明确规则”[13]。雅加达的经验说明了“城市政府多一点全面少一点片面”可以看做是一条可行的途径。亚洲城市管理实践中提出了许多创新性工作（第 4 章）。但是，城市管理功能必须与城市形式应用选择相关联。

蒙特哥莫瑞（Montgomery，1988 年）进一步提出了一种观点，即“如果根据一些合理的原则或者基于实践的现代组织理论，可以重新设计政府功能和层级的话，将是非常方便的……”[14]这是非常简单的，但是却不可行。曾经尝试建立特别的城市发展政权，但大都失败了。此外，德瓦斯（Devas，1989）提出，“创建一个新的机构远比改革或废除一个现存的机构简单得多。因此，公共机构的不断增加是影响城市管理效能的一个主要障碍”[15]。

罗科迪（Rakodi，1990）总结道：

> 许多政府针对现有城市组织在基础设施供给和维护方面（在快速的城市增长条件下）的无能，最初的反应是采取项目导向、部门方法（具体工作权力），然后是采用多部门方法——通过建立发展当局或特别城市政府……然而，当权力集中和地方政府的破坏降低了城市一级参与决策制定的可能时，大多数城市所谓的多部门、城市范围方法都是失败的，或者在解决城市服务中的设置与运营之间存在很大的差距。[16]

分权是最近才出现的观点，这也是本章下两节详细分析的内容。

斯特恩和怀特（Stren and White，1989）论述了非洲政府组织的结构缺陷。

> 对于非洲政府来说——无论是中央的还是城市的——最喜欢的

> 组织形式是部门化。财政局拥有大量的经济学家，工程部门拥有大量的工程师……局与局之间争夺稀缺的资源，只有在上级的强制下部门之间才会合作……非洲城市管理的危机充分说明了部门方法的无效……只有一种全新的城市管理方法，才能解决如此广泛存在的问题。[17]

在之后的一篇论文里，斯特恩(Stren，1991)意识到，当时的非洲仍然没有城市管理方面的教科书。

UNCHS 认为居住管理由不同的行政层级掌控着。

> 在大多数国家，一些部门战略开发需要中央规划和管理，而另外一些部门只需要外部指导和技术支持就足够了。就算没有这些，地方层级也可以处理。与居住条件改善和环境管理相关的部门，尽管可能还需要国家的指导，但最好是由地方层级自己管理。[19]

这是第一次尝试城市管理功能决定组织形式。

UNCHS 进一步认为，

> 响应和实践[机构结构]的多样性导致很难将其分开和概括特征，并[为城市管理]提出机构设置蓝图……居住规划方面的机构设置，不论是全面的还是部门的，只有提供了财政资金才能有效运转。大多数国家的中央政府和地方当局之间并不协调：中央政府不愿意放弃对地方分配程序的控制，并且经常批评地方层级的财政和行政管理机制；而地方政府也对它们的依赖地位非常不满，往往认为如果没有中央政府的支持它们很难改善财政和行政管理水平。[20]

尽管功能决定机构设置是非常重要的，然而财政流程方面的问题也非常重要，这将在第 6 章进行分析。

UNCHS 重复解决多样性这一问题，

> 不存在单一的模式，公共机构在财政、参与、行政管理和技术实施方面相互关联，共同实现国家政治经济目标，这些目标是选民渴望具体实现的……[21]

然而，不管理论上存在什么困难，可以普遍接受的是，地方政府应该具有一种动态的角色(在城市管理中)。

总之，中央政府组织的部门化在城市管理中存在一定的缺陷这一观点得到了普遍承认。

地方政府

1985年，斯德哥尔摩圆桌会议的一份报告中记录了这样一个分析观点："地方政府全新的、动态的角色可以帮助改善(城市中的)居住和生活条件。"报告进一步提出，

> 地方政府在城市领域规划和管理方面具有很大的法律和机构职责。但是，由于缺乏权力、资源和技能人员，它们仅仅履行了很小一部分职责。在城市领域人口不断增长的情况下，市政政府的权力、能力和税基却没有增长。[22]

困境是后殖民地集权(post-colonial centralisation)理念主导着中央政府的思想。结果，中央政府不愿意将管理城市发展过程的权力下放给地方政府。

拉马钱德兰图(Ramachandran，1985)曾经提出："地方政府的优势在于它能够与人民面对面接触。作为个体和社区学习的媒介，作为建立公众参与的手段，作为政府流程必要部分，地方政府的优势是不可能被超越的。"[23]哈里斯(Harris，1990)补充并拓展了这一观点：

> 由于强调政府的推动作用，因而迫切需要高效的地方政府。然而，在很多国家里，这却是政府最无能的领域。通常，地方当局负担着巨大的财政赤字……但是却不能扩大收入来源，因为全都被中央政府抢占了……往往地方政府被赋予了新的职责，但财政或人员方面却没有一点改变。[24]

在城市管理流程中，地方政府潜在的、希望的角色已经非常明显了。

在马来西亚背景下，海(Hai，1988)曾提出，

> 城市服务管理方面最核心的挑战是塑造合适的结构，提供必需的权威和资源，以完成他们的任务。看起来合适的结构直接与问题的解决相关，培养全面或战略性思维，理解或了解这些问题，并制定出有效的措施。因此，合适的结构需要首先识别问题以及问题的原因[诱因]。解决一个问题的合适结构可能并不适合于解决另一个问题。[25]

重要的关键词是结构、权威和资源。结构应该通过对问题的全面理解而确定。

巴巴和拉姆巴(Bubba and Lamba，1991)用更简洁的话总结道：

> 城市管理中的许多问题需要迅速采取措施，因此迫切需要改善地方政府系统，使它们能够快速和弹性应对城市问题。中央政府的控制太过严格，尤其是在财政方面。地方当局需要改善它们的财务管理……[它们]在城市服务供给方面与其他机构建立联系。[26]

在机构间设置方面，联系的思想非常重要，下面我们还会对此进行讨论。

作为一个总结性观点，最近的机构强化案例从制度视角概括了城市管理的范围：它尝试分析城市管理流程中的组织结构、行为和关系；它尝试理解财务管理对城市管理的影响；它尝试分析城市空间规划与财务预算流程的关系；最后，关注与城市管理问题相关的人力资源和培训问题。[27]

这是值得称赞的，但是有些可以用更简单的分析。例如，奥罗武和斯莫科(Olowu and Smoke，1992)认为："财政收入不足——导致服务供给失效——是地方政府最明显的缺陷……财政收入不足以及其他主要地方政府问题都是中央—地方财政关系问题。"[28]对此最简单的反应就是，牢记资金是实现目的的手段而非目的本身。因此，对财会、地方政府以及其对发展环境的影响进行全面(整体)考虑是非常有必要的。

总之，所有的专家都支持强化地方政府来进行城市管理的观点。

本节的主要内容包括：许多专家承认，在发展中国家没有单一的组织模式来应对城市管理的挑战。城市发展中中央政府组织的部门化是公认的缺陷。所有人都支持强化地方政府解决城市问题的观点。这样，就显示出了分权是任何发展行政中的良策。

分权良策

在本标题下，主要考虑两个问题：分权失败；分权改革。

分权失败

分权已经渗透到了发展行政中的每一个角落。本质上，它是(可能是不可避免的)国家从殖民政权独立以后，中央政府权力集中的反应，这在非洲尤为突出。但是，无论在非洲还是亚洲，地方分权都被积极倡导着，被看做是中央集权化和城市管理挑战复杂化的合法响应。

根据温斯赫(Wunsch，1990a)的看法：

> 许多政府分权是通过法律管制进行的，这使形成大量弹性的和多样性的组织成为可能。进而，可以使人员、团队、社区集中在一起，追求各种不同的利益。这提供了许多可能的优势，包括(1) 提高能力以避免和纠正组织冗余错误，(2) 减少了潜在的政治冲突，(3) 能够更多地表达社区价值，(4) 压制各级政府潜在的权力集中和权力滥用问题……功能性的地方组织关注许多社会问题和需求，而国家领导人将更多的注意力集中在经济管理方面；关注国家的宏观经济政策；关注国家资源开发；加强技术教育，与国外政府磋商与合作，以及加强国家财政、人事等方面的影响。[29]

这段较长的引文不仅提倡地方分权，还将中央的一般功能具体化，并提出了适合地方政府的功能。

韦尔兰(Werlin，1992)进一步发展了这一观点，他认为：

> 在大多数发展中国家，继续反对各种形式的地方分权，包括向地方和社区政府、财政机构、公用事业单位、国有企业以及非营利组织(NGOs)等委托授权。[30]

这是不可避免的，权力拥有者(中央政府)不会情愿放弃它们的控制(权力转交给地方政府)，这在权力集中的环境下尤为如此。“后独立时期有一个假设，那就是发展和统一需要高度集权和强势的政府，地方政府治理能力是遭到怀疑的。”[31]这种印象一直存在着，认为地方政府不能完成任务。

在具体的开发中，根据温斯赫和奥罗武(Wunsch and Olowu，1990)所述，集权政策(仍然是发展中国家主要的政权形式)已经

> 建立的公共机构通过三种具体方式阻碍、抑制和侵蚀着非洲人类发展的基础，第一……它帮助剥夺和滥用权力……第二，由于人类(组织的)认识的局限，侵蚀着发展过程的基础：引导错误倾向……第三……它尝试抢先占有并侵蚀人们行动的地方社会工具或技术，因此弱化了发展所需要的多样性、小规模组织。后独立时期中，许多非洲国家政府限制非中央政权行为者的能力，限制权威价值分配，介入政府以外的社会组织，介入私人经济部门。[32]

因此，集权对于地方发展具有潜在的限制，例如，当尝试利用非正式部门进行城市建设时，限制就出现了(第 4 章已经重点论述过了)。

奥罗武和温斯赫(Olowu and Wunsch，1990)总结了这一理念的结

果，“通过压制自制性组织的增长，非洲政府否认了其在制度发展中两个重要的元素，即批判性和合法性。意见不同者被压制或放逐，仅剩下了一些平庸者和谄媚者，导致了……”[33]《环境与城市化》的评论强调了实践中在这种令人失望的理念下分权的缺点。“……许多国家政府……用分权计划转移人们对其过失的批评，这可以被描述为只下放责任，而不给权力和资源。”[34]简而言之，奥卢瓦（Oluwa，1987）提出“大多数的努力[分权]都跟预期的有很大差距”[35]。文献反复地证明了，中央政府在向地方政府分权[资源]以解决地方事务方面是失败的。

接着提出多边机构“谴责中央政府及其公共机构（分权方面）执行不力。对他们而言，执行问题包括缺乏明确的目标，法律法规模糊，分权过程的规划欠缺，资源匮乏，服务改革方面技能人员缺失以及整体管理不理想”。这一观点继续认为：“描述这些是为了更好地规划分权过程，承诺更多的资源下放，以及提高人员技能。”之后，又论述了专家主导的理念。“有一个很明显的趋势，就是忽略或低估分权中的政治因素，而过分强调行政管理/技术因素。”[36]分权的政治本质是一个起点。如果不能解决这个问题，那么再好的技术也不能补偿政治问题带来的失败。

阿克（Ake，1990年）也同意这个观点，“分权是必需的，不仅要进行政治和行政管理分权，还需要在规划流程和国家发展战略方面分权。这将给社区带来新的权力、资源和自由，这样会使他们产生强烈的集体认同感，为发展作出贡献”[37]。

此外，奥罗武还指出：“所有的政治组织问题包括明确的基本经济和政治分权，而非单纯的行政管理问题。它之所以是一个经济问题是因为它可以使人们联合在一起，解决产品和服务供给等共同的问题；之所以是一个政治问题是因为它涉及市民和官方共享权力，以确保社会秩序和集体行动，并通过规则保护市民。地方政府问题因而是根本性、宪法性的问题……基于这一点，地方自治组织是构成政治的基本要素。”[38]这一观点是后殖民遗留的最直接反应，尤其是在非洲。

总之，在实践中，分权良策由于技术专家观点的主导而陷入失败的境地。

分权改革

其他专家识别了地方政府改革方面的四个因素，其中最重要的三个如下：第一，有效的政府必须“认识到在决策过程中，为长期被忽视的市民提供机会……第二，对于非洲国家来说，地方政府资源利用是非常重要的，因为大多数地方会因中央政府预算的结构性缩减调整而受到严重影响”。第三个是城市化问题，“许多分析家认为地方政府需要有创造性，以解决非洲面临的双重压力挑战，即快速的人口增长和城市增长……不幸的是，文献中关于非洲地方政府的论述大部分是失败的”[39]。

伊斯雷尔(Israel，1992)的一篇世界银行报告中也赞成这种观点，“分权可能是所有制度改革中最容易失败和被扭曲的一种，例如，各层级的职责和权威或职责与控制之间充满了冲突”[40]。这也许是正确的，但是如果继续采用中央政府控制的集权系统进行城市管理，可能会导致更大的失败，尽管这一系统一直在努力为城镇和城市提供、维护基础设施和服务。

乌里韦-埃切瓦里(Uribe-Echevarria，1985)为该讨论提供了一种南美的观点。

> 对分权的讨论不能仅局限于公共部门组织领域。它涉及寻求更大的社会平等问题，包括更好地分享经济发展成果和更多地参与到社会决策的制定中去。[41]

分权可以看做是行政管理权威的分散或真正权力的让渡，分权是目前的一个普遍趋势。

布拉斯(Blas，1985)也关注了南美的实践，并为未来的成功提供了一个指示器。

> 在发展规划中(政策制定、决策和实施中)，公众参与已经得到了广泛的接受。同时，目标、条件、需求等手段也在发展中得到应用。并且，在公共活动的规划和管理中，建立了分权或分散的预先假设。在这两个前提下，地区和地方政府在流程中扮演着非常重要的角色，而且，市民也被组织起来积极参与到流程之中。[42]

文章进一步提出：“某一地区所有的公共决策和行为都应该由地方行政管理直接控制，［并且］如果可以由下一级行政管理实现的话，尽可能地不要让上一级行政管理介入。”[43]这看起来好像是思考分权和城市管理的起点。

浦卢德·休谟(Prud'homme，1981)给出了一个更简单的分析。

> 问题是如何分权以实现分权的潜在利益最大化，同时，实现分权的成本最小化……真正的问题是在具体支出和税收方面如何分权？开发什么样的补贴体系？采用什么样的协调机制？[44]

既然如此，关键的元素就是资金和组织间设置问题。

科洛(Kolo,1987)提出了类似的问题：

> 实行有效的、可持续的参与和分权,需要具备合适、可实现为基础的制度框架条件……这种框架的需求日益增加,尤其是在采用的发达国家制度框架与发展中国家地方实际情况不匹配的环境下。[45]

问题仍然是：什么样的框架？以及如何确定这一框架？

当然,科洛和浦卢德·休谟都没有涉及分权问题,与权力思想最接近的是在财务技术方面,"分权问题更多地体现在政府的官方文件上,而没有真正用于实践。权力从中央政府转向地方政府是任何有效分权的先决条件"[46]。

奥罗武(Olowu,1990)补充了这一观点：

> 所有的政治组织问题包括明确的基本经济和政治分权,而非单纯的行政管理问题。之所以是一个经济问题是因为它可以使人们联合在一起,解决产品和服务供给等共同的问题;之所以是一个政治问题是因为它涉及市民和官方共享权力,以确保社会秩序和集体行动,而非中央强制推行政策或解决方案,解决行政管理技术问题。[47]

此外,资金和权力问题是分权化挑战的核心要素。

韦尔兰(Werlin,1992)也提出：

> 发展过程需要强有力的官僚体制。但由中央指导的、等级化的官僚体系在面对第三世界复杂、不确定、资源短缺等任务时变得很无效。尽管我也批评韦伯的非政治化官僚制、规则、程序、契约责任、特定职位和角色,但我仍然认为它是组织成功的必要条件。需要的是……高质量的政治软件,使官僚制更有效。[48]

此外,"发展行政支持者将坚持分权的优点"[49]。温斯赫(Wunsch,1991a)指出,"分权并非是一个完美的解决方案"[50]。韦尔兰(Werlin,1991)进一步发展这一观点。

> 尽管瑞士和日本政府的政治结构看起来不同,但两国政府都采用弹性的操作模式,分权和社区开发都取得重要成效。而欠发达国家向这一方向努力,我对此并不抱有很大希望。[51]

这似乎是一个破坏性的指责。然而,如果这个分析是正确的,那么会迫使城市规划者更少地关注组织本身,而更多地关注组织间关系的本质和属性,这在下一节将进行探析。

总之，有证据表明，如果分权能够成功，真正的权力和资源必须尽可能地下放给最低层级的政府。

本节的主要内容包括：在实践中，分权良策是失败的，失败的主要原因是专家技术观点占据了主导地位。结果是，中央政府继续占据主导地位抑制了地方的发展，尤其是在非洲地区。而且中央政府也不情愿将实权和资源下放给地方政府。如果分权要获得成功，那么必须尽可能地向最低一层级的政府下放权力和资源。

现在，将分权化和城市管理进行联系。下面，将城市管理与分权联系起来。

城市管理分权

在本标题下，主要考虑两个问题：应对城市管理；定义分权。

应对城市管理

UNCHS 提出："在回顾人类居住管理制度要素和政治系统及规划设置时，出现了一种清晰的趋势，这种趋势就是分权。"[52]

UNCHS 还指出：

> 政府的基本功能是在可接受的政治参量下，识别在某一特定层级上进行现有职责的分散、下放和分包（sub-constracting），可以提高人类居住管理水平。举个例子，很明显地，如果地方当局没有足够的技能和资源进行管理，那么中央提供的服务交给地方政府会出现不经济的问题。但是，请不要忘记发展「动态」过程并不是总与居住管理不兼容。上述方面的不兼容的长期或短期平衡涉及复杂的政治决策问题。[53]

如果技能和资源利用问题是分权的前提条件，那么分权不可能实现，因为这就不存在资源下放和机构强化以管理城市的动机。首先要在实践中承诺权力下放，然后才能实现全面的制度发展。

马洛和纳斯（Malo and Nas，1991）提出了这一争论的核心问题。

> 由于独立时期的［印度尼西亚］联邦政府体系在处理其面临的一系列复杂问题时的无效性。独立后的政府采用单一的国家政府形式。当涉及城市管理问题时，直到 1965 年才开始考虑分权问题。但是，为了促进独立后的经济发展，就必须依赖少数的行政管理者，导

致权力集中的决策方式。这两种趋势产生的核心问题是：如何达到中央政府干预和地方政府自治之间的最优配置。[54]

如果第一个挑战是建立分权义务，那么第二个就是识别中央政府和地方政府在城市管理中功能定位的合法性问题。

沙布尔·奇马（Shabbir Cheema，1993）强调了城市管理的需求问题。

> 发展中国家快速的城市化极大地增加了对城市服务的需求。在大多数国家中，服务供给远远低于服务需求的增长速度：在交通运输、低收入群体住房、自来水、公共教育和公共医疗服务方面，供给尤其不足。[55]

这显然需要一种创新的途径为发展中国家提供分析和解决城市发展问题的方法。沙布尔·奇马对过去发生的问题提出了警告。

> 随着城市管理问题越来越复杂，由于地方政府在行政管理、技术和资源方面的缺乏，一些活动交给其他组织承担了。中央政府授权给地方政府执行了许多发展职能，但是并没有采取措施提高地方政府的财政地位。[56]

这显然是行不通的。

UNCHS（1990b）提供了一种新的描述：

> 如果认为通过公共部门重新设置，一定会降低其在居住管理中的参与，这种观点是错误的。事实上，现实中很少出现这种问题：在向另一个部门或低级别行政管理下放或共享职责时，政府的作用是确保合作者得到足够的配备，并适用新的角色。目标不是分权或合作本身，而是实现有效的居住管理。[57]

然而，这一观点必须以城市管理组织是学习型组织为前提。

斯瓦拉马科瑞斯南和格林（Sivaramakrishnan and Green，1986）再次强调了这一观点。

> 发展行政要求非等级化的和学习型结构，它们……往往是非正式的、不墨守陈规的、相对弹性的和临时的。组织内的人员通常具有较高的专业技能，他们在解决城市问题上采用部门互动方法。组织强调灵活性（与稳定任期不同）、业绩（与自励不同），以及承认专业和绩效的权威和职责。[58]

如果上述观点具有实践意义，那么这一观点必须进行简化和具体化。UNCHS 尝试给人类居住治理挑战赋予实践性含义。

> 在大多数发展中国家，没有整体和整合的城市化政策。投资是通过部门机构，并且很少对城市战略改变进行成本收益分析。然而，仍然要从不同国家的案例研究中总结经验，通过这些研究得出一般性的结论，并提炼出一些问题。[59]

UNCHS 进一步识别了目前组织设置中的普遍缺陷，这些缺陷在未来的结构中应尽量避免。这些缺陷包括在(a) 结构与组织中，(b) 规划流程中，(c) 技能缺失方面。[60]

龙迪内利(Rondinelli，1986)概括了一些很明显的挑战，“在面对快速增加的城市人口和权力集中问题时，要求政策改变和组织设置创新性的结合起来，以减少城市服务的不足”[61]。这种要求与政策开发和组织设置的一般方法比较一致。

发展规划者对大都市的规划和管理越来越感兴趣。沙布尔·奇马(Shabbir Cheema，1993)评价道：“这主要是因为需要(a) 应对超越单个地方政府权限的城市问题；(b) 改进城市基础设施；(c) 通过经济手段提高一些服务的效率。”[62]

在这种背景下，分权问题的基本分析已经准备好了。

> 在许多发展中国家……城市服务和基础设施要么是由中央政府无效率地提供，要么是由社区组织或私人企业偶尔提供。城市服务和基础设施供给、维护问题导致越来越多地呼吁分权和私营化。许多政府已经在财政和管理城市开发活动进行着职责分权。[63]

城市发展活动的中心是基础设施和服务的供给与维护。

总之，城市管理可以看做是涉及政府系统的合法化分权。

定义分权

为了建立基础设施和服务供给与维护的合适组织模式，分权被看做是组织良策。龙迪内利(Rondinelli，1990a)提供了一个分权概念的清晰界定：

> 行政管理上的分权可以定义为：将规划、管理、资源获取和分配职责从中央政府及其机构转移到政府机构各单位、下级单位或政府各层级，转移到半自治的公共行政机构或企业，转移到区域性、地区性或职能行政部门，转移到非政府性私人或志愿组织。[64]

这个定义具有三个具体特征。

> 权力分散（deconcentration）——分权的最低形式，是在中央政府不同层级上重新分配城市服务和基础设施方面的决策权和财政管理职责。[65]
>
> 权力下放（delegation）是分权的更广泛的形式。通过权力下放，中央政府将决策权和行政管理权力转交给半自治组织，中央政府并不完全控制，但是这些组织最终要对中央政府负责。[66]
>
> 委托（devolution）是行政管理分权的第三种类型。当中央政府委托授权后，他们将决策权力转交给了企业性质的地方政府自治单位。委托是将城市服务职责转交给由市民选举出来的市长和议会，他们自己掌握财政收入，具有投资决策方面的独立权威，这些特征将地方政府与地方行政管理区分开来。[67]

尽管这是一个标准的定义，但是并不能提供分权范围内所有明确的分类。在实践中，另外一种观点认为分权是：

- 中央政府内权力的分散；
- 权力下放到地方政府；
- 向贸易部门委托授权，包括私人、非营利组织或国有企业。

马博贡耶（Mabogunje，1991）对此观点进行了提炼："首要的和最重要的问题自然是关于地方政府自治问题，尤其是财政自治问题。相关的问题是如何将权力下放或分散给市政当局或地方政府？"[68]这个问题是最基本的也是很明显的。城市如何获得"能力和权力进行投资、维护和扩展供水、公共卫生、污水排放、垃圾回收、医疗以及其他基本服务……相关的利益集团可能会反对这些改变"[69]。

通过这种方式回顾了分权问题和基础设施、服务供给，思考就转向了政策分析角度。

> 在分权问题上政策分析者经常利用公共行政管理和财政理论，这与经济学家采用的公共选择理论是不同的视角。新古典经济方法主要关注宏观经济问题，而政策分析方法主要关注具体的政治流程决策、组织机构和财政资源问题。[70]

现在需要做的是接受上面的一般问题，并将其应用于组织变革实践中去。

荣和张(Ljung and Zhang)总结了这个问题。

> 集权方法在解决大城市发展中复杂问题上被看做是无效的,并且可能也不是政治愿望……过度集中的城市规划系统,尽管也有其优点,但由于各地需求不统一,导致地方社区对地方需求缺乏响应,因此,不能持续地改进公共服务。[71]

麦斯拉姆和班赛尔(Meshram and Bansal,1989)解释了地方政府响应思想:

> [印度]存在的另一个主要问题是市政体结构与市政政府的可接近和响应性关系。一个可以接受的事实是,城市或城镇公众还没有准备好接近他们选举出来的市政委员或市政管理体系。[72]

记住非正式部门在城市建设流程中的基本作用,这一问题一定会被克服。

总之,城市分权的范围一定要包括规划和公共服务供给职责的下放。

本节的主要内容包括:强调城市管理被看做是政府分权系统合法的关注点。这就要求分权过程中真实权力和决策从中央转向地方。分权承诺不一定要以地方政府强化为前提,而权威转移必须是第一位的,并给出机构强化的实质措施。城市分权的范围一定要包括规划和公共服务供给职责的下放。现在有必要关注一下城市管理组织设置的选择性问题。

因此,在本章的最后,识别出了组织困境中的三个主要特征。

1. 对于成功的城市管理而言,并不存在唯一的组织模式。
2. 尽管一直在为分权而努力,中央政府仍然保留着城市管理的权力。
3. 要使分权有意义,必须包含真正的权力(发展规划)和真正的资源(发展实施)。

下一章将主要关注城市管理中组织构建标准问题。

注 释

1. World Bank (1993a) *Developing the occupied territories: an investment in peace. No. 1, Overview* (Washington, DC: World Bank).
2. G. Shabbir Cheema (1993) 'The challenge of urban management: some issues', in G. Shabbir Cheema (ed.) *Urban management: policies and innovations in developing countries* (Westport, Conn.: Greenwood Praeger Press), p. 13.

3. D. Rondinelli (1988b) 'Increasing the access of the urban poor to urban services: problems, policy alternatives and organisational choices', in D. Rondinelli and G. Shabbir Cheema (eds) (1988) *Urban services in developing countries: public and private roles in urban government* (Houndmills: Macmillan), p. 51.
4. UNCHS (1984b) *Human settlements policies and institutions: issues, options, trends and guidelines* (Nairobi: United Nations Centre for Human Settlements (Habitat)), p. 105.
5. P. Mawhood (1987) 'Decentralisation and the Third World in the 1980s', *Planning and Administration*, Vol. 14, No. 1, p. 14.
6. H. Richardson (1993) 'Problems of metropolitan management in Asia', in G. Shabbir Cheema (ed.) (1993) *Urban management: policies and innovations in developing countries* (Westport, Conn.: Greenwood Praeger Press), p. 67.
7. H.J. Allen (1987) 'Decentralisation for development: a point of view', *Planning and Administration*, Vol. 14, No. 1, pp. 23–30; P.S. Nooi (1987) 'Local self-government reform: a comparative study of selected countries in Africa and Southeast Asia', *Planning and Administration*, Vol. 14, No. 1, pp. 31–8; G.O. Orewa (1987) 'Local self-government: developments in Anglophone Africa', *Planning and Administration*, Vol. 14, No. 1, pp. 39–47.
8. C. Rakodi (1987) 'Urban plan preparation in Lusaka', *Habitat International*, Vol. 11, No. 4, p. 95.
9. R. Baker (1989) 'Institutional innovation, development and environmental management: an "administrative trap" revisited. Part 1', *Public Administration and Development*, Vol. 9, No. 1, p. 33.
10. *Environment and Urbanisation* (1991) 'Editor's introduction. Rethinking local government: views from the Third World', *Environment and Urbanization*, Vol. 3, No. 1, p. 3.
11. Ibid., p. 5.
12. Ibid.
13. B.K. Lee (1987) 'Major urban development issues: an overview', in Asian Development Bank (1987b) *Urban policy issues* (Manila: Asian Development Bank), p. 42.
14. J.D. Montgomery (1988) 'The informal service sector as an administrative resource', in D. Rondinelli and G. Shabbir Cheema (eds) *Urban services in developing countries: public and private roles in urban government* (Houndmills: Macmillan), p. 105.
15. N. Devas (1989) 'New directions for urban planning and management', *Papers in the administration of development*, No. 34 (Birmingham: Institute of Local Government Studies), p. 16.
16. C. Rakodi (1990) 'Can third world cities be managed?', in D. Cadman and G. Payne (eds) *The living city: towards a sustainable future* (London and New York: Routledge), p. 112.
17. R.E. Stren and R. White (1989) 'Conclusion', in R.E. Stren and R. White (eds) (1989) *African cities in crisis: managing rapid urban growth* (Boulder: Westview Press), p. 309.
18. R.E. Stren (1991) 'Old wine in new bottles? An overview of Africa's urban problems and the "urban management" approach to dealing with them', *Environment and Urbanization*, Vol. 3, No. 1, p. 22.
19. UNCHS (1987c) *Global report on human settlements* (Nairobi: United Nations Centre for Human Settlements (Habitat)), p. 106.
20. Ibid., pp. 110–11.

21. UNCHS (1989a) *Institutional arrangements for regional (subnational) development planning* (Nairobi: United Nations Centre for Human Settlements (Habitat)), p. 67.
22. Stockholm (1985) *Rethinking the Third World city.* Report from round table meeting in Stockholm, May, 1985. Sponsored by the Swedish Ministry of Housing and Physical Planning, Stockholm, p. 25.
23. A. Ramachandran (1985) 'Large cities and human settlement administration', in T. Blair (ed.) *Strengthening urban management* (New York: Plenum), p. 276.
24. N. Harris (1990) 'Urbanisation, economic development and policy in developing countries', Working Paper, No. 19, Development Planning Unit, University College, London, p. 27.
25. L.H. Hai (1988) 'Urban service provision in a plural society: approaches in Malaysia', in D. Rondinelli and G. Shabbir Cheema (eds) Urban *services in developing countries: public and private roles in urban government* (Houndmills: Macmillan), p. 144.
26. N. Bubba and D. Lamba (1991) 'Urban management in Kenya', *Environment and Urbanization,* Vol. 3, No. 1, p. 58.
27. Asian Development Bank, Halcrow Fox and Associates and INLOGOV (1992) *Botabek institutional development study; interim report* (Manila: Asian Development Bank), summary.
28. D. Olowu and P. Smoke (1992) 'Determinants of success in African local governments: an overview', *Public Administration and Development,* Vol. 12, No. 2, pp. 14–15.
29. J. Wunsch (1990a) 'Beyond the failure of the centralised state: toward self-governance and an alternative institutional paradigm', in J. Wunsch and D. Olowu (eds) (1990) *The failure of the centralised state: institutions and self-governance in Africa* (Boulder: Westview Press), pp. 286–8.
30. H. Werlin (1992) 'Linking decentralisation and centralisation: a critique of the new development administration', *Public Administration and Development,* Vol. 12, No. 3, p. 224.
31. J. Wunsch (1990b) 'Centralisation and development in post-independence Africa', in J. Wunsch and D. Olowu (eds) (1990) *The failure of the centralised state: institutions and self-governance in Africa* (Boulder: Westview Press), p. 60.
32. J. Wunsch and D. Olowu (1990) 'The failure of the centralised African state', in J. Wunsch and D. Olowu (eds) *The failure of the centralised state: institutions and self-governance in Africa* (Boulder: Westview Press), p. 11.
33. D. Olowu and J. Wunsch (1990) 'Conclusion: self-governance and African development', in J. Wunsch and D. Olowu (eds), p. 305.
34. *Environment and Urbanisation,* op. cit., p. 5.
35. D. Oluwa (1987) 'The study of African local government since 1960', *Planning and Administration,* Vol. 14, No. 1, p. 56.
36. D. Olowu (1990) 'The failure of current decentralisation programmes in Africa', in J. Wunsch and D. Olowu (eds).
37. C. Ake (1990) 'Sustaining development on the indigenous', in World Bank (1990a) *The long-term perspective study of Sub-Saharan Africa. Vol. 3, Institutional and Socio-political issues* (Washington, DC: World Bank), p. 11.
38. Olowu, 'The failure of current decentralisation programmes in Africa', pp. 91–2.
39. Oluwu and Smoke (1992) 'Determinants of success in African local govern-

ments: an overview', *Public Administration and Development*, pp. 2–3.
40. A. Israel (1992) 'Issues for infrastructure management in the 1990s', World Bank Discussion Paper No. 171 (Washington, DC: World Bank), p. 77.
41. F. Uribe-Echevarria (1985) 'The decentralisation debate in Columbia: lessons from the experience', *Planning and Administration*, Vol. 12, No. 2, p. 12.
42. T.E. Blas (1985) 'The reason for and feasibility of participation in development in Latin America', *Planning and Administration*, Vol. 12, No. 2, p. 24.
43. Ibid., p. 25.
44. R. Prud'homme (1989) 'Main issues in decentralisation', in World Bank (1989b) *Strengthening local governments in Sub-Saharan Africa: proceedings of two workshops* (Washington, DC: World Bank). Republished as an EDI policy seminar report, No. 21, in 1990, p. 71.
45. J. Kolo (1987) 'The institutional dimension of participatory and decentralised planning in Nigeria. A challenge to planners', *Habitat International*, Vol. 11, No. 2, p. 9.
46. P. Ceccarelli (1989) 'The territorial aspects of decentralisation', in World Bank (1989b), p. 75.
47. Olowu (1990) 'The failure of decentralisation programmes in Africa', p. 91.
48. Werlin (1992) 'Linking decentralisation and centralisation', p. 228.
49. Ibid.
50. Wunsch (1991b) 'Sustaining Third World infrastructure investment', *Public Administration and Development*, Vol. 11, No. 1, p. 5.
51. Werlin (1992) 'Linking decentralisation and centralisation: a critique of the new development administration', *Public Administration and Development*, Vol. 12, No. 3, p. 234.
52. UNCHS (1984b) *Human settlements policies and institutions: issues, options, trends and guidelines* (Nairobi: United Nations Centre for Human Settlements (Habitat)), p. 106.
53. UNCHS (1990b) *Roles, responsibilities and capabilities for the management of human settlements: recent trends and future prospects* (Nairobi: United Nations Centre for Human Settlements (Habitat)), p. 49.
54. M. Malo and P.J. Nas (1991) 'Local autonomy: urban management in Indonesia', *Sojourn: Social Issues in Southeast Asia* (Singapore: Institute of Southeast Asian Studies), Vol. 6, No. 2, p. 182.
55. G. Shabbir Cheema (1988) 'Services for the urban poor: policy responses in developing countries', in D. Rondinelli and G. Shabbir Cheema (eds) *Urban services in developing countries: public and private roles in urban government* (Houndmills: Macmillan), p. 247.
56. Ibid., p. 250.
57. UNCHS (1990b) *Roles, responsibilities and capabilities for the management of human settlements*, pp. 49–50.
58. K.C. Sivaramakrishnan and L. Green (1986) *Metropolitan management: the Asian experience* (Oxford University Press for the World Bank), p. 49.
59. UNCHS (1990b) *Roles, responsibilities and capabilities for the management of human settlements*, pp. 8–9.
60. Ibid., p. 65.
61. D. Rondinelli (1986) 'Extending urban services in developing countries: policy options and organisational choices', *Public Administration and Development*, Vol. 6, No. 1, p. 5.
62. Shabbir Cheema, 'Services for the urban poor', p. 250.

63. D. Rondinelli (1990a) *Decentralising urban development programs: a framework for analysis* (Washington, DC: US Agency for International Development), p. 1.
64. Ibid., p. 10.
65. Ibid.
66. Ibid., p. 11.
67. Ibid.
68. A.L. Mabogunje (1991) 'Local government issues in Africa', Paper presented at the launch of the Municipal Development Programme in Harare in May, 1991 (Ibadan, Nigeria: University of Ibadan), p. 9.
69. J.E. Hardoy and D. Satterthwaite (1992) *Environmental problems in Third World cities: an agenda for the poor and the planet* (London: International Institute for Environment and Development), p. 64.
70. Rondinelli, *Decentralising urban development programs*, p. 76.
71. P. Ljung and J. Zhang (1989) 'The World Bank support for institutional and policy reform in the metropolitan areas: the case of Calcutta', *Habitat International*, Vol. 13, No. 2, p. 13.
72. D.S. Meshram and R.P. Bansal (1989) 'Structure of municipal bodies: some basic issues', *Urban Affairs Quarterly* (Nagarlok: The Indian Institute of Public Administration), Vol. 21, No. 4, p. 34.

第6章 构建标准

斯瓦拉马科瑞斯南和格林(Sivaramakrishnan and Green,1986)概括了城市管理的挑战,"在类型和特征上,大城市管理必须是一种积极的学习过程,管理者不断地识别城市化带来的重要城市问题,并尝试降低那些不确定因素"[1]。为了达到这个结果,必须考虑组织选择问题。因此,本章尝试识别城市管理中突出的构建标准,主要考虑三个主题:

- 功能决定
- 组织选择
- 组织资源

功能决定

在本标题下,主要考虑两种思想:功能;组织资金。

功　能

孟加拉国地方政府的城市功能可以列举出来,以帮助理解开发标准。这些功能包括流动的和固定的公共卫生系统,供水和排水系统,道路和街道照明供给与维护,各种不同的管制行为(如机动车许可)。[2] 这里没有涉及发展规划问题。在这一背景下,地方政府看起来好像被委托供给和维护传统的基础设施,对其功能的考察也似乎证实了这一点。"市政主体对城市服务的管理受到很多的限制,最突出的就是资源限制问题。另一方面,克服资源限制要依靠有效的城市管理,尤其是税收和市政服务供给。但是潜力并没有完全地被发掘出来。"[3] 这是城市管理方面比较传统和局限的概念。

塞内加尔的首都达喀尔提供了一份他们的执行和监督机构的城

市管理功能清单。清单内容包括，土地利用规划是中央政府的直接职能；交通运输、供水、供电、污水排放和抗洪系统由私营组织提供，但是受不同的部门监督；电信系统是国家职能，道路也是国家职能；街道清洁和固体废物是由私人运营，但是受到市政当局的监督。[4]

恩格姆（Ngom，1989）观察到，

尽管已经努力地在国家内部实现权力分散，但是CUD[达喀尔城市社区]和公社之间仍然存在一些混乱，这是由于在不同的组织结构中缺少对现有权力和职责的清晰划分……几乎所有的城市服务都被地方政府分包出去了，却很少跟踪了解服务供给状况。地方当局在服务供给方面的作用还仅仅停留在理论上面。[5]

到目前为止，服务供给传统的方法被一种激进（大范围的私营化）的方法所取代。第二种观点是：城市管理领域存在过多的执行组织，而没有中央的整合功能，这是一个危险的信号。

1988年对南部非洲协调会议（SADCC）九个国家公共服务供给进行了调查，公共服务遍及各项活动：

公园，街道清洁，公共卫生和垃圾回收，供水和排污，道路建设和维护，住房，初等教育，[基本医疗]门诊，房地产管理．规划和分区，火灾和急救服务，露营地和娱乐设施。[6]

重要的是涉及城市管理组织建设所面临的问题的实质：

困扰着政府和地方议会的最大问题是中央政府及其机构与地方当局在城市服务供给方面的职责划分。这是一个政策问题[和]政治问题，[也是]城镇和城市服务日益恶化的核心问题。[7]

沙布尔·奇马（Shabbir Cheema，1987）对这一挑战提出了更具战略意义的观点，它涉及执行机关及其支持机构的具体职能。国家城市政策是国家的关注点，由地方政府支持；城市开发项目的准备工作是地方政府职能，由各部门机构支持；由部门和大城市地区开展的连贯的、整合的计划和项目是中央政府和地方政府共同的职能；财政利用、政治和行政管理支持是中央和地方政府共同的职能；实施资源的分配和预算也是中央和地方政府共同的职能；项目实施是地方政府和部门机构的职责；项目协调是中央和地方政府职能；监督、控制和信息系统是委托机构实施，一般是由地方政府负责；项目评估被看做是一项具体的行为，由中央和地方政府支持。[8] 此外，尽管职能已经明确了，并配以传统的规划和项目开发循环，但是没有促使整个流程捏合在一起的核心驱动力。

巴特利和德瓦斯(Batley and Devas，1988)也为这一讨论作出了贡献。

> 整合发展的理念在城市部门并不比农村地区更突出，但是，整合的需求尤其是在基础设施供给方面的需求已经越来越多地被接受了。这导致20世纪70年代所有的援助机构对其采用的下述方法产生了质疑。这种方法就是脱离整体城市发展背景，根据具体职能设立特定的机构。而且对所谓的"整合"城市发展权威也有了清醒的认识，尽管尝试整合城市基础设施供给，但却与常规服务供给、运营和维护基础设施等传统职责相偏离了。[9]

近几年来，人们好像已经认识到了需要强化现有的、多目标的公共机构(地方政府)，而不是设立一个新的、特别的机构。

为了强调这一点，布瑞南和理查德森(Brennan and Richardson，1989)提出：

> 在[亚洲的]很多城市里，大城市的专家权威要么很弱，要么不存在(如首尔和雅加达)。在某些案例中，大城市规划权威与市政当局存在着冲突，而后者被证实更强一些(如孟买和卡拉奇)。在其他案例中，主要的城市服务和/或主要的大城市投资是中央政府或供给政府的职责，而不是市政当局的职责(如首尔、马尼拉、曼谷和雅加达)。组织职责的复杂性尤其是城市管理业务的复杂性，导致社区服务尤其是对城市贫困者的服务混乱、受挫，最终进入可怕的境地。[10]

城市管理中构建组织形式仍然需要一些原则。

总之，城市管理功能是很广泛的，包含了中央政府和地方政府。

组织资金

已经承认的是不同的城市服务财政来自不同的资金体系。[11] 这为分析城市基础设施和服务供给的范围、资金和组织结构提供了一个有趣的关注点。简单地说，这种分析得出了它的逻辑结论：有些基础设施由享用者直接付费，适合采用自筹经费的组织，如供水和污水排放系统；而有些费用承担则是地方当局的职责，如固体废物处理等。用这样的方式来看待问题，每项服务元素都会被分析出来，这样未来任何地区的城市基础设施和公共服务供给都可以采用组织和资金模型决定的职能和组织形式。

这样就可能概括出一些适合私人供给的城市服务，包括公共交通运输、垃圾处理和供水。[12]布洛尔等人(Blore et al.，1992)对公共卫生[13]、供水[14]以及固体废物管理提出了类似的建议。[15]他们提出，在印度的斋浦尔，"应当探索固体废物、交通运输、地方供水分配等服务的分包问题"[16]。罗思(Roth，1987)也分析了这方面的具体问题，分析探索了教育、电力、医疗、电信、城市交通、供水和排水等方面的私人供给问题。[17]

莫约(Moyo，1989)的两个表格解释了一般性论点。其一是将服务与中央或地方政府相关联；其二是将服务与财政资源相关联。举其一为例，住房与供水服务与地方政府相关，供电就与中央政府相关，污水排放、垃圾回收、废弃物管理与地方政府相关，中等教育与中央政府相关，初等教育与地方政府相关；举其二为例，水、电的大量供给资金来源于税收和用户自筹，排污资金全部来源于税收，土地和交通运输规划的资金来自于费率和补充收费(对未征税财产按照一个固定费率收费)。[18]这份清单说明了确立职能及其资金来源的重要性，相关组织也可依此进行设置。简单地说，功能决定形式。

斯特恩(Stren，1989c)进一步发展了该观点：

> 大多数职能(垃圾回收、贸易和建设管制、交通运输、公共疾病预防、道路建设与维护、排污、初等教育)被认为是属于地方政府的，由议会各部门机构的执行官具体管理。预算控制和行政支持是中央政府的职责……结构之外的补充性服务由中央政府的公共机构提供，如房地产公司、供水供电局和城镇规划机构。[19]

从上面的回顾中可以很清楚地看出，不仅城市管理功能的范围广阔，相应的组织设置也需要扩展。这将我们带到了城市管理的组织选择方面，因此在本质上，应该尝试理解广阔流程的设置，其功能跨越规划和行政管理。

斯瓦拉马科瑞斯南和格林(Sivaramakrishnan and Green，1986)补充了这一观点：

> 政治对行政管理流程的影响——公共利益集团、政党、选民利益、公共舆论、行政部门内部压力和行政部门内部及部门之间的冲突——越来越多地被看做是有效城市管理的重要因素。[20]

之后，在同一本书里，他们评论道，

> 需要在现有的组织内部和组织之间建立合适的网络，任务迫使提供一个大城市发展当局等级命令原则(hierarchical command principle)方面的明确选择，并为利用适合的网络元素改进管理和组织指明方向。这样的网络必须与传统的城市官僚制和发展行政趋向于不同的需求和操作风格。大城市管理的基本组织风格及其独特的流程可以通过有意识的网络进行整合……[21]

因此，需要做的是对城市管理组织选择进行明确的阐释。

总之，城市管理的一种组织设计方式将被确立，这种设计将由根据资金来源的功能定位所决定。

本节的主要内容包括：城市管理的功能范围是很广阔的，囊括了中央和地方政府。城市管理涉及的组织越多，就越需要一种支持机制来扶助各个组织。专家机构(如城市开发当局)已经失败了，多目标组织被看做是一种民主方式——地方政府的理想描述。在这里，一种由城市功能决定组织形式的框架确立了，而每个功能都是由资金来源所决定的。现在，必须对具体的组织选择进行探析。

组织选择

在本标题下，主要考虑三个问题：选项；机构间设置；规模经济。

选　项

UNCHS 提出(在比较研究中)曾经涌现出了下列要点，这些要点呼吁在人类居住机构设置方面要给予特别的关注：

- 需要整合人类居住计划的预算和资源分配功能；
- 在所有层级上需要有高效的协调机制；
- 将人类居住功能和职责分权到第一层级的政府或具体机构部门)；
- 涉及非政府机构的潜力问题。

在此背景下，很惊奇地发现 UNCHS 也呼吁建立“人类居住开发和财政的新机构”[22]。这与迄今为止所确定的组织方面的主题是相反的。

UNCHS 提出了一个城市管理矩阵，它概括了国家规划流程，并将各种行为元素应用于不同层级的政府和特定机构。[23]这种思想是正确的(组织形式决定于功能规划)，结果是一个非常传统的、中央政府主导的城市管理流程。

埃刚约彼和奥拉道嘉(Egunjobi and Oladoja,1987)提出,

> 为了应对日益复杂的城市增长和城市结构,出现了太多的城市团体和机构。住房、公共卫生、医疗、交通、就业以及人口等问题都需要一个又一个的法定团体……换句话说,城市管理功能没有真正从一个整体的角度出发。[24]

有观点认为,必须采用绑定性的方法,即清晰地界定城市管理流程中各相关元素。

一个高级政策研讨会也同意上述观点,指出需要绑定战略以克服国家政府部门主导问题。最近的城市计划"主要涉及基础设施开发,一系列的项目与城市发展整体战略联系较少,这是公共机构无效率引起的普遍和循环问题"[25]。由此得出两个结论,第一,组织设置问题必须进行研究;第二,部门间的设置问题必须要重视。

巴赫尔和林(Bahl and Linn,1992)研究了城市管理三个组织选择的细节问题,他们提出,

> 发展中国家地方政府最普遍的形式是广域目标的地方政府,即大城市政府集权形式。在这种形式下,大城市领域内的服务供给是城市政府的职责,其他一般的地方政府(市政当局)并不负责运营。但是,服务领域内的具体地区往往会出现重叠问题,如供水或公交公司等。[26]

他们继续提出,

> 在功能分离的大城市里,市政政府在服务方面的职责是有限的,基本的职能委托给了地方自治主体。大城市集权治理与功能分离之间的差异就是问题所在,因为所有的城市区域都有具体的分区。例如,供水和排污一般由不同的公司提供。但是,在一些大城市地区,这种功能分离导致地方公用企业不得不自己融资,并提供了市政政府的传统服务。[27]

最后,他们评论道:"管辖权分离允许一些一般职能的地方政府存在于同一城市区域。这种结构经常出现在美国,一个城市区域内可能存在十几个或几百个具有税收权力的地方政府。"[28]

UNCHS制定了标准来分配城市管理过程中的规划职能,在这一背景下,它提供了一个类似的选择。首先是集权系统,"制定规划、计划或项

目的某些或者相当数量的职责被安排到了低一级地区政府”。第二是分权组织，“所有的职责和所有相关的决策权力都下放给了低一级政府”。最后是一种混合系统，“特定的职责和权力（被安排）根据现实和政治考虑……只有第三种方法需要认真考虑，因为它与实践方案比较相关”[29]。这里，很少的功能决定了城市管理形式。

上面的分析带来的挑战是，需要开发一些标准来评估具体地区需要的标准模式。但是，城市管理流程并不能很容易地与预先设定的地方政府结构相匹配。

克拉克（Clarke，1992）将这一“匹配”问题放入实践背景下：

> 尽管地方政府协调空间/部门投资规划是合理的，但由于城市规模问题，地方政府对中央政府物质上的依赖以及其他方面的问题，决定了中央政府进行协调可能更加合适。研究曼谷大城市区域（BMR）的发展战略可以看出，它曾经提出建立一个全国性的城市发展委员会（NUDB），来整合空间发展规划和计划。[30]

这仅仅是其中一个解决方案，还有其他的。

总之，存在许多组织设置来治理城市管理职能。

机构间设置

沙布尔·奇马（Shabbir Cheema，1987）强调了城市管理流程的协调挑战是一个核心问题。

> 确认了两种类型的协调问题：水平方向上，包括中央、地区、市政层级内各机构间的协调问题；垂直方向上，包括城市发展中不同政府和行政层级之间的协调问题。[31]

主要的关注点是识别城市管理流程中各种元素的最佳协调方式。

> 有许多方法、技术、机制来确保城市管理发展规划和实施中的协调，它们包括（a）信息交流，（b）谈判以解决问题，（c）如果谈判失败，就采用强制措施，（d）各个机构功能的具体化，（e）程序制度化以确保所有相关机构纳入到决策中，（f）概括协调实体的大的指导原则。[32]

正如每位专家建议的那样，“经验显示好像没有可以普遍接受的机构设置或结构来协调城市发展活动……”[33]然而在最后的分析中，有人尝试寻求一个城市管理流程中协调相互间复杂关系的机制，建议是需要三种类型的协调手段或设置：

- 通过大城市地方政府对大城市区域内进行水平和垂直协调。
- 通过市政政府进行市政领域的协调。
- 通过涉及地方政府领导的实施机构或依赖于项目的具体权威进行项目为基础的协调。[34]

奇马(Sharma,1989)强调了协调的重要性。

除非公共机构拥有一个共同的目标和任务,否则以时间和项目为基础的城市开发行为不会一直良好地运转。市政府必须履行其与各种制度发展输入相独立的管理任务。由于缺乏(协调)计划,流程采用了一个自由的形式。城市中充满了不协调的发展案例,甚至有些出现在项目之中,这是由于不同的机构往往不能匹配,有的甚至发生分歧。[35]

例如,在加尔各答,"部门间的水平交流非常欠缺,规划部门往往被操作部门所忽略,也就是说项目实施部门往往不按照发展计划进行操作"[36]。在曼谷,"规划和实施协调也是无效的"[37]。"项目执行中的协调……总是出现一些问题。"[38]

组织间的这种僵局似乎是由于权力和影响的观念,根据弗朗茨(Franz,1986年),

德国组织间的网络案例说明了组织首先要关心的是确保他们的主导地位,这种注重实用和自我利益导向培养了低水平的协调,从而形成一种稳定的状态。但是,这种由高度组织化的政策制定过程而导致的稳定性,使决策承担着永久的风险,因为这样的政策不能对人民的利益和需求作出反应。[39]

这种分析在发展中国家和发达国家同样适用。

确实存在一种模式,可以使组织间的规划和实施流程协调起来,这个观点就是机构必须"具有共同的目标和任务,基于时间和基于项目的……"[40]这种模式建立在田纳西流域管理局(Tennessee Valley Authority—TVA)的创造性工作的基础上,皮尔索尔(Pearsall,1984)将之总结为:

许多机构主管和规划者最初怀疑,整体规划流程能否开发出来?

> 是否会侵犯公共机构的权限？是否会取代机构的规划程序？是否会成功地提高机构主动性？田纳西保护规划委员会（The Tennessee Protection Planning Committee）已经开发出了一个整体规划流程。委员会的工作是在会议上讨论并一致通过，会后由各机构单独或联合执行。机构人员从一开始就对此流程达成了一致承诺，主要是因为这一流程提高了计划成功的可能。因此可以建立一个多机构规划流程，这个流程不会取代各个机构自己的流程。这种方法要求各个机构协调一致，使整个流程变为循环的、创造性的、分散的……[41]

这实际上是个比较理想的结果。从一开始，它将重心由组织结构转移到了组织流程中，它还关注于组织间的关系问题。

奥尔波特和艾因斯代尔（Allport and Einsiedel，1986）似乎对此表示赞同，新的（城市）规划

> 可以制定出来，要么通过给予城市政府（政府各部门）解决其领域出现的问题的权力，要么通过设计组成城市政府的机构间形式，通过主要的资源分配和财政支出代理，使他们能够自力更生。因此，一个高层级的机构间技术工作组成立了，它主要由所有主要资源分配和财政支出机构的高级代表组成，并有专员负责规划。[42]

这个案例来自马尼拉，机构间流程模型还是值得开发的。

相反，奥斯特罗姆（Ostrom，1983 年）则提出，

> 关于大城市领域组织间设置的主流思考方式是错误的，不应该努力地去引导、控制和评估地方公共经济的绩效。主流观点是假设存在特定的事实，这些事实是不言而喻的，并且不需要进行严格的调查。事实之一就是地方政府服务单元存在大量的混乱和低绩效；事实之二是小政府单元的执行能力既无效率又无效能；事实之三是权限重叠导致浪费和低效率；事实之四是大多数城市问题涉及外来人口增多，并且单一的组织需要采用一种全面的方式来处理这些问题。[43]

观点是这些不言而喻的事实假设

> 都是值得怀疑的。当使用一种不同的理论方法来收集和组织大城市领域机构间设置的数据时，生产机构和集体消费单元之间的常规关系看起来就有些混乱了。[44]

这种方法"给出了一种广阔的组织设置可能性，可以被用于解决地方

公共经济领域的复杂问题”[45]。

也有专家反对这种激进的理念，巴赫尔和林(Bahl and Linn，1992)评价道：

> 地方政府权限分散的结构似乎不适合发展中国家的城市……这就使得大城市区域政府和功能分散成为发展中国家地方政府最好的选择……[但是，在后面的一个案例中，]自治机构的独立操作是一把双刃剑，它可能提高专业化程度，但是也会带来服务供给和财政协调问题。[46]

这暗示了需要协调城市管理流程，建立一种全新的组织关系。

根据亚洲的实践经验，一些专家强烈建议，

> 满足组织最低限度的需求。重点放在现有组织的网络建设上，包含私人和公共部门。向大城市管理团队传送信息和政策建议，以实现整体规划目的。最终，并建议将开发项目、发展计划与大城市评估、选择和财政联系起来。[47]

即使是大城市管理团队，尽管其可能自我提升，但如果没有与管理战略达成一致，也不能满足其角色需求。这种战略包括第二部分表 2.1 的“流程范围”，并覆盖其中所有的“干预模式”。

总之，重点强调了必须进行组织间的设置，但是这种设置只有在明确的城市管理流程的支持下才能正常运转。

规模经济

斯瓦拉马科瑞斯南和格林(Sivaramakrishnan and Green，1986)探析了决定组织形式的一般探索性标准：

> 要开发一种能够包含大多数复杂的[城市管理]功能和组织的通用组织设计(包括权限和结构)是不切实际的。命令型、多部门的公共机构尝试完全在机构内部完成各项不同的任务，这种尝试必然不会成功，而且会带来严重的机构间冲突。因此，建议大城市政府整合设计所有的部门、层级和行为，来面对巨大的实践、政治和社会难题。必须完全识别采用一种未成熟的制度化大城市管理流程的风险。[48]

他们进一步提出，

> 重点应该放在完成最基本的……涉及两类主要的活动：第一类涉及

大城市整体发展规划和政策(战略性事务)的决定问题;第二类涉及计划和项目的整体实施选择问题,执行角色、财政资源预算(涉及运营)的分配问题。[49]

巴赫尔和林(Bahl and Linn,1992)总结了组织选择问题。

> 每一个大城市政府的主要形式都有其优势和劣势。人们可以使每一种形式都成为最理想的,这取决于评估标准,以及评价者是从对中央还是地方政府有利的角度去观察。优秀结构的标准主要考虑评估经济效率、技术效率、股权成本遏制和地方政府的自主性等方面。[50]

基于这一点,有人认为它对我们所探讨的话题至关重要。

技术观点主要关注规模经济概念。在不考虑工作人员增加的前提下,每个人所需要的服务成本随着人口数量的增加而下降。但是,在高级技术服务和基础设施(如资本服务)方面与劳动密集型、低级服务之间存在着很大的差别。巴赫尔和林(Bahl and Linn,1992)评论道:

> 文献中很清楚地说明了公共设施和交通运输方面的硬件服务存在着规模经济。如果政府足够大,并且提供需要的充足资本投资,这种规模经济就可能实现。例如,建设规模适合的污水处理工厂……[51]

厄瓜多尔的一个案例就与此争论有关。

法尔(Fuhr,1994)提出,有的国家资源有限,而且存在制度缺陷,就不存在“供水、排污、抗洪、固体废弃物处理等方面(这些领域内规模经济非常重要并且合作可以降低成本)的市政间合作的推动计划”。[52]在资本资源极其有限的国家里,规模经济有助于决定基础设施和资金密集型服务(如涉及卡车和铲车的垃圾回收问题)的组织定位,以做出合理的选择。

此外,巴赫尔和林(Bahl and Linn,1992)还论述道:“很少有证据证明其他公共服务方面也存在规模经济,这是因为这些服务——初等教育、门诊、街道清洁——是劳动密集型的,而且存在很少的资本替代空间。”[53]这是一个重要的区分,在城市管理流程中,这可以用在考虑组织选择的标准开发框架上。

尽管考虑了许多不同的组织选择,但仍没有明确一种最佳的组织结构。不过,得出了影响组织设置的三类标准。第一类是需要考虑具体的资金功能类型;第二类需要区分战略性和操作性的功能;最后需要区分资本密集型和劳动密集型功能。不管分析结果如何，在制度发展方面，必须有足够的资源以供城市管理系统运作。

总之，提出了规模经济可能是城市管理中组织服务供给的一种方式。

本节的主要内容包括：它提出了存在不同的组织设置来执行城市管理功能。提出了三种组织类型，两种组织协调类型。在两个案例中，存在的问题是城市管理功能要适应于组织形式。因此重点放在了机构间的设置问题，这些设置必须有明确的城市管理程序提供支撑。不存在组织设置的普遍模式，这一点已经达成了共识。因此，有必要考虑资源在评估城市管理中适合的组织选择方面的影响。

组织资源

在本标题下，主要考虑两个问题：财政；人事。

财　政

据报告，某研究所关于撒哈拉以南非洲在机构强化方面给出的最重要建议是"需要强化机构的能力"。阿达莫莱昆（Adamolekun，1989）认为："所谓的'机构能力'是指涉及公共机构更高效地利用人力、资金、材料资源的能力，以更好地实现设定的目标。"[54]

科克伦（Cochrane，1983）声称："没有一个中央政府采用全面规划的方法，并通过关注人事和财政问题来强化地方政府。"[55]最近，斯特恩（Stren，1993）提出："城市管理提升的程度和能否找到解决第三世界需求的有效方法，依赖于概念性方法的联合以及足够的财政、人力资源。"[56]以案例的方式，哈特（Hart，1989）比较了南非与非洲其他主要国家的财政和人力资源利用情况，"南非大部分地区的城市获得了更好的财政和人力支持，以解决城市增长问题"[57]。重点是，财政和人力资源在城市管理中的润滑剂作用不能被忽视。

对于第三世界政府来说，城市发展的资金仍然是一个难题，马瑟（Mathur，1987）提出：

> 对于发展中国家至关重要的是，各种机构和单位在城市发展中资金来源方面的角色定位问题……例如，城市发展的资金来源是中央政府还是最终成为地方政府的职责？地方政府是自筹资金还是依赖上级？私人部门应该被鼓励投资还是被排除在此领域之外？[58]

浦卢德·休谟（Prud'homme，1989）认为："通过运用效率和公平原则，税收更容易被下放。然后，财政支出和税收应该采取不同的方式下放……[59]因此，补贴似乎成为分权的重要方式。"[60]之后，"真正的问题是那些具体的财政支出和税收可以被下放，开发什么样的补贴机制，以及采用什么样的协调机制"[61]。尽管前面已经论述过了，还需要再重复一遍，如果将分权作为强化地方政府的一种手段，那么资金安排必须与强化流程整合在一起。

帕卡什(Prakash,1988)拓展了这一论点。

> 亚洲发展中国家城市政府提供了一些自筹资金为基础的服务。供水、排污和垃圾收集一般都是由地方政府提供……最近正向着扩展自筹资金范围的方向发展，而且采用向用户收费和价格措施是一个重要的发展，他们使城市地方财政收入基础更加多样化。一般说来，地方政府具有较小收入的弹性，而向受益者收费，尤其对于快速城市化来说，可能会具有更大弹性。[62]

但是，这些观点限制了识别城市发展中私人部门角色的重要性。

> 许多发展理论家和实践者都认为，动态的地方政府对于发展至关重要，并指出国家经济发展需要由地方引导的经济活动元素构成。地方政府不管是在阻碍发展还是在促进方面都是很重要的……尽管已经明确未来地方政府在提供城市服务方面扮演着越来越重要的角色，但是还是需要指出私人部门的大量投资也影响着城市的发展。他们代表了个体、家庭、企业的复杂决策网络。城市投资政策必须谨慎设计，以鼓励私人部门最大程度地参与进来。[63]

巴赫尔和林提出了未来私人部门提供基础设施的方向。

> 需要长期的实践才能将供水和交通分离出去，从而进行专业化(更少政治性)管理，以避免在就业方面的服务管制，创造更多的税收、定价和投资方面的决策自主权。[64]

困境在于提高专业化的需求背离了民主负责制的思想，这是一个非常重要的事实，尤其是在贫困国家里。

斯特恩(Stren,1989a)扩展了外部机构的角色。

> 中央政府和半国营组织对整个城市服务和管制负责，典型的服务包括供水、供电、垃圾处理、公共交通、公共住房、土地分配和土地利用规划。

他还识别了大规模私人化的内在风险。

> 公共部门和私人部门之间的平衡打破了……但是在非洲，很大比例的城市人口是极其贫困的。因此，当公共服务私人化之后，弱势群体将面临着被忽略的风险。[65]

麦内泽斯(Menezes，1985)详细研究了加尔各答的案例。

> 作为强化地方政府强有力政策的一部分，国家政府和加尔各答城市开发局(Calcutta Metropolitan Development Authority—CMDA)采用了两级(城市和地方)方法来开发加尔各答城市领域。CMDA的领导、执行角色需要重构，它的协调、政策规划、监督和评估职能将得到加强……CMDA的角色从多种途径得到调整：通过严格的评估、监督和考核，强化了它的财政和政策媒介的作用；它的城市规划职能得到重构，并得到强化；具体职责如供水、排污逐渐被转交给其他机构，CMDA逐渐从领导角色转变为执行机构。[66][相反]市政当局在资金预算和技术、财政指导方针设置方面被赋予了更多的职能。[67]

巴赫尔和林(Bahl and Linn，1992)进一步讨论了这一观点。

> 许多国家意识到通过适当财政分权对于强化地方政府来说是非常重要的。包括政府委员会向地方政府分配财政职责，重新构建政府内部获取机制，解决大城市具体的财政问题。地方政府在发展中的角色一般很难在国家规划中讲清楚，不过在规划流程中的行政管理和立法中可以明确。[68]

换句话说，向地方政府分权，无论从思想上还是实践中，都必须伴随着更多的财政自主权和财政支持。

龙迪内利(Rondinelli，1990b)对此则更加慎重。

> 城市服务和基础设施供给、维护的职责下放，需要市政政府增加其财政收入。世界银行的官员极力推荐发展中国家政府采用五类财政资源：自筹资金和成本控制；共同筹资和共同生产；扩展市政一般财政收入；政府内部调剂；扩展市政借款能力。然而，未来市政政府在财政方面面临的问题不仅不是唯一的，而且是紧迫的。一个更直接和重要的问题是需要提高市政政府的行政管理能力，以更高效地管理财政收入和支出。[69]

总之，很显然地，资金属性影响着城市管理各部分的组织设置。

人 事

培训对于发展中国家加强行政管理能力非常关键，其最低限度是将技能从专家转到接受者，斯特恩(Stren，1989a)概括道：

> 城市政府和其他公共机构在提供充分服务方面的失败是由于人力资源匮乏[包括经验不足]和财政手段缺失……[制度建设]是一个长期而复杂的过程，只有谨慎、正确地改进财政来源，长期培训合适的人员，开发当地经验和能力，才能最终获得基础设施和服务领域的成功。[70]

悉达布达等人(Sidabutar et al.，1991)等人也持有类似观点。

> 目前，(印度尼西亚)在城市管理的分权尝试可以分为三个相关领域。
>
> - 创新城市开发项目，制定社区真正参与以及公共/私人部门合作的行动为导向的规划。
> - 强化机构能力并促进制度现代化，改革法律框架和行政管理程序，加强城市基础设施开发中中央和地方政府的各个机构协调。
> - 信息和沟通计划支持。[71]

根据这些专家的观点，

> 如果没有足够的培训，这些努力都不会有结果，因为总是由人决定发展过程和速度，而不由规划决定。如果没有合适的人力资源开发，创新项目[城市]开发政策以及制度改变都将没有意义，并且也不能将创新转化为可持续的、常规的行为。[72]

马丁(Martin，1989)给出了一个关于肯尼亚培训缺失的研究案例，他提出，

> 很显然地，除了特定的[城市管理流程]培训之外，地方当局内部也需要进行培训。快速变动的人事关系，[肯尼亚]地方当局成立时间较短，以及没有足够的人员水平，都会带来一系列的管理问题，这些问题都会导致职责的不匹配。我们的诊断结果是：将那些原来针对高级职员的、为期若干天的室内研讨会形成一种长期的机制并贯彻到

底，将会极大地提高管理能力。[73]

很明显，作为人力资源总体开发方法一部分的人力需求，应该给予一种合理的关注。

> 要点是利用[理性]诊断方法，借助数据识别各领域内早期的问题，这样就可以理解和纠正行为，避免相关问题的发生。[74]

从总体资源开发的角度来看，这必须涉及干预标准问题，如“招聘规划，培训战略，行业联系，薪酬和待遇，组织变革，管理态度和思想”[75]等方面。

城市管理人力资源方面的需求，斯瓦拉马科瑞斯南和格林（Sivaramakrishnan and Green，1986）给出了一个总结。

> 由于[亚洲]大城市政府的活动日益复杂和繁重，传统的行政管理模式[以地方市政厅为代表]已经不再适应快速变化的现状，各个部门必须承担紧急的、大量的资本项目，他们需要有项目识别、准备和执行的管理能力。日益增加的项目规模也要求他们关注技术和操作效率。多部门组织的引入增加了组织复杂性，要求必须重视规划和管理协调。在这种背景下，大城市管理要求拥有经验并不断试验，只有这样，那些常规的、例行性的服务和资产维护才能完成，并同时实现城市发展的创造性。[76]

因此，城市管理培训将会涉及两个职能参量，一部分是例行性任务，一部分是战略制定和评估中的创新性角色。

作为总结，他提出，

> 发展中国家城市服务和基础设施财政权力下放需要改进政府的能力，以满足快速增长的需求……更重要的经验教训是，很少有中央政府在没有加强市政政府能力之前就把财政权力下放……如果组织结构和操作程序效率低下继续存在，并缺乏城市发展问题的明确法律权威界定，单纯靠扩展当局的财政收入并不能真正提高市政政府提供服务的能力。[77]

这是非常重要的。尽管已经明确分权方法必须与强化财政资源基础相结合，人力资源基础也是成功的必不可少的要素。但两者是有区别的，财政资源可以从第三世界城市管理组织设置中得到体现，而人力资源基础遍布于第三世界城市管理的各个角落，与组织设置无关。

最终,可以得出的一个观点是,所有发展中国家地方政府的首要目标是得到其发展环境积极的和支持性的影响。基于这一点,我们可以认为第三世界制度影响最终的检验是将世界地方自治联盟(International Union of Local Authorities —IULA)国际宣言纳入地方自治政府之中,宣言中共有11条款,其中从两个条款中提炼出如下信息:

- 第2款:地方自治政府在自己职责范围内管制和管理地方公共事务,并代表地方民众的利益;
- 第8款:对地方当局的资源分配应当与其所承担的职责任务相对应。[78]

以上两个提炼条款都与城市管理相关。在第一个条款中,议会是服务于当地民众的(提供基础设施和服务)。在第二个条款中,政府需要确保给予议会一个合理的资金基础(用于基础设施构建和服务供给)。在两个条款中,强化城市政府是为了“确保稳步、持续地改进供水、公共卫生、防洪、垃圾处理、医疗服务(等)……这一般要求国家政府转变对地方政府的角色和职责态度”[79]。也需要援助机构转变思想,“很少有援助机构为其支持的城市发展提供一个连续的政策,[并且]很少有援助机构支持建设城市政府机构能力的项目和计划……”有的援助机构甚至还没有意识到城市分类基础上的城市管理问题。“ODA将‘城市’定义为狭义上的老式城镇,乡村或实体规划方面却没有给予关注。”[80]幸好这种情况得到了改变,“ODA的员工现在正努力开发更为连贯性的城市政策”[81]。

总之,很显然地,人员素质对城市管理流程的效率具有直接的影响,因此,必须要组织相关人员的培训。

本节的主要内容包括:资金和人力资源是城市管理系统运转的两个必不可少的要素。资金的性质影响城市管理各部分的组织设置。没有财政自主权的分权是没有意义的。人员素质直接影响着城市管理流程的效率。很显然,必须要对相关人员进行培训。尽管人力资源能力是城市管理系统成功的先决条件,但是人力资源能力并不能决定城市管理的组织形式。

在本章的最后,在构建标准方面可以得出三个主要特征。

1. 城市管理功能是广泛的,涉及多个机构。
2. 组织间设置的思想日益得到人们的青睐。
3. 资金类型可以帮助决定城市管理各部分的组织分配。

下面是对第三部分观点的小结。

注 释

1. K.C. Sivaramakrishnan and L. Green (1986) *Metropolitan management: the Asian experience* (Oxford University Press for the World Bank), pp. 54–5.
2. M. Faizullah (1989) 'Urban local government and urban development in Bangladesh', *Planning and Administration*, Vol. 16, No. 2, p. 64.
3. Ibid., p. 65.
4. T. Ngom (1989) 'Appropriate standards for infrastructure in Dakar', in R.E. Stren and R. White (eds) *African cities in crisis: managing rapid urban growth* (Boulder, Colo.: Westview Press), p. 198.
5. Ibid., pp. 200–1.
6. J. Moyo (1989) 'The demand for urban services in Africa', in World Bank (1989b) *Strengthening local governments in Sub-Saharan Africa: proceedings of two workshops* (Washington, DC: The World Bank). Republished as an EDI policy seminar report, No. 21, in 1990, p. 88.
7. Ibid.
8. G. Shabbir Cheema (1987) 'Strengthening urban institutional capabilities: issues and responses', in Asian Development Bank (1987b) *Urban policy issues* (Manila: Asian Development Bank), pp. 174–5.
9. R. Batley and N. Devas (1988) 'The management of urban development', *Habitat International*, Vol. 12, No. 3, p. 181.
10. E. Brennan and H. Richardson (1989) 'Asian megacity characteristics, problems and policies', *International Regional Science Review*, Vol. 12, No. 2, p. 126.
11. Moyo, 'The demand for urban services in Africa', p. 88.
12. R.E. Stren (1989b) 'Institutional arrangements (for local government)', in World Bank (1989b). Republished as an EDI policy seminar report, No. 21, in 1990, pp. 94–5.
13. I. Blore, S. Dutta and M. Willson (1992) 'Sustaining city services', *Papers in Administration and Development*, No. 44 (Birmingham: Institute of Local Government Studies), p. 13.
14. Ibid., p. 15.
15. Ibid., p. 17.
16. Ibid.
17. G. Roth (1987) *The private provision of public services in developing countries* (Oxford University Press for the World Bank).
18. Moyo, 'The demand for urban services in Africa', p. 89.
19. R.E. Stren (1989c) 'Urban local government in Africa', in R.E. Stren and R. White (eds) (1989) *African cities in crisis: managing rapid urban growth* (Boulder: Westview Press), p. 25.
20. Sivaramakrishnan and Green, *Metropolitan management: the Asian experience*, p. 57.
21. Ibid., pp. 58–9.
22. UNCHS (1984b) *Human settlements policies and institutions: issues, options, trends and guidelines* (Nairobi: United Nations Centre for Human Settlements (Habitat)), p. 117.
23. UNCHS (1984a) *An approach to the analysis of national human settlements institutional arrangements* (Nairobi: United Nations Centre for Human Settlements (Habitat)), p. 30.
24. L. Egunjobi and A. Oladoja (1987) 'Administrative constraints in urban planning and development', *Habitat International*, Vol. 11, No. 4, p. 93.
25. N. Harris (ed.) (1992) *Cities in the 1990s; the challenge for developing*

countries (London: UCL Press), p. 44.
26. R. Bahl and J. Linn (1992) *Urban public finance in developing countries* (New York: Oxford University Press for the World Bank), p. 404.
27. Ibid., p. 407.
28. Ibid., p. 409.
29. UNCHS (1989b) *Methods for the allocation of investments in infrastructure within integrated development planning* (Nairobi: United Nations Centre for Human Settlements (Habitat)), p. 15.
30. G. Clarke (1992) 'Towards appropriate forms of urban spatial planning', *Habitat International*, Vol. 16, No. 2, p. 162.
31. Shabbir Cheema (1987) 'Strengthening urban institutional capabilities', p. 154.
32. Ibid., p. 155.
33. Ibid.
34. Ibid.
35. S.K. Sharma (1989) 'Municipal management', *Urban Affairs Quarterly – India*, Vol. 21, No. 4, p. 50.
36. T. Banergee (1989) 'Issues in financial structure and management: the case of the Calcutta metropolitan area', *Regional Development Dialogue*, Vol. 10, No. 1, p. 75.
37. K. Dhiratayakinant (1989) 'Issues in financial structure and management: the case of Bangkok metropolis', *Regional Development Dialogue*, Vol. 10, No. 1, p. 129.
38. Ibid., p. 130.
39. H. Franz (1986) 'Interorganisational arrangements and co-ordination at policy level', in F.X. Kaufmann, B. Majone and V. Ostrom (1986) *Guidance control and evaluation in the public sector* (Berlin and New York: Walter de Gruyter), p. 491.
40. Sharma, 'Municipal Management', p. 50.
41. S. Pearsall (1984) 'Multi-agency planning for natural areas in Tennessee', *Public Administration Review*, Vol. 44, No. 1, p. 47.
42. R. Allport and N. Einsiedel (1986) 'An innovative approach to metropolitan management in the Philippines', *Public Administration and Development*, Vol. 6, No. 1, p. 34.
43. E. Ostrom (1983) 'A public service industry approach to the study of local government structure and performance', *Policy and Politics*, Vol. 11, No. 3, p. 335.
44. Ibid.
45. Ibid., p. 337.
46. Bahl and Linn, *Urban public finance in developing countries*, p. 418.
47. Sivaramakrishnan and Green, *Metropolitan Management*, p. 83.
48. Ibid., p. 82.
49. Ibid.
50. Bahl and Linn, *Urban public finance*, p. 412.
51. Ibid., p. 415.
52. H. Fuhr (1994) 'Municipal institutional strengthening and donor coordination: the case of Ecuador', *Public Administration and Development*, Vol. 14, No. 2, p. 182.
53. Bahl and Linn, *Urban public finance*, p. 415.
54. L. Adamolekun (1989) 'Issues in development management in Sub-Saharan Africa', Policy Seminar Report No. 19, Economic Development Institute (Washington, DC: World Bank), p. 14.
55. G. Cochrane (1983) 'Policies for strengthening local government in developing countries', World Bank Staff Working Paper No. 582 (Wash-

ington, DC: World Bank), p. 47.
56. R.E. Stren (1993) 'Urban management in development assistance: an elusive concept', *Cities*, Vol. 10, May, p. 137.
57. D. Hart (1989) 'Mismanaged urbanisation in Africa: the examples of Cairo and Lagos', *South African Geographical Journal*, No. 71, p. 191.
58. O.P. Mathur (1987) 'The financing of urban development', in Asian Development Bank (1987b) *Urban policy issues* (Manila: Asian Development Bank), p. 142.
59. R. Prud'homme (1989) 'Main issues in decentralisation', in World Bank (1989b) *Strengthening local governments in Sub-Saharan Africa: proceedings of two workshops* (Washington, DC: World Bank). Republished as an EDI policy seminar report, No. 21, in 1990, p. 69.
60. Ibid., p. 70.
61. Ibid., p. 71.
62. V. Prakash (1988) 'Financing urban services in developing countries', in D. Rondinelli and G. Shabbir Cheema (eds) *Urban services in developing countries: public and private roles in urban government* (Houndmills: Macmillan), p. 77.
63. Ibid., p. 82.
64. Bahl and Linn, *Urban public finance*, p. 418.
65. R.E. Stren (1989a) 'The administration of urban services', in R.E. Stren and R. White (eds) (1989) *African cities in crisis: managing rapid urban growth* (Boulder: Westview Press), pp. 37–8.
66. B. Menezes (1985) 'Calcutta, India: conflict or consistency', in J.P. Lea and J.M. Courtney (eds) (1985) *Cities in conflict: planning and management of Asian cities* (Washington, DC: World Bank), p. 68.
67. Ibid., p. 69.
68. Bahl and Linn, *Urban public finance*, p. 386.
69. D. Rondinelli (1990b) 'Financing the decentralisation of urban services: administrative requirements for fiscal improvements', *Studies in Comparative International Development*, Vol. 25, No. 2, p. 44.
70. Stren (1989a) 'The administration of urban services', p. 66.
71. P. Sidabutar, N. Rukmana, R. van den Hoff and F. Steinberg (1991) 'Development of urban management capacities: training for integrated urban infrastructure development in Indonesia', *Cities*, Vol. 8, May, p. 142.
72. Ibid.
73. R. Martin (1989) 'Developing the capacity for urban management in Africa', *Cities*, Vol. 8, May, p. 139.
74. J. Fyfe (1988) 'Manpower planning and development in an organisation', *Public Administration and Development*, Vol. 8, No. 3, p. 312.
75. Ibid.
76. Sivaramakrishnan and Green, *Metropolitan management*, p. 75.
77. Rondinelli, 'Financing the decentralisation of urban service', p. 54.
78. IULA (1987), 'World wide declaration on local self-government', *Planning and Administration*, Vol. 14, No. 1, pp. 125–7.
79. J.E. Hardoy and D. Satterthwaite (1986) 'Shelter, infrastructure and services in Third World cities', *Habitat International*, Vol. 10, No. 3, pp. 245–84.
80. N. Harris (1989) 'Aid and urbanisation: an overview', *Cities*, Vol. 6, No. 3, p. 182.
81. R.E. Stren with V. Bhatt *et al.* (1992) 'An urban problematique: the challenge of urbanisation for development assistance', Centre for Urban and Community Studies (University of Toronto), p. 126.

小结

第三部分分析了城市管理的设置(形式)。第 5 章主要关注各种组织困境。第 6 章主要关注组织城市管理的构建标准。该部分六节的主要问题总结如下。

组织困境

组织模式

许多专家承认,在发展中国家没有单一的组织模式来应对城市管理挑战。城市发展中中央政府组织的部门化是公认的缺陷。所有人都支持强化地方政府解决城市问题的观点。这样,就显示出了分权是任何地方发展管理中的良策。本质上,城市管理方面不存在唯一的成功模式。

分权良策

在实践中,分权是失败的,失败的主要原因是专家技术观点占据了主导地位。结果是,中央政府继续占据主导地位抑制了地方的发展,尤其是在非洲地区。而且中央政府也不情愿将实权和资源下放给地方政府。如果分权要获得成功,那么必须尽可能地向最低一层级的政府下放权力和资源。总之,尽管努力在进行分权,但是中央政府却保留着大量城市管理的权力。

城市管理分权

强调城市管理被看做是政府分权系统合法的关注点。这就要求分权过程中真实的权力和决策从中央转向地方。分权承诺不一定要以地方政府强化为前提,而权威转移必须是第一位的,并给出机构强化措施的宗旨。城市分权的范围一定要包括规划和公共服务供给职责的下放。本质上,如果分权有意义,不仅要包括真正的权力下放(开发规划),还要包括资源下放(实施开发)。

构建标准

功能决定

城市管理的功能范围是很广阔的,囊括了中央和地方政府。城市管理涉及的组织越多,就越需要一种支持机制来扶助各个组织。专家机构(如城市开发当局)已经失败了,多目标组织被看做是一种民主方式——地方政府的理想描述。在这里,一种由城市功能决定组织形式的框架确立了,而每个功能都是由资金来源所决定的。本质上,城市管理功能是广泛的,涉及许多机构。

组织选择

它提出了存在不同的组织设置来执行城市管理功能,提出了三种组织类型,两种组织协调类型。在两个案例中,存在的问题是城市管理功能要适应于组织形式。因此重点强调机构间的设置问题,这些设置必须有明确的城市管理程序提供支撑。不存在组织设置的普遍模式,这一点已经达成了共识。总之,组织间设置的思想日益得到青睐。

组织资源

资金和人力资源是城市管理系统运转的两个必不可少的要素。资金的性质影响城市管理各部分的组织设置。没有财政自主权的分权是没有意义的。人员素质直接影响着城市管理流程的效率。很显然,必须要对相关人员进行培训。尽管人力资源能力是城市管理系统成功的先决条件,但是人力资源能力并不能决定城市管理的组织形式。本质上,资金类型可以帮助决定城市管理各部分的组织分配。

因此,对第三部分总结如下:

1. 城市管理方面不存在唯一的成功模式。
2. 尽管努力在进行分权,但是中央政府却保留着大量城市管理权力。
3. 如果分权有意义,不仅要包括真正的权力下放(开发规划),还要包括资源下放(实施开发)。
4. 城市管理功能是广泛的,涉及许多机构。

5. 组织间设置的思想日益得到青睐。

6. 资金类型可以帮助决定城市管理各部分的组织分配。

第三世界城市管理的这些特点代表了其形式的普遍特征，这些将在第 12 章继续讨论。

总之，重要的是通过分析识别出了城市管理结构的指导思想，而不必描述结果。

剩下的工作是要为第三世界城市管理形式引入一个初始概念框架，框架主要包括两部分：

- 形式范围
- 构建标准

表 3.1　城市管理的变量

流程范围	引用频率
分权	12
组织间设置	10
城市管理分权	6
地方政府重要性	5
中央和地方政府之间的平衡	5
资源下放	4
城市管理职能分配没有明确规则	4
具体组织开发的失败	4
整体流程	4
功能决定	3
私营化	2
城市发展资金	2
城市管理中中央政府组织部门的失败	2
结构标准	
分权	5
部门	4
下级部门	3
资金来源	3
规模经济	2

注意：频率指的是第三部分中各变量被引用的次数。

基于此，一系列的变量都得到了确认。它们是按照在第三部分中出现的次数而进行的排列。概念性框架用表3.1表示出来了，在第12章中将继续对这一框架进行讨论。

这里就结束了理论分析。第四和第五部分将对第三世界城市管理制度发展的实践方面进行探讨。

第四部分

制度发展实践：组织强化

第四部分尝试探析制度发展流程中两个重要方面的第一个。最后，将关注组织与组织环境关系的重要性。第7章主要关注一个组织重构与组织强化的项目开发案例。第8章是对制度发展案例的评价。小结部分简述制度发展实践的主要特征。

第7章

项目强化开发

本章尝试分析组织重构与组织强化的流程，并将回顾项目开发与实施情况。公共机构方面主要关注马拉维首都利隆圭城市议会。本章主要考虑三个方面内容：

- 项目概述
- 输出需求
- 项目实施

项目概述

应马拉维政府的要求，英国海外开发署(Overseas Development Administration—ODA)同意为其首都城市利隆圭城市议会委派一名市政官，并由他担任首席执行官。马拉维政府对于利隆圭市议会日益恶化的财务管理和一般管理状况非常关注，尤其是1987年的外部审计报告确认该城市财务管理存在很多问题之后。这些问题包括会计财务报表制作延迟，预算控制困难，商业领域(像当地制造业市场)管理水平低下，以及面对如山的债务无计可施。这份报告还认为应该扩大市议会的财政收入来源以应对快速发展的城市需求。

项目总体目标可以表述为"制度发展"。它尝试加强利隆圭市议会各项公共服务能力，要求利隆圭市议会树立执政为民的理念，项目尤其强调提高市议会效率，提高一般管理和财务管理水平，并强调重视员工培训。以上都是项目中要求实现的目标。

当利隆圭市议会出现财务状况恶化、员工士气低下、公共服务缺失以及资金流转困难等征兆的时候，一些工作人员能够分析出这些问题，但都没能解决这些问题。终于，马拉维政府与英国高级官员公署(British High Commission)及其开发部门(ODA在利隆圭的外设部门，为了工作方便设立)经过谈判和磋商,决定共同开展“市政官项目”。但开始的时候他们并没有与利隆圭市议会进行协商,也没有同市议员们及少数留任的高级官员进行沟通。

总之,项目概要是一个独立且封闭的流程。项目是英国政府直接按照马拉维政府要求而开展的,并由英国政府代表与马拉维政府代表在利隆圭共同设计起草,期间没有利隆圭市政工作人员参与协商。

输出需求

项目包含了一系列详细而又具体的目标,涉及战略和操作两个层面。进一步分析,可以考虑从以下两个方面做必要的改进:

- 反映出市议会面临的紧急问题
- 突出涉及制度发展方面的战略问题

首先要做的是对项目进行调整,区分开(1)短期内亟待解决的问题与(2)中期战略事项。然后,着重关注(3)项目的实施。项目数据表(各阶段参考事项)中就包含了以上三方面内容。项目数据表在提交给市议会之后,也于1989年2月送达地方政府秘书处。最终确定将项目分为四个阶段,具体如下:

第一阶段(1989年2月—4月)

短期紧急目标

1. 员工测评
2. 评估交通运输状况/设备状况/建筑状况
3. 1989—1990年财政预算
4. 审计报告中问题的解决措施
5. 关键债务问题的解决措施
6. 内部审计部门规划
7. 高级职员评估

第二阶段(1989年5月—11月)

中期战略目标

8. 服务与绩效目标评估
9. 组织与人力资源评估

10. 长期培训评估
11. 1990—1991 年财政预算
12. 增加财政收入的措施
13. 相应市政官的聘用

第三阶段(1990 年 2 月—12 月)
实施与评估

14. 制度发展实施
15. 操作目标(目标 8 的深化)
16. 一般管理手册
17. 终结报告

第四阶段(1991 年 1 月—8 月)
巩固及工作移交

18. 相应的在职人员培训
19. 巩固新系统与流程

总之,项目中有许多具体的输出要求要实现,以上的项目输出要求是在与市政工作人员充分协商的基础上重新设计的,这主要是为了与他们的短期、中期战略及操作实际相一致。

项 目 实 施

第一阶段

目标 1　员工测评暴露出市议会人力资源方面的一些弊端。在已设立的一至三级职位上(行政主管、副主管及首席行政助理),仅有 50%的职位上安排有职员,还有 50%的职位是空缺的,这是由于现有的财政预算仅仅保留了 50%的人员开支。因此,在管理职位上人力资源极度匮乏。可想而知,在这样一种人员配备状况下,没有哪个组织能够高效地工作。在已设立的监督职位上,仅有 44%的职位上有职员工作,显然,这也是由于财政预算砍掉了另外 56%的人员开支,这样也就造成了监督职位上人力资源的不足,因而无法对市议会的工作进行全面而有效的监督。在这样一种人员配置情形下,组织也不可能提供高效率的公共服务。员工测评过程中还对各部门职员的士气进行了评价,当然,这种评价可能主观性比较强。评价结果如下:

- 市政官　　　　一般
- 财政部　　　　一般
- 国土规划部　　差
- 卫生部　　　　极差
- 工程部　　　　极差

员工测评之后提出了许多建议。第一,两个行政主管和三个副主管职位需要在第二阶段进行重新评估(涉及组织和人力资源方面的评估);第二,18 个空缺(或即将空缺)职位可以通过内部提拔的办法填补。上面这两个建议反映出了一个事实,那就是相应人员已经达到了空缺职位的能力要求,并且他们至少已经做了一年空缺职位相关方面的工作(在各个案例中)。

第三,35 个空缺(或即将空缺)职位建议通过对外招聘的方式填补,这样可以使外界优秀人才进入系统内部,以补充新鲜血液。第四,建议尽快设立三个新职位,一个是计算机管理职位(为市议会引进一套电算化财务管理系统),一个是城市规划职位(主要从事研究涉及市议会将要接管的传统住房领域的政府政策问题,以及从事独立于马拉维房产公司和马拉维政府的城市规划工作),还有一个就是人力资源职位(将要引进从未用过的人力资源管理系统)。最后,提出了一些近期培训建议,包括工程部的监督人员培训计划,计划生育工作人员培训课程以及秘书进修课程等,每个培训计划都不超过两个星期。这些建议于 1989 年 3 月提交到地方政府秘书处,然而内部提拔建议被否决了,原因是政府认为现有的市政工作人员对于市议会管理状况的恶化负有不可推卸的责任,不予提拔。

目标 2　评估过程中发现的另一个情况是交通运输工具由原来的 80 多辆锐减到了 25 至 30 辆之间,这是由于很多车辆已经老化,需要经常维修。而设备方面的问题很简单,就是道路保养之类的设备根本无法使用。目前市议会在这些方面还没有资金投入计划。市议会作为一个公共服务的提供者,实际上只能做两件事情:一件是靠“打补丁”的方式勉强维持道路使用,让道路表面上看起来还像条路而已;另一件就是提供清扫服务。这些交通运输(清洁车、垃圾车等)方面的基本问题明确以后,通过商业租赁谈判的方式得到了解决,当然也解决了必要设备问题,如道路保养设备和计算机化设备(过去市议会的财务管理完全是人工操作)。同时,还准备好了一个小的资金投入计划。这些都是政府关于利隆圭城市发展政策声明[1] 的具体体现,也是利隆圭的区域发展框架规划(结构规划)[2] 的反映。

目标 3　在 1989 年 1 月项目开始的时候，竟然还没有开始准备 1989—1990 年的财政预算报告。由于向地方政府部门提交预算报告的日期比法定最后期限晚了一天，报告只好于当年的 6 月 9 日提交，这比法定的最后提交期限推迟了 4 个月。出现这种情况的原因有很多，利隆圭市的财务人员仅仅是一个二级公务员，尽管他有丰富的会计从业经验，但这只是他完全按照政策法规办事方面的经验，他并不是一个能从管理者的角度思考整个系统如何运转的财务预算人员。况且，他还没有完全得到上级领导的信任和支持。他的工作任务也非常繁重，曾经为其聘用过一位副手，但是由于这位副手的美国硕士和博士学位证书全部是假的，不到一年就被政府发现并将其解雇了。同他的上级领导一样，其他部门的领导对他也不信任，当然就不会给予全力的支持。结果导致在预算的准备阶段没有任何其他部门的积极参加。事实上，利隆圭根本就没有常规的部门主管会议，每年的财政预算基本上就成了地方政府独自的工作。没有财政预算，组织就不可能有基本的战略管理。当然，市议会也就像一群乌合之众，"得过且过"地混日子。

目标 4　1986—1987 年准备了两份外部财务审计报告。这两份审计报告是在地方政府有关部门的指导下，选择了市议会某些特定领域，通过认真细致的调查之后做出的，可信度比较高。从这两份审计报告中可以清楚地看出利隆圭市议会的财务管理状况是多么的糟糕。由此也可以推想，以前市议会采用外部私人审计的做法是多么的不规范和无效率。两份审计报告中提出了很多的整改要求，但市议会一直拖到 1989 年 4 月才开始研究如何整改。

目标 5　外部单位所欠利隆圭市议会的债务累计达到 1340 万克瓦查（马拉维货币，1989 年 1 月，1 美元≈8 克瓦查——译者），这相当于市议会一年的财政支出。其中 1200 万克瓦查是来自位于利隆圭城市北部（其实是农村地区）的国际机场项目。尽管市议会也采取过一些讨债措施，但这些措施对于机场运营商（是一家受国家法定部门监管的半国营性质的组织）来说简直是隔靴挠痒。通过法律程序清偿债务非常繁琐，其中通过公开拍卖未付款资产的方式实现清偿至少需要三年的时间。在此期间，市议会制定了一个处罚措施，那就是每半年对于未付清欠款的债务人以 7.5%的罚款。但是由于通货膨胀率从未低于 17%，债务人都比较精明，不到万不得已是不会付清欠款的。况且，就算是银行的存款利率也比这 7.5 个百分点的罚款率高不少。因此，直到新法律的颁布才改变了这种局面：地方政府的第一个指导性管制文件已经开始生效。

目标 6 利隆圭市议会根本就没有进行内部审计的计划，也从来就没有过一个专业的审计人员准备这方面的资料。1988—1989 年，地方政府服务委员会（中央招聘机构，主要负责马拉维所有地方政府的专业、技术、管理人员以及普通职员的招聘工作）曾三次尝试招聘一个专业的内部审计人员，但是都没有成功。

目标 7 高级职员评估主要涉及第一级到第三级三个级别的管理人员——行政主管、副主管、首席行政助理。在市议会的五个部门里，只有七个人参加了评估面试，评估的结果是：七人中的五人有研究生学历或在英国有过相关职位的培训经历；七人都有很好的技术背景，都因为缺乏管理人员和监管人员的支持而感觉压力很大；普遍感觉工作强度高，周末经常需要加班，他们的工作经常因缺少交通工具或其他设备而无法正常进行；他们当中没有人受过管理方面的培训或者获得管理硕士学位，没有人在主管位置上展示出很强的战略管理能力。

这就是项目第一阶段的工作，目标 2—7 以报告的形式于 1989 年 4 月提交给了地方政府秘书处，同时提交了项目第二阶段的详细日程表，还提交了一份相应市政官的聘任报告及其培训计划。

项目第一阶段主要解决了近期面临的紧急问题，这一阶段的工作也提供了一个了解组织具体情况的机会。只有第一阶段的目标顺利实现，第二阶段的工作才能启动，因此第一阶段是整个项目的基础。

第二阶段

第二阶段要求实现：

8. 服务与绩效评估目标
9. 与目标相关的组织与人力资源评估
10. 与目标相关的长期培训评估
11. 1990—1991 年财政预算
12. 增加市议会财政收入的措施
13. 相应市政官的聘任

目标 8 服务与绩效评估可以分为三步进行。第一步在第一阶段已经完成，目的就是了解市议会所有的优势和劣势（支配状况）；第二步就是评估与市议会相关的政策和政府环境，这主要是为评估而建立政策指示器；第三步需要与地方政府在关于绩效概念的理解方面达成共识。

在服务评估方面，政府要求(根据1989年2月总统的一个指示)成立一个新的清洁部门。这主要是为了解决糟糕的清洁服务状况，之后这个新成立的清洁部门将成为卫生部的一部分。政府在一份发展政策文件中要求，各地市议会应当从马拉维房产公司手中接过传统住房区域管理的职责[3]，同时还要求各市议会从中央政府规划部门手中接过城市规划的职责[4]。在1989年6月14日的一份地方政府部门发给各地市议会的报告中指出，在环境医疗服务方面"必须加强管理，必须增加更多的设备，必须引进更多高素质人才，必须有一个良好的财政预算体系"。世界银行城市部门的评估显示，在这些问题中，需要加强的是市议会的人事功能。

在绩效评估方面，在最初的参考事项中，财政绩效既有明确的参考标准，也有含蓄的参考标准。"市议会的财政收入增加至少要与人口的增长相适应，提供相应服务的标准不能降低……最低要求是市议会能够管理好财务，防止资金流失并避免财政赤字，最好也能预见到什么时候出现财政盈余。"财政问题可以说是关键问题，因为公共服务供给和基础设施构建都必须有良好财政管理作后盾。将市议会看做一个经济实体，并以此对其财政支配进行绩效评估是很危险的，将市议会每年的财政收支平衡作为衡量其绩效的最低标准也是很可笑的。在理论上，将公共管理的绩效与商业管理的绩效相比较存在很多争议，其中的一个观点是将组织绩效评估分为三个层级的比较，具体如下：

组织绩效评估

层级	商业管理	公共管理
1：3—5年以上	总体获益 资本增长	整个项目绩效与社会经济状况联系较大(如财富等)
2：1—3年	具体市场成功并实现获利	具体项目成功及市民满意(如住房条件改进)
3：1/4—1年	操作效率，预算控制 人员激励，产品管理	操作效率，预算控制， 人员激励，项目管理

资料来源：McGill，"Evaluating organisational performance in public administration"，*Public Administration Bulletin*，No. 43，pp. 27—41。

商业管理和公共管理关于考核组织效率方面都有相同的论述。20世纪80年代,"3E"理论在公共部门中占据了主导地位。这并不奇怪,效率是两个传统领域唯一的共同语言,而商业管理和公共管理在第一和第二层级上是存在分歧的。

> 但是,商业领域拥有利益自动反馈机制,公共管理领域则没有。因此它必须建立自己的反馈机制[p. 32]……在最后的分析中,一个争论就是公共管理的输出和导向要求是否影响绩效的评估[p. 33]。

市议会对这些争论进行了分析,取其精华并接受。强调绩效可以通过年度财政收支平衡进行评估(是否存在财政预算剩余或赤字),同时也强调服务的效率和效能(因为也可能出现财政剩余,但是提供的服务并不能满足市民需求的情况——这样就导致市民有付出却没有获得相应的收益),强调资金项目的应用和效能(杜绝出现豆腐渣工程),强调财政对于整个城市经济发展的潜在影响(这点非常难以评估),在绩效方面市议会接受了以下观点:

- 年度收支平衡报表确实能够使账目一目了然,但是在非经济组织里,单靠收支是否平衡来评估组织绩效是有局限的;
- 市议会对于整个社会经济的贡献是难以评估的(长远政策的作用亦是如此);
- 资金项目的实施和效能是与效率(第三层级分析)以及某些工程是否为形象工程息息相关的;
- 市议会绩效评估关注的核心问题应该是服务和资金项目的效率和效能问题。

市议会提议要建立具体的操作绩效标准,而这些标准将最终纳入到市议会的年度报告中,这是一个长期目标。

目标9 在全面了解了市议会的内部运作,审视了市议会所处的政策环境以及建立了市议会绩效评估基础之后,项目进入了与服务和绩效目标相关的组织和人力资源评估阶段。项目中除了建立新的清洁部门之外,还提出了下列建议:为了响应地方政府关于各市议会接管传统住房领域(80%的存量住房——包括公共用地住宅)管理的规定,需要创建新的住房管理职能;为了响应地方政府关于各市议会接管城市规划职责的要求,符合中央政府的发展政策,需要创建新的城市规划职能;当时在会计、财务管理、人力资源、一般管理方面都没有计算机系统，全部采用人工操作，因此建议建立计算机服务系统。

以上关于住房管理、城市规划及一般管理（计算机系统）三个方面职能创建的建议是根据政府的明确要求而提出的。此外，还建议成立新的住房管理和城市规划部门，并将原先由工程部门（市议会最大的却是运行最差的部门）负责的设计和建筑控制职能移交给这个新成立的部门。这样新部门将管理现有的传统住房领域（traditional housing areas—THAs），开发新的 THAs（设计），并整合建筑控制（已移交的）与开发控制（城市规划）职能。最后，建议加强环境卫生服务，尤其把疾病预防作为一项长期重点工作，并建议加强公共卫生教育和初级卫生教育。

建议每个项目运作时都要遵循一个基本原则，那就是每个具体项目都必须由各部门的一名第三级官员（首席行政助理）全权负责。在医疗卫生方面，初级医疗项目可以由一名全职护士负责；在住房规划方面，城市规划项目可以由一名合格的城市规划人员负责。这种服务、计划、任务的组织结构对于市议会不完善的管理信息系统来说还是比较有效的。管理信息系统是由预算、人员和操作绩效标准构成的，这方面的内容将在后面详细论述。

目标 10　长期培训需求评估主要集中于加强对各部门第三级（项目领导）职位上相应人员的培训，尤其是在卫生部门和清洁部门。同时也要确保第四级（具体任务领导）职位上相应人员的基本监督和技术技能培训，尤其是在卫生部门、清洁部门、工程部门和财务部门。另外在财务管理人员和消防人员的培训方面也要特别关注。以上三个方面集中反映了人力资源与组织评估的结果，也是服务和绩效评估实施的结果，目标 14 中将会就实施问题作进一步的分析。

目标 11　尽管从 1989 年 10 月就开始着手准备第二年的财政预算报告，但一直到 1990 年 4 月 12 日才提交预算报告，这又比法定的期限（1990 年 1 月 31 日之前）晚提交了两个多月。尽管这比前一年进步了不少，但还远远不够。出现这种情况的原因跟前面的一样，还是因为没有新员工的加入。项目第二阶段提出的人力资源方面的建议要在第二年的预算过程开始时提出，因此财政预算报告拖延提交的问题要想彻底解决，还得等到第二年。

目标 12 针对市议会增加财政收入问题提出了六项措施。其中战略性的措施是鼓励加大物质资料生产，对新增建筑物进行收费（财产税）。物质生产越多，征收的财产税就会越多。但是对于有些财产很难实现收费，这主要是因为中央政府的资产评估效率太低。只要将这些财产写在评估清单上，就会增加许多税收，就是这么简单。政府对于自己应交的费用往往通过行政批准的方式免交，政府应交费用总额占了整个城市财产税的45%还多（1989 年的数据），但是他们每年实际交给市议会的费用仅占应交费用的 0.5%。而且，费用征收标准两年来都没调整过。在这种情形下，城市的基础设施供给状况就可想而知了。因此，利隆圭市议会只能不断"压榨"其拥有的两个企业：一个是疗养院，另一个是一家制造企业。最后，市议会也只有寄希望于资产创造这一风险投资行为。这不仅是扩大市议会财政收入的需要，还是由利隆圭城市发展所必需的土地完全控制在政府手中这一事实所决定的。通过获得不动产的方式来刺激发展、资产创造和收入增加的机会是很少的。资产创造方面提出了三个计划，一是"住房出租"计划，但从长期来看，解决员工住房问题的支出与租金收入相互抵消了（收益很少）；另一个计划是将荒废的疗养院改建成商店和办公室；还有就是在第二阶段批准的商业中心成立之后，市议会可以购买少量的不动产。以上三个计划可以看做是资产开发的起点——打开了贸易之门。因为没有什么可以掌控的费用，市议会增加收入的根本途径还在于资产创造。其他方式很难取得高收益，因此一旦出现资金的盈余，就可以考虑用在资本创造上。

目标 13 市政官副手职位空缺和相应新市政官方面的问题已于 1989 年 5 月 2 日通知了地方政府服务委员会，是在项目第一阶段进程评估会议（地方政府部门也参加了）之后立即通知的。但是地方政府服务委员会在当年的 11 月 21 日才开始组织人员面试，足足拖了七个月，人员招聘工作的滞后直接影响到了项目的进程。

在项目的第二阶段中，涉及制度建设中期战略问题的报告，连同三个主要的建议报告于 1989 年 9 月提交到了地方政府秘书处，报告涉及以下三个方面的评估：

- 服务与绩效目标
- 与目标相关的人力资源与组织结构问题
- 与目标相关的长期培训需求

第二阶段进程评估会议于1989年10月在地方政府秘书处的主持下召开，在此会议上，再次汇报了关于增加市议会财政收入和相应人员招聘问题。第二阶段是项目的关键，由此开始，项目工作的重心将由组织重构和强化转为实施、提炼和巩固。

第三阶段

项目的第三阶段是为整个1990年全年而设计的，它特别要求：

14. 制度发展计划的实施
15. 操作绩效目标（根据市议会的要求，补充组织服务和绩效目标评估）
16. 制定管理手册
17. 终结报告

目标14　制度建设计划的实施几乎完全取决于政府部门对1989年9月提交的三份制度发展政策报告的响应程度。特别是，组织与人力资源方面的建议在未被批准之前，组织重构工作不可能真正实施。由于之前10月份的批准仅仅是口头上的，政府各部门宣布在未接到正式书面批准文件之前拒绝同意设立新职位这一建议（例如这样就接受新住房和规划部门的设立）。就这样，直到1990年8月（离提交之日已经过去了10个月，1990年已经过去了67%），政府部门才同意实施这一建议。为了避免这样的情况，1989—1990年的财政预算报告中早早提出了关于三个第三级领导的任命申请，一个是城市规划人员（负责城市住房和城市规划工作）；一个是计算机管理人员（负责市议会的财务管理和综合管理计算机系统）；一个是人力资源管理人员（负责市议会人力资源系统管理），这些申请已经作为预算的一部分于1989年7月批准通过了。

尽管早有准备，地方政府服务委员会及政府部门还是用了10个月的时间才聘任到一位城市规划人员（1990年5月），用了7个月才聘任到一位计算机管理人员，而人力资源管理人员是通过面试、内部提拔的方式任命的。因此，人员聘任的滞后导致1990年的实施计划遇到了一些障碍。在制度建设方面，城市规划和电算化（计算机系统）方面的工作还是处在起步阶段，人力资源管理方面的工作仅仅稍有好转。结果到1990年底，组织重构工作还仅仅是出现在市议会的政策文件中，根本没有落到实处，评估也没有进行新的招聘工作。但是，某些进程工作已经由现任的市政官开始做了，尤其是在监督市议会的重要活动方面的工作已经开始了。

尽管组织重构与人力资源方面的工作进展不太顺利，但系统开发工作和流程还是按计划进行着，这样可以确保得到准确的项目数据，也可以保证能够做一些实际工作。

1990年下半年，财政报告系统有了巨大改进。当年年底，市议会的预算报告系统和相应的监测系统都已到位。同时还可以实现财政收支状况按日报告，而以前需要花费几个星期的时间才能从财政部提取信息。财政收入管理工作也得到了改进，主要是由于加强了债务控制。财政支出控制也比以前更加严格，首先，主管领导可以通过预算代码的方式准确了解下级部门汇报的财政收支情况；第二，也是比较重要的一点，实行银行结算帐目的双检查制度。至此，市议会通过一个缓慢但却有效的教育过程告诉人们预算（支出预期）与资金（银行存款）之间的区别。

当时，市议会的管理信息系统非常低级。一共花费了项目前两个阶段的时间（1989年）来校对基本信息，其中包括雇用了哪些员工，员工的基本情况，日常开支预算及资源分配等方面的信息，这些信息对于市政官（一般管理）和财务人员（财务管理）来说非常重要。在已经建立的人事档案中，并没有明确划分员工的职责。处在较低层级的专业和技术人员，竟然不清楚在谁的领导下工作，也不清楚自己的工作职责是什么。构建管理信息系统首先要理顺组织结构关系，在明确了组织结构之后（项目之外的任务），对薪资结构进行全面调整，使员工的工资与其管理职责挂钩。新的薪资结构又会反过来支持组织重构工作的开展，从而形成服务、计划、任务密切关联的组织层级结构。1990年下半年，当年所有的财政预算全部分解到组织各部门的项目预算中，进而明确了各项服务的主管、秘书等相关责任人，并将每个项目作为一个独立实体进行控制。拿市政部门举例，利用预算和支出代码的方式反映组织真正的运作情况，即：

预算代码	类别
1.0	中央支持
1.1	管理
1.2	法律
1.3	计算机系统
1.4	人力资源
1.5	内部审计

当操作代码又包含了具体的任务时，代码可以被再次细分。例如，在1.1下的管理类中，包含了两个任务：1.1.1表示监管，而1.1.2则表示

一般职责。这种预算控制方式可以有效地避免流水记账，从而真正形成项目单独预算。[5]

现在，市议会的管理信息全部集中于项目上，各个项目也就成为市议会工作的基本单元：

- 组织，成为管理实体
- 预算，成为成本中心
- 人员，成为机构中心

这样，就可以实现具体服务与具体项目（各部门工作）相挂钩，也不会破坏项目的专业和技术完整性，并且能够实现对每个项目的监控，项目的各项收入和支出都一目了然，每个项目中员工职责也比较明确（以前员工的职责比较模糊），每个项目都有（或将有）一名明确的第三级官员领导，他或她将对项目的专业/技术输出、人力资源管理及项目预算等方面工作负责。关于操作绩效标准的制定，将在目标 15 中完成。

人员培训的影响还是比较广泛的，高级管理人员的培训目的主要是向第一到第三级管理人员（他们有丰富技术知识但缺乏管理方面的培训）讲授一般管理方面的基本概念和原则。1991 年 3 月结束了一个为期四周的培训项目，培训的反响非常好：首先，职员的能力确实得到了提高；第二，要求参加培训的人员全部积极参加了培训。恰好这次培训是在操作绩效目标构思讨论期间，相关人员积极地加入讨论，并进行了现场辩论。监管人员（他们也只有一些技术知识但缺乏管理方面的培训）的培训涵盖了四个层级的人员，这次培训的主要目的是让监管人员掌握一些监督管理方面的基本概念和原则，这次培训也持续了四个星期，于 1991 年 3 月底结束。培训结束后，决定以书面问卷的方式调查培训的影响，因为培训过程中确实有许多值得思考的地方，尤其是在对监管人员的培训过程中。总之，培训是非常值得的。

确定了 21 名职员参加具体技术培训，但是培训资金只能满足 4 个人的培训需求。因此，个人技术的培训只能依靠外部的资金支持才能完成，这可以说是市议会在制度建设中最差也是最令人失望的事情。相反，有 30 多个低层级的职员自己利用业余时间来提升会计或秘书技能，市议会为此提供了一切可能的条件。例如，给予充足的学习时间，报销学费和考试费用（但如果考试不能通过则不能报销）。之所以这样做，是因为很多员工自学校毕业之后就再也没有接受过任何培训，市议会希望通过这种方式鼓励他们自我充电。总的来讲，鼓励员工利用业余时间学习这一做法还是成功的。尽管利隆圭市议会与南非合作举办的消防员室内培训项目没有取得成功，他们也没有气馁，新的财务人员培训课程即将开始。单纯依靠外部资金支持进行人员培训并不是长久之计，因为无论是政府基金还是社会捐助都不能保证培训资金的稳定和连续。

员工培训的最低限度和项目的第二个关键要素是主要职员的开发问题。相应市政官的培训计划已经提交，在面试之前，已经确定了聘任一名城市财务人员。市政官的上任时间是 1990 年 3 月 6 日。1990 年 2 月 16 日（他接到任命书的第二天），就将对他的培训计划提交给了地方政府秘书处，同时也将一份副本送达了英国议会，因为他们是项目的主要资助者。培训计划共分三个阶段进行，第一阶段是 1990 年 3 月—6 月，他将熟悉市议会的工作流程以及了解市政官的具体工作职责等；第二阶段是 6 月—12 月，他将前往伦敦，前三个月在英国当局实习，积累工作经验，后三个月将进入高校，学习财务和一般管理知识；第三阶段是 1991 年 1 月—7 月，这期间将对他进行集中上岗培训，让他逐步从 ODA 手中接管相应的工作。事实上，他在 1991 年 1 月的第一个星期，也就是在项目最后一阶段（巩固和工作移交）的开始之初，就已经接管了相应的工作。类似的培训计划也将会用在未来财务人员的培训上。

整个 1990 年，制度建设方面取得了许多可喜的成绩（目标 14 的要求），尽管在组织与人力资源建议方面，系统与流程进展方面，管理信息系统以及培训方面存在着一些决策缓慢或缺失问题。项目第三阶段需要制定操作绩效标准（目标 15），制定涵盖一般管理和财务管理两方面内容的管理手册（目标 16），作出终结报告（目标 17）。

目标 15　为了弥补目标 8 中制度建设的不足，应利隆圭市议会的要求，制定了操作绩效标准，同时还构建了一个可供市议会长期使用的财务年度报告框架。操作绩效标准是很难制定的，所有的部门主管、副主管以及行政助理聚集在一起，举行了一个为期两天的会议，共同探讨如何制定操作绩效标准、绩效标准是什么等问题，最终给出一个操作绩效标准框架。框架分为三部分：第一部分是财务标准（输入），这个非常简单，每个项目的预算都需要记录在案，年终实际收支情况需要输入，项目预算与实际收支情况的出入比例也要记录，这样输入标准就可以实现量化；第二部分是关于效率（输出）问题；第三部分是关于效能（影响）问题，这两方面的标准是很难界定的，但还是实现了。这样，大部分的绩效可以实现量化，以项目 1.5 为例，内部审计结果如下：

- 财政：1990—1991 年的预算是 19000K，实际是 18000K，实际情况比预算约有 5%的浮动，因此得 4 分(5 分制)。评分标准是这样的：预算与实际相符，得 5 分；浮动在 10%之内，得 4 分；浮动在 10%—20%之间，得 3 分；浮动在 20%—30%之间，得 2 分；浮动在 30%—40%之间，得 1 分。
- 效率：审计工作必须按照年度审计计划进行，审计结果必须是通过具体、细致的调查得出。
- 效能：财务违规金额必须控制在财政总支出金额的 1%之内，减少财务系统内的各种负面影响因素(腐败问题等)。

目标 16 管理手册(包括一般管理和财务管理)的制定是制度发展流程中很关键的一环，在一份出版的文件序言中曾这样描述(利隆圭市议会，1991c)：

> 分析一个系统需要注意两点，那就是系统结构与流程。本管理手册主要涉及流程问题(如系统的动态状况——如何运转等)。

管理手册的第 1 章主要简述政策和预算规划的一般框架；第 2 章主要涉及年度财政预算的准备细节和评估等问题，包括资金项目和财政收入估算的准备工作，以及对已有文件的评估和对预算本身的评估等；第 3 章简述委员会的管理流程，主要关注委员会的年度循环，委员会的管理以及首席执行官的团队运作等问题；第 4 章提出了电算化财务管理系统的管理原则，描述了具体事务执行和流程循环等基本问题；第 5 章主要是细节描述，简述了计算机化会计系统的操作流程，解释了预算代码的逻辑原理，评估了薪资制度以及人力资源管理系统；最后一章中加入了市议会 1990 年 8 月 31 日提交的内部审计计划(由于人员招聘等问题而推迟)，简述了内部审计与年度常规调查的区别。管理手册中还包含两个附则，一个是市议会会计章程，一个是固定资产及其维修保养预算需求计划表。

项目第三阶段在制度建设实施方面的两份资料(操作绩效标准和管理手册)，已于 1990 年 12 月 12 日提交到了地方政府秘书处，但政府部门没有就此召开评估会议。接下来要做的就只有项目的终结报告了，它需要在项目结束前至少 6 个月内提交。另外，还需要提交一份项目实施的细节性报告(目标 14)。

目标 17 终结报告于 1991 年 1 月提交到了地方政府秘书处，到项目结束还有 8 个月的时间。之所以这么早就提交报告，一是可以给政府部门及英国高级官员公署足够的时间来提出修改补充意见，提供其他帮助；二是为了能够在项目第四阶段里全身心地投入到项目巩固和工作移交中；还有就是因为在英国培训的市政官和财务人员已经回到了工作岗位，8个月的时间可以确保他们能够平稳实现工作交接，完全担负起市议会的各项工作重任，这是最主要的。

终结报告主要可以总结为两点：

- 项目开始阶段提出的政策开发，新系统和新流程的引入等目标都已基本实现。但是，新系统和新流程并不能保持一成不变，而是要不断地巩固和完善，实现其可持续应用。
- 项目的最薄弱环节在于缺少足够的时间对在职人员进行培训。

终结报告的第2章简述了项目的主要成绩，包括解决政策问题方面的成绩，市议会获得政策批准方面的成绩以及政策批准后实施方面的成绩等。还分析了人员培训的影响作用，认为很难判断公共产品是否得到了改善。还指出尽管职员的士气有了很大的提高，但是这仅仅是人力资源管理发展的必经阶段，只是万里长征的第一步。

某些市政官的即将离职可以看做是需要优先解决的另一个战略性问题，因此，这方面的问题也包含在了报告之中。此外，报告还涉及了为制度发展项目而开发的整体城市管理框架问题。报告中，还对市议会目前的状况作了评估和总结，认为市议会目前的状况（到1991年1月为止）"要比1989年的糟糕状况好了很多"，但是还存在三点不足之处：

- 制度建设中没有完成人员招聘、新技能开发以及流程巩固等方面的目标。
- 财务状况还是很差，一是由于市议会的债务人仍然不愿意偿还债务，二是政府继续以行政批准的方式代替缴费。
- 管理信息系统虽然比没有时好很多，但是与组织规模相比，信息系统还仅处于初级阶段。

最后一章分析了对市议会继续提供帮助的需要，评估了市政官角色，比较了外来市政官与当地职员在政治压力影响方面的不同。本章承认了在财务管理方面取得的成就，但是也指出财务系统仅仅是靠几个关键人才维持运转。本章还建议未来尽可能对市议会继续提供技术支持，第一个是来自ODA的支持，作为"市政官"项目的下一个项目，第二个是通过世界银行资助马拉维地方政府开发项目继续提供支持。这些建议一方面宣布本项目已经圆满结束，另一方面，也拉开了新项目开发的序幕。

总之，项目实施涉及了组织规划、系统与流程构建、人员招聘与培训等方面的内容。人员招聘与培训方面包含了对相应市政官的聘任和培训。制度发展过程中主要手段是执行权力的掌控，即由专家掌控市政官及执行人员的活动。同时，还辅以各种培训手段。第 8 章将对这个组织重构与组织强化案例的制度发展进行评价。

注　释

1. Malawi Government (1987) *Statement of development policies 1987–1996* (Zomba, Malawi: GOM).
2. Malawi Government (1986) *Lilongwe outline zoning scheme* (Lilongwe, Malawi: GOM).
3. Malawi Government (1987), op. cit., para 18.9.
4. Ibid., para 21.18.
5. R. Jones and M. Pendlebury (1988) *Public Sector Accounting* (London: Pitman).

第8章

组织强化绩效

本章尝试识别组织重构与组织强化案例中决定流程的影响因素，主要考虑三个方面的内容：

- 限制因素
- 其他因素
- 影响，可持续及工作移交

限制因素

制度发展项目中关于市政官聘任的文件都表示“希望市政官具有较强的执行能力”，这看起来好像希望聘任到在战略和具体事务执行方面具有决策能力的人才，但事实并非如此，地方政府部门的 1984 年 13 号文件中这样写道：

> 地方政府服务委员会负责所有的招聘和培训事务，包括人员调动、员工提拔等。市议会的各项管理工作都要向政府部门负责，日常的管理事务也要向政府部门负责。

这份文件表述得非常清楚，强调了项目实施的根本决策权在地方政府手中。

然而，地方政府服务委员会却成为影响项目效能的首要限制因素。招聘工作从 1989 年 5 月份就开始了，但进展十分缓慢。以组织与人力资源评估阶段的三个主要市政官的招聘情况为例，用了 10 个月的时间才聘任到相应的市政官和城市规划人员，用了 7 个月的时间才聘任到计算机管理人员。此外，所有人员的任命都必须有清楚明确的书面任命材料，否则不予批准。由于人员招聘工作没有时间限制，到组织与人力资源评估结束时，也没能解决这一阶段中提出的人员空缺问题。

地方政府部门是影响项目效能的第二个主要限制因素，举两个组织与人力资源评估阶段的案例来说明这个问题：

第一个案例，1989年3月市议会接到关于成立新清洁部门的政府指导性文件，当年4月份市议会就通过了成立清洁部门的提议，提议于5月份提交到了地方政府秘书处，6月份提交了关于成立新部门所需的财政预算报告，7月份预算报告获得批准。然而，1989年12月政府部门才下达批准成立新部门的通知，这比提交提议的时间足足滞后了7个月，这还是由于市议会在7月、8月和9月三次书信催促后才实现的，之后就开始了长长的招聘流程。第三级主要工作人员（清洁部门的三个行政助理）于1990年10月份才到任，比政府下达指导性文件的时间足足推迟了16个月。

第二个案例，组织与人力资源评估报告于1989年9月提交到了地方政府有关部门，原则上要在10月份召开部长项目监督会议，讨论报告中的提议是否可以通过。但是，政府到1990年8月才同意报告中关于设立新职位的提议，比报告提交的时间拖延了10个月。这种在制度建设项目中政府审批无时间限制的状况足足持续了30个月。

这样，就最终导致了各项决策的延迟。到1991年1月终结报告提交之日为止，还没有人参加在组织与人力资源评估阶段提出设立的新职位的应聘面试。如果短期紧急招聘问题没有得到解决，住房和城市规划方面的工作也不会取得突破性进展，这种状况是非常不正常的。因此只好在报告中这样写道："在项目结束之前，组织与人力资源评估阶段提出的空缺职位填补工作不可能完成，因为时间过得太快了。"

政府的监管环境对于项目的进展来说太重要了，它不仅可以制造或破坏一个合理的城市管理系统，也可以影响制度发展流程。分析可知，城市内部管理流程必须与它的监管环境相适应，这是必须贯穿于整个制度发展项目全过程的原则。

总之，项目中主要有两个限制因素影响市议会的工作，两个因素都与监管环境有关。第一，人员招聘工作通过独立的招聘委员会来完成，效率是非常低的；第二，上级政府与市议会的决策时间不统一，尤其涉及组织和相应人力资源问题方面更是如此。

其他因素

1989年4月（项目进行了四个月之后），市议会的委员们接到通知，通知中指出，市议会难以掌控局势，可能使情况进一步恶化，在制度建设规划实施以前，还有机会阻止局势的恶化。因此，在项目的第二年年底，项目按照既定的参考事项继续进行，但组织与人力资源方面的决策必须推迟。实际上，第二年（执行年）也并非简单意义上的项目实施，它需要有相关工作与之配合。因此，在没有相关工作配合执行的情况下，城市制度建设还有没有意义就成为大家普遍讨论的话题，即大家普遍关心城市制度建设是否应与环境变化（城市）相适应。

项目的参考事项仅仅是制度建设的一个框架而已，局限于这个框架而进行制度建设是行不通的，项目内容应该根据瞬息万变的环境重新作出调整，而非一成不变。因此，城市建设应该与市议会的政策和预算紧密联系在一起。制度建设也非简单意义上理解的那样（如保证财务良好运转即可），而是要求根据城市发展需求对城市管理框架重新界定，这不仅是项目建设的需求（如加强市议会的管理，加强财务管理等），也是整个城市发展的需求。

环境的重要性可以从两个层面理解：

第一，这是认识和构建城市建设流程的需要。只有这样才能保证基础设施和公共服务发挥应有的功效，最终，城市才可以为国家经济的发展作出贡献，而不是耗尽国家所有的经济资源。由于政府在参与城市发展建设过程中经常会出现失灵现象，而关注相关环境可以有效避免第三世界国家城市基础设施和公共服务供给缺失的问题。

第二，最初（项目开始最早时期）的设想是市议会没有城市建设的能力。预计人口数量以每年 6%的速度增长，那么到世纪之交人口将达到 50 万，假设以同样的人口增长速度，到 21 世纪的前十年里，人口将会翻一番。当大家对于市议会能否满足以这样的人口增长速度所产生的基础设施和公共服务的供给需求还存在着争论时，马拉维政府却不关心这些问题，将传统领域住房管理和城市规划的重任转交给了市议会，而市议会根本就没有这方面的战略规划，财政突然产生了赤字，影响了市议会其他工作的正常运转。

政府在城市建设中的重要性是不言自明的。城市经济能否健康发展，人民生活水平能否提高就取决于基础设施和公共服务的供给状况，而基础设施和公共服务供给则取决于地方政府管理能力和工作效率。从这个意义上来讲，整合基础设施、公共服务、组织、财务规划等各方面的因素，对于能否促进城市更好更快地发展是非常必要的。如果能够很好地整合城市各个管理系统，城市建设的成功就指日可待了。

所做的第一个尝试就是1990年5月为市议会、地方政府以及资助机构提供的一个连贯的城市和制度发展框架，即一个整合发展战略。同时，世界银行和联合国开发计划署(UNDP)也在为马拉维政府起草一个地方政府开发项目计划。战略是影响具体事务执行的一个重要因素，特别是它能将基础设施供给变为可能。因此，战略在某种程度上可以决定优先发展什么建设项目。第二版本战略于1990年11月份开始执行，它是同第二年的预算先后出台的，是在第一版战略(1990年5月的版本)的基础上作了一些技术上的改进。

整合发展战略融合了基础设施、服务供给规划、组织与财务规划等各方面要素，并将年度政策和财务循环也纳入其中。因此，战略涉及了市议会的外部因素(城市建设方面)、内部因素(制度建设方面)以及与市议会密切相关的计划流程因素(政策建设方面)。

从这个意义上讲，项目前两个阶段的制度建设实践涉及了市议会各方面的因素，并与发展环境(城市)保持同步联系。而且，基础设施和公共服务供给开发也与组织及财务开发相互整合。之后需要做的就是将政策、预算开发整合到年度规划循环中，这样就能保证实现对战略和预算的持续评估，这是最基本的要求。实现城市和制度发展规划循环，整合政策和预算规划之后，年度政策和预算循环就成为整合了基础设施、公共服务、组织和财务计划的完善城市管理系统。进而，整合发展战略就成为整个的城市管理中战略、规范和评估流程的中心环节。

流程的中心环节是在兼顾基础设施、公共服务供给(支持城市经济发展的基础条件)和组织、财务安排(确保市议会能够提供各项服务)的基础上而进行设计的。这是对于城市管理问题的深层次理解，是市议会需要努力实现的，是对传统制度发展理念的超越。在项目的第四阶段(巩固和工作移交阶段)，整合发展战略理念已被市议会广泛接受。

总之，制度发展的其他因素主要是指突破传统观念(像单纯以组织为中心的制度发展等)的局限，充分理解市议会与发展环境(城市)的关系，从整合发展战略角度思考城市发展问题。

影响、可持续及工作移交

项目第四阶段的主要任务是帮助相应人员(市政官和财务人员)顺利接管市议会的各项工作(目标18)，并巩固项目中开发的系统和流程(目标19)。

目标 18　相应人员已于 1991 年 1 月的第一个星期回到了自己的工作岗位上。这一阶段不再需要很多新的书面文件，但是需要提交一些已经同意提供的文件，如一份修改后的战略文件（为即将开展的世界银行项目谈判和基础设施供给提供指导）；一份升级版的管理手册（比第一版本有所改进）；一份全年度报告（操作绩效目标的拓展）；还需要提供一份离职总结报告。

相应市政官是通过逐步增加管理职责的渐进方式接管市议会各项工作的，这个移交过程几乎看不出来。在 1991 年复活节时，对市政官进行了严格的考验，停止对他的一切书信指导（以前每天有大量的书信指导）。他顺利通过了考验，从此以后，书信指导成为了例外事项，他逐渐成为了未来市政官的指导者。财务人员也是以这样的方式接管工作的，原先的财务人员于 1991 年 7 月离职，新的财务人员顺利地接管了相应的工作。

目标 19　将要离职的市政官在 1991 年 7 月份向地方政府秘书处提交了一份离职报告，比较了项目开始之初（1989 年 1 月）与项目结束之时（1991 年 7 月）市议会的状况，报告中也对"项目最终是否取得了成功"这个问题作了说明。

报告中总结了项目中的两个失败之处，一个是机场债务问题没有得到妥善解决，另一个是开发控制的接管工作没有完成。两个都是由政府决策的延迟造成的：在机场债务问题上，直到 1990 年 12 月份，市议会、中央政府部门以及机场方面才达成一致意见；在开发控制接管问题上，上级政府部门对市议会与中央政府专员共同提交的报告提议一直没有批准。

离职报告中认为"项目的成功与否取决于在项目两年半的时间里提出的建议是否真正被实施，系统与流程是否得到了巩固，流程是否能够可持续发展以及流程能否永存"。最重要的是在未来的实践中，是否有优秀的人才将工作继续开展下去。

1991 年 8 月，离职的市政官向地方政府秘书处提交了一份修改后的整合发展战略和管理手册，并将最初的操作绩效目标并入全年度报告中一起提交。每份资料的简介中都简述了其在城市管理流程中的角色，三份资料可以帮助市议会更好地管理各项事务：

> 第一份战略报告是今后市议会要努力实施的；第二份为市议会提供了具体的操作方法、战略实施办法等；第三份是市议会绩效评估的框架。尽管三份资料是单独出版的，但这构成了一个完整的体系，

代表着市议会城市管理流程中三个不同的方面，即政策开发、实施和评估。

整合发展战略吸收并提升了项目开发工作，于 1991 年 5 月提交给世界银行。管理手册是对政策和预算内容的提炼，是整合发展战略的准备和评估，而年度报告是一份新的材料，操作绩效标准已经完成并提交（目标 15）。通过整合发展战略构建的政策和城市发展流程，可以很清楚地看出任何操作绩效标准都是政策评估实践中的一部分，这些内容最终将全部纳入市议会的第一份年度报告当中。

到此为止，项目已经圆满结束，各项工作也已经移交到了当地职员手中。一般管理和财务管理系统及流程都已引入，并备案存档。管理信息系统也已成功建立，制度建设工作也按部就班地进行着。监管环境已经被证实是限制项目进程的主要因素，其他咨询工作也将展开（详见第五部分）。

总之，考虑到影响因素之后，制度发展的结果将会变得不同。制度发展是一个规划流程，是在基础设施供给、组织和财务开发方面的规划。由于对当地政府系统地继续支持，制度发展可以实现可持续发展，相关工作的移交情况也比较顺利。

注　释

1. Lilongwe City Council (1991): (a) *Annual report (draft)*, August; (b) *Integrated development strategy (3rd edition)*, August; (c) *Management manual*, August.

小结

第四部分分析了一个第三世界市议会的组织强化与组织重构的案例。第7章主要对项目的回顾。第8章主要是对制度发展的评价。具体如下：

项目开发

项目概述

项目概述是一个独立且封闭的流程。项目是英国政府直接按照马拉维政府的要求而开展的，并由英国政府代表与马拉维政府代表在利隆圭共同设计起草，期间没有利隆圭市政工作人员参与协商。实质上，项目是在政府的强力推动下开展的，开始的时候没有协商和讨论。

输出要求

项目中有许多具体的输出要求要实现，以上的项目输出要求是在与市政工作人员充分协商的基础上重新设计的，这主要是为了与他们的短期、中期战略及操作实际相一致。实质上就是确定了短期和中期输出要求。

项目实施

项目实施涉及了组织规划、系统与流程构建、人员招聘与培训等方面的内容，人员招聘与培训方面包含了对相应市政官的聘任和培训。制度发展过程中主要手段是执行权力的掌控，即由专家掌控市政官及执行人员的活动，同时，还辅以各种培训手段。本质上讲，制度发展主要的手段是执行权力的掌控。

制度发展评价

限制因素

项目中主要有两个限制因素影响市议会的工作，两个因素都与监管环境有关。第一，人员招聘工作通过独立的招聘委员会来完成，效率是非常低的；第二，上级政府与市议会的决策时间不统一，尤其涉及组织和相应人力资源问题方面更是如此。本质上讲，监管环境是项目进程的主要限制因素。

其他因素

制度发展的其他因素主要是指突破传统观念（像单纯以组织为中心的制度发展等）的局限，充分理解市议会与发展环境（城市）的关系，从整合发展战略角度思考城市发展问题。本质上，传统的制度建设观念需要扩展，应该理解组织与组织环境以及整个发展大环境的关系。

影响、可持续及工作移交

考虑到影响因素之后，制度发展的结果将会变得不同。制度发展是一个规划流程，是在基础设施供给、组织和财务开发方面的规划。由于对当地政府系统地继续支持，制度发展可以实现可持续发展，相关工作的移交情况也比较顺利。本质上，影响因素考虑到了，工作移交也实现了，要实现可持续发展还得继续提供技术支持。

对第四部分可以简单地作如下总结：

1. 项目是在政府的强力推动下开展的，开始的时候并没有协商和讨论。
2. 确定短期和中期输出要求。
3. 制度发展主要的手段是执行权力掌控。
4. 监管环境是项目进程的主要限制因素。
5. 传统的制度建设观念需要扩展，应该充分理解组织与组织环境以及整个发展大环境的关系。
6. 影响因素考虑到了，工作移交也实现了，要实现可持续发展还得继续提供技术支持。

本部分里，定位实施过程中的执行角色，识别监管环境中的限制因素，开发明确的组织与组织环境关系等问题需要特别注意。

第五部分

制度发展实践：规划能力

第五部分尝试探析制度发展过程中的两个重要方面的第二个。最后，将关注检验可持续的重要性。第9章主要关注一个关于政策和规划能力方面的项目开发案例。第10章主要是对这个案例的评价。小结部分主要确认这次实践的主要特征。

第9章

规划能力开发

本章尝试通过一个开发政策和规划能力的案例来分析城市管理功能,并将回顾项目的开发和实施情况,公共机构方面主要关注马拉维共和国的四个市议会,主要内容有:

- 项目概述
- 输出要求
- 项目实施

项目概述

应马拉维政府的要求,英国海外开发署同意委派一名城市管理咨询顾问到地方政府部门,这可以看做是前一个"市政官项目"的延续。目的是让咨询顾问向新任市政官们提供资源支持和技术协助,帮助他们解决管理市议会过程中遇到的难题,并积极应对各种挑战。本项目与前一个项目(第四部分有详细叙述)有所不同,它是在第一个项目完成的基础上设计的,比前一个项目的风险要小,也不需要太多的外部支持,它还是即将开始的"世界银行资助地方政府开发项目"(World Bank-funded Local Government Development Project)的技术组成部分。

项目的总体目标可以表述为"巩固移交给马拉维市政官(新培训的)的职权,提高他们的城市管理能力"。项目尤其希望逐渐培养四个市议会的政策规划能力。

具体来说,项目要求选定的四个市议会在前一个"市政官项目"和即将开展的"世界银行资助地方政府开发项目"的基础上,在制度和城市发展方面发挥主动性。项目要求为新市政官们提供具体的支持,要求必须建立绩效监测框架,要求市议会必须准备并升级他们每年(未来)的发展战略,必须提出政府部门在政策沟通协调方面的建议,以支持市议会的工作。

总之,项目概述是独立的,但仍然是必不可少的、封闭的流程。然而,项目概述的内容仅仅用在了项目的前四分之一部分(前六个月)。英国政府根据马拉维政府和世界银行的要求,将利隆圭的政策和规划经验带到了其他三个城市。项目是由世界银行、ODA 和马拉维政府共同起草设计的。他们通过协商并确定了项目的咨询顾问。

输出要求

在与马拉维各城市的市政官们充分协商之后,确定了项目(共两年)前六个月的具体输出要求,要求必须实现:

1. 在 ODA 的支持下和世界银行的建议下,识别各城市/自治区在具体机构开发和城市开发方面的主动性。
2. 重点解决由市政官离职而引起的具体难题。
3. 确认了上面(1)提到的问题之后,为制度发展和城市发展问题建立一个年度规划和评估循环体系,作为开发城市管理能力和世界银行项目中的改革与强化措施的框架。
4. 准备对各市议会的发展战略进行第一次评估。如果没有发展战略,必须确保每个市议会都制定出自己的首个发展战略。

在与马拉维政府部门协商之后,要求必须实现:

5. 考虑建立一个支持各个市议会工作的政府部门政策协调和工作监督框架。

总之,项目的前六个月有许多具体的输出要求需要完成。在这期间,咨询顾问与各市议会工作人员协商之后,必须制定出一个未来 18 个月的项目工作安排。经过努力,这项工作已经完成。

项目实施

第一阶段

到 1992 年 1 月的第一个星期为止,各市议会都从 ODA 资助的制度发展项目中获得了不同程度的益处。利隆圭和布兰太尔已经得到了 30

个月的支持，姆祖祖已经得到了 33 个月的支持。各市议会也都积极参与到世界银行的地方政府开发项目的设计中。在此期间，只有松巴市没有从 ODA 的机构强化项目中得到与其他城市同样的支持。

在政策和预算开发方面，利隆圭的城市基础设施和公共服务供给规划远远领先于其他城市，并且它还有清晰的组织和财务开发战略来支持规划实施。布兰太尔在规划基础设施和公共服务有效供给方面缺乏总体开发框架。不过，它还是拥有了清晰的组织和财务开发战略，可以满足当前发展的需要。姆祖祖在基础设施、公共服务、组织和财务开发方面仅有了初步的战略，需要将各种因素整合到发展战略之中。松巴市到目前为止还没有基础设施、公共服务、组织和财务方面的基本发展思路。

目标 1　对各市议会的基础设施和公共服务需求进行了评估，并将发展所必需的基础设施和公共服务列成清单。在基础设施干线方面，涉及公共卫生和普通应用两个方面的基本需求，包括用水供给、排水系统、公共卫生、能源以及道路等；在普通土地开发服务方面，主要涉及住房用地（传统住房除外）、商业用地以及工业用地方面的基础设施供给；在传统住房方面，需要加强基础设施的改造，需要改善现有的住房条件和优化住房环境；在城市开发方面，主要关注具体的建设项目（与基础设施供给不同，允许个人建设），如办公领域、工业领域建设等。利隆圭的有关图表可以直接从其整合发展战略中获得，而其他三个市议会没有相关数据和资料。因此，其他三个市议会的市政官和相关技术人员必须集中精力解决的第一项任务就是人口增长预测问题。分析结果显示出马拉维的城市部门首先遇到基础设施需求问题。

公共服务估算结果是有四个市议会仍然存在大量的制度建设问题。前一个“市政官”项目中，三个市议会通过自己的努力，各自聘用了一名当地市政官。在财务人员方面，除布兰太尔不得不聘用一位外地财务人员之外，其他三个市议会都聘用了当地的财务人员，不过松巴市的财务人员素质相对较差 。大家普遍认为需要改善传统住房领域的清洁服务水平和固体、液体垃圾管理系统，其中各城市住房存量的 80％都要做这方面的改善，这是在制度和设备方面的巨大任务。市政系统中的开发功能是最弱的环节，每个市议会都需要提高建设和维持能力，都希望发展城市规划能力。

为了帮助各城市部门应对基础设施和公共服务供给方面带来的挑战，城市管理咨询顾问于 1992 年 1 月提交了以上问题的分析报告，并将其作为项目的目标 1。当然,还需要确认各种具体问题,分析问题出现的原因,提出解决措施,并制作措施执行进度表等。这样,就可以将城市管理发展过程中的各种障碍凸现出来,即明确了政策、预算开发、基础设施和公共服务开发、组织与财务开发方面的障碍。通过以上分析可知,布兰太尔、姆祖祖和松巴市需要准备它们的第一个战略,而利隆圭则需要修改并完善其战略,这已经是它的第三个版本战略。这些战略中将提出基础设施和公共服务供给建议,组织与财务规划,并将说明在何种情况下提供什么样的基础设施和公共服务,如何提供这些设施和服务,如何保持供给的连续性等问题。

目标 2　目标 2 主要涉及新任市政官的绩效问题。基于年度政策、预算和委员会循环,各市议会内部都有许多具体的组织输出要求,当然还包财务和管理监控方面的工作要求。每位市政官的工作表现可以通过他们是否完成规定的工作任务来评价。具体工作任务包括:市议会的发展战略,预算和资金计划,外部审计工作,资金计划监控,收入预算监控,财务平衡以及员工水平提高等。

以上列举的工作任务清单比较简单,但这是市政官必须保证其市议会完成的任务,是地方政府基本的工作。如果市议会不能很好地完成以上工作任务,那么市政官们就会在开始的时候遇到障碍。此外,还有市政官自己的工作要求,例如,是否很好的执行?执行得好是个人能力的原因还是系统的原因?是否符合监管环境(地方政府部门)的要求?

利隆圭的新任市政官独立管理市议会是在 1991 年 8 月,由于拥有完善的政策和预算体系,因此他比其他三个城市的市政官拥有很大的优势。市议会的发展战略也已经改进到了第三版。到 1992 年 3 月 30 日为止,他已经准备好了一份战略评估报告,并准备好了预算和资金计划,三个星期后提交到了政府有关部门。但是他没能完全达到外部审计报告的要求,新聘用的计算机管理人员被其以前的公司挖走了,这使得计算机化计划陷入了困境(费用结算和工资支付已经实现了电算化,会计系统马上进入设计日程)。他还准备好了季度资金计划和预算监控报表,并准备好了常规财务平衡报表。人员状况也可以实现按季度报告。市政官承认市议会对他的第一份预算报告反应有点缓慢,但是,他对自己的工作成果还是比较满意的,他认为整个系统会良好地运转。

布兰太尔的市政官于 1992 年 1 月独立接管市议会的工作。他的优势是继承了已提交的 1992—1993 年度预算和资金计划。进而,在有关人员的技术支持下，他准备好了第一份市议会发展战略。并且他确信能够符合1991—1992年外部审计报告的要求。他主持了第一季度的资金计划和预算监控会议，并设计了市议会财务平衡循环。他还评估了市议会的人力资源情况。综合考虑组织输出要求和他到任的时间等因素，他面临的最大挑战就是如何制定一份高水准的市议会发展战略。他在各方面的支持下很快做出了成绩，那就是制定了第一版的市议会发展战略，及时地达到了要求。

姆祖祖的市政官于1991年12月独立掌管市议会的工作。他没有继承什么优势。但是，他却按时完成并向政府有关部门提交了预算和资金计划。在相关人员的支持下，也制定了第一份市议会发展战略。由于财务部的服务问题，他不能完全符合外部审计的要求。他主持了第一季度的资金计划和预算监控会议，设计了市议会的财务平衡循环，并且评估了市议会的人力资源状况。综合考虑组织输出要求和他在任的时间等因素，他面临的最大挑战是如何准备预算报告和第一份市议会发展战略。他表现得非常好，按时提交了这两份材料(分别于1月31日和4月30日提交)。他在准备战略的过程中很好地利用了各种技术支持，他曾经是一位合格的城市规划者，这是他的优势。

松巴的市政官是从利隆圭职员中(第三级的职员)转调过来的，于1992年2月到任。松巴市的状况非常糟糕，在市政官到英国培训期间(一年的时间)，需要有一位代理市政官主持系统的日常工作，保证整个系统的正常运转。由于ODA没有在松巴市开展市政官项目，所以对于代理市政官来说没有任何技术支持方面的优势。因此，决定在项目开始之前，由城市管理咨询顾问对松巴进行简单的分析。第一个成果是关于松巴市议会的组织与财务方面的分析，分析结果于1991年12月提交给了政府部门，并在人力资源和财务战略方面提出了许多建议；第二个成果是关于市议会预算重构、资金计划和财务战略方面的分析，分析结果于1992年1月31日提交到了政府部门；最后，代理市政官在相关人员的支持下制定了市议会的首个发展战略。在制定战略的过程中，他很幸运，因为得到了美国和平队(US Peace Corps)志愿者们的大力支持。他大量吸纳各方面的技术支持，这是他能够按时制定松巴首个发展战略的原因。由于缺少工作人员的支持，代理市政官的工作一度陷入艰难困境，但最后对他的工作还给予了很多赞扬和肯定。在英国培训的市政官回国之后，市议会请求将代理市政官留下继续工作，这个请求获得了政府部门的批准。

目标3 目标3主要涉及城市管理绩效评估框架的准备工作，主要包括两个具体的目标：

目标5 建议政府部门在政策和执行方面协调一致以支持四个市议会的工作；

目标3 建议建立年度规划和评估循环系统，并将其作为城市管理绩效框架的一部分。

当从系统整体的角度来看，两个目标可以很好地融合在一起，共同构成整个城市管理的绩效框架。

这个框架可以分为四个部分，第一部分是市议会的年度规划和评估循环系统，这是城市管理系统的基础部分；第二部分是需要建立一个协调政府部门活动的框架，以支持各市议会的工作；第三部分是追踪所有城市和制度发展方面的建议，看这些建议进入主流系统之后是否按照流程实施了；第四部分是需要制定评估各市议会绩效的明确标准。最后还需要对各市议会制定的绩效标准进行对比。

到1992年4月份为止，各市议会都有了明确的年度政策和预算循环，这些循环都包含在了各市议会的发展战略之中。年度循环实质上可以分为前后两部分内容，每个财政年的前半部分主要涉及发展（战略）和财务（预算）绩效评估，还包括明确下一年的战略和预算等问题；财政年后半部分主要是准备和提交下一年的战略及预算。从逻辑上讲，任何政府部门对市议会的支持和政策协调框架都需要与市议会的年度规划循环相一致。政府部门同意每年召开两次发展进程会议，第一次会议（在6月初召开），将评估各市议会前一年的绩效情况，并将确认来年的战略和预算问题；第二次会议（在10月初召开），主要是对涉及发展问题的城市项目或制度建议进行必要的成本核算，并将其作为来年的战略和预算草案的一部分。会议将确定政府部门协助处理各市议会具体问题的日程，而且，市议会与政府部门可以在会议上就问题解决方案的可行性等内容进行协商，这在以前是没有过的。之后就是解决公共产品输出框架和市议会绩效评估标准等问题了。

在公共产品分析的第一个层面上，需要看城市和制度发展方面的建议是否切实执行了。绩效因此涉及“规划是否制定并提交”或者“财政是否健康运行”等问题。这些是很简单的，但却是最基本的问题，也是在实施中经常出现问题的地方。之后需要对各市议会最初的城市和制度发展公共物品清单进行提炼，将其作为城市部门发展报告的一部分提交给有关部门。只有这样，公共物品问题才能进入各市议会的操作系统（进入预算）。在公共物品分析的第二个层面上，主要涉及各市议会资金开发和公共服务供给的绩效问题。例如，资金项目（如新市场）和公共服务（如初级卫生医疗服务）是否符合明确的绩效标准等问题。在这一阶段（1992 年 4 月），要求所有的市议会都开发自己的操作绩效标准确实有点早，因为只有利隆圭拥有自己的绩效标准（其绩效标准已经纳入年度报告草案中），其他城市的绩效标准预计在 1992 年 10 月份才能制定完成。

在城市管理绩效框架中，仅剩下对各市议会开发的绩效评估标准进行比较了。评价标准可以从七个方面来看：开发方面主要涉及各城市的基础设施资金投入；经贸方面主要涉及商业效率和市议会的商业税收；运行成本方面可以从不同的视角进行对比；人力资源及职位空缺方面，各城市的情况都一目了然；基本医疗方面主要关注各市议会的财政投入；后勤方面主要涉及各城市的交通（运输）和信息化（计算机）应用问题；绩效监测方面主要涉及实际成本和投入数量等。对比过程中核算了每单位人口的成本和投入数量，并将对比报告提交给了上级部门。其中也有很多有意思的分析结果，利隆圭拥有最大的基础设施资金投入，姆祖祖的基础设施投入与其人口数量有密切关系，而松巴的基础设施投入却与年收入有关。姆祖祖和松巴的每位职员对应着更多的人口（与其他两个城市相比）。分析结果显示了许多问题，这种分析方法也是以前政府部门从来没有采用过的。

目标 4　目标 4 主要涉及各市议会发展战略的准备工作，或者是对于已有的战略进行评估。到 4 月 30 日为止，每个市议会都有了自己的第一个战略，而利隆圭市议会已经完成了对其第三版本战略的第一次评估，其他三个市议会的新战略吸收了先前提交的城市和制度发展问题报告中的许多内容（目标 1）。第一个发展战略在年度报告期间出台了，这对各市议会学习如何准备文件是非常重要的。下一版的战略在 1992 年 12 月前出台，这个战略会与各市议会的年度政策和预算循环以及政府部门的政策支持系统相一致，还会包含许多其他层面的分析。每个城市的基础设施总需求都会包含在了战略之中，并将有各个项目的界定，成本问题等内容。但是，住房（尤其是传统住房）的总需求（总成本）是由人口增长情况决定的，有待以后计算。

同时，战略也受到了现有或潜在规划的限制。为了实现封闭循环分析，巨大的短缺问题需要计算清楚。而且，每个战略中必须详细分析各市议会的支付能力问题。事实上，尽管通过扩大收费等手段摆脱了完全依靠政府拨款的局面，但各市议会在很大程度上还是需要依赖中央政府的。在下一版各市议会的战略中，对这些问题还会有更进一步的分析。

随着第一阶段主要目标的实现，接下来需要与四位市政官讨论项目未来 18 个月的工作安排问题。最后的意见是任务安排受到城市管理流程控制的，并尝试引进一个组织行为系统，这个系统可以帮助市议会应对快速发展的城市。流程控制是项目中各个建议（涉及各市议会和城市两方面）能否得到切实执行的保障，如果这些建议没有得到执行（尽管实际开发了），流程也就没有什么意义。因此项目设计如下：

第一阶段(1991 年 11 月—1992 年 4 月)
初始开发框架

- 松巴：初始评估
- 松巴：预算战略

1. 利隆圭、布兰太尔、姆祖祖、松巴问题报告
2. 市政官的进展情况
3. 城市管理框架
4. 发展战略

第二阶段(1992 年 5 月—10 月)
其他政策分析

5. 发展进程报告
6. 发展战略
7. 市政官的进展情况
8. 操作绩效标准
9. 住房需求评估
10. 基础设施/财政不足
11. 政府部门对各市议会的支持

第三阶段(1992 年 11 月—1993 年 4 月)
绩效评估

12. 开发绩效
13. 操作绩效
14. 支持绩效

第四阶段(1993 年 5 月—10 月)

巩固及工作移交

15. 终结报告。

项目目标 2—4 的各项活动的分析报告于 1992 年 4 月提交到了地方政府部门、ODA 和世界银行。

报告中将项目第一阶段的工作总结如下：在前一个“市政官”项目中聘任并培训的三个市政官不仅仍在职位上工作，而且有成为优秀城市首席执行人员的潜力。此外，松巴的代理市政官(在本项目第一阶段中)在极其困难的情况下，依靠坚韧的意志和决心，以及在相关人员的帮助下，使松巴市的状况有了很大转变。四个市议会都提交了下一个财政年预算报告，并获得批准。这比 1989 年第一个项目时有了很大的进步，那时没有一个市议会能做到这一点。每个市议会都有了自己的发展战略，可以通过战略来管理城市(基础设施和公共服务供给)，并进行制度发展(组织和财务)。而且还有了各个城市管理的绩效评估框架，各市议会和政府部门也就有了对绝对绩效和相对绩效进行量化评估的参考依据。框架中还包含了政府支持系统以及政府与各市议会政策协调会议系统。项目的第一阶段可以说是非常成功的，尤其是在政策开发和战略思考方面。

第二阶段

目标 5　发展进程主要涉及各市议会开发绩效框架的理解和制定方面。这个框架要求各市议会(与上级部门)按照进程、协调一致，共同监测各项开发工作。框架主要关注的是各市议会的发展战略(有的市议会已经准备好，有的则是对以前的战略的修改)，而各市议会的战略主要关注的是基础设施、公共服务、组织以及财务开发问题。输出要求是各市议会的开发绩效框架和技术分析，影响是各市议会的市政官将这些分析结果纳入到发展进程的例行性评估当中。

目标 6　各市议会的第一版发展战略(利隆圭是对战略的第一次评估)都被录入到了各自的第一份进程报告当中。由此，就可以不断对发展战略进行评估和升级，并不断吸收其他的技术分析(具体如下)。在评估和准备循环中，正式将地方政府部门纳入流程，在 6 月初召开了第一次评估会议，并在 10 月初召开了第一次规划会议。输出要求是帮助各市政官将涉及未来城市发展方面的各种技术分析方法消化吸收，同时也涉及对各市议会发展战略的修改。对上级政府部门来说,这是他们第一次通过评估和规划会议指导各市政官的工作。影响是地方政府部门在发展战略修改过程中做出了许多贡献。

目标 7 各市政官是在城市管理框架中的各种技术因素指导下工作,也受到操作绩效标准的影响。输出要求是影响市政官的四种主要技术因素,它们分别是各城市和市议会的开发绩效框架,操作绩效框架,住房需求评估以及基础设施缺失与财政不足分析。短期影响是将这些工作纳入到他们修改的发展战略之中,长期影响是看市政官们能否重新进行技术分析并将技术分析方法用于下一版本的战略中去。在此期间,各市政官还是需要依赖城市管理咨询顾问的。

目标 8 主要为各市议会构思和构建操作绩效标准。标准采用了利隆圭市议会先前的绩效标准的模式。输出要求是引导各市议会就绩效标准的技术问题进行讨论。影响是所有的市政官都接受了这个模式的绩效标准。实际上,各市议会的操作绩效标准大致相似。

目标 9 住房需求评估主要涉及构建一个城市人口增长以及由人口增长引起的住房用地需求增加的评估框架,是各市议会战略中的技术性工作。输出要求是各市议会进行技术分析并构建评估框架。影响是将各种技术分析纳入到各市议会的发展战略当中。这项工作不能被低估,因为最初的发展战略(包括利隆圭的)只是凭感觉、经验设计的,对需求没有经过认真、精确的分析。由于各市议会拥有一定的管理能力,加上拥有 80%的传统住房存量,才没有出现大的问题。但未来的情况很难预料。只有经过认真、精确的分析,才能提高市议会的能力,巩固系统,优化流程,更好的满足城市日益增长的土地服务需求。

目标 10 各城市的基础设施需求和财务状况都包含在了各市议会的发展战略当中。需要做的是对信息进行分类归纳,以便进行内部分析和外部对比,这也是住房需求评估之后必须要做的工作。输出要求是对每个城市和市议会的基础设施需求以及财政不足状况作出技术分析。影响是将这些技术分析纳入各市议会的发展战略之中。同样,这些工作也是不容忽视的,它在最初的城市和市议会的发展问题报告中都间接提到过(目标 1)。

目标 11 各市议会的城市管理绩效受到政策和监管环境的影响。在本案例中，主要受到地方政府部门（Ministry of Local Government—MLG）的影响。这些影响涉及具体建议（需要 MLG 的批准）的决策速度，以及与其他政府部门（需要 MLG 代表市议会利益）就发展问题的谈判进程，还有提供技术支持的进程（需要 MLG 在世界银行资助地方政府开发项目中发挥积极的作用）。本目标的具体技术要求是为地方政府部门制定一个绩效框架。影响就是实现地方政府部门的工作具体化、固定化和程序化，更好地支持各市议会的城市和制度发展。项目中识别出两个主要限制因素。

在项目开始的时候，地方政府部门要求城市管理咨询顾问呈交一份关于松巴市议会所面临制度（组织与财务状况）难题的分析报告。报告提交于 1991 年 12 月，顾问在通过常规访问之后于 1992 年 9 月又提交了一份总结性评估报告，但报告中的建议仅执行了 40%。三个新的主要职位依然没有批准设立，作为各市议会发展战略一部分的关于人力资源方面的建议，竟然还没有开始考虑。

在第一次政府部门评估会议上（以支持各市议会开发主动性），会议研究认为中央政府应该资助城市新交通干线和土地开发服务。地方政府竟然没有把这些问题上报，也没有就这些问题要求与政府的土地与评估部门进行沟通，结果导致基础设施的建设工作严重滞后。

项目第二阶段的分析报告于 1992 年 10 月提交到了地方政府部门、ODA 以及世界银行。对第二阶段的工作总结如下：前一个项目中聘任和培训的三名市政官仍然在任。他们在不断提高自己的技能，并积极适应城市管理中出现的许多不稳定因素，包括来自政治方面（市政委员们）的和技术方面（文职人员）的。松巴自治市市政官的素质相对较差，这是由于他没有从前一个 ODA 的项目获得培训，不过目前正在对他进行单独的培训。四个市议会都建立了年度规划和评估循环系统，并整合了他们的政策和预算规划系统。四个市议会都拥有了自己的发展战略，战略整合了基础设施、公共服务、组织与财务规划等要素。目前他们正在利用其他技术分析（上面提到的）对战略进行改进和升级。四个市议会都为城市管理流程而建立了适合的协调和监控系统，并为城市管理流程制定了市议会开发框架、操作绩效框架以及地方政府部门开发绩效框架（以支持各市议会）。最后，还涉及城市管理咨询顾问离职以后已建立的城市管理流程的可持续发展问题，关于这个问题将在第 10 章进行讨论。

项目的第二阶段结束了，这一阶段的工作还也是比较成功的，尤其是涉及其他政策分析，绩效评估标准和地方政府部门政策支持与协调系统方面。

第三阶段

第三阶段主要是对已建立的城市管理系统的绩效评估。从项目第一和第二阶段的分析来看，城市管理绩效可以从三个独立的方面来理解，那就是开发绩效、操作绩效和支持绩效。

目标 12　在城市方面，开发绩效主要涉及项目最初提出建议到建议开始实施之前的所有事项。在制度方面，主要是指涉及建议应用于新组织结构或流程之中的所有相关事项。在两个案例之中，只有在开发之后，项目或建议才进入实施阶段。开发绩效方面主要有三个领域，即涉及政策开发、城市开发和制度开发。各组成部分在开发绩效中的总计得分比例是（百分制）：

- 政策　　100 分
- 城市　　32 分
- 制度　　66 分

政策开发涉及的活动和流程主要是关于各市议会的发展战略和预算方面，所有的市议会做得都很好，100%完成。他们都在 4 月份就（作为初始评估）准备好了各自的战略，到圣诞节之前巩固了各自的年度战略。他们的预算也实现了常规监控（至少按季度），他们的新预算已经在法定期限内提交了。

城市开发主要涉及所有的基础设施和公共服务建议对各城市的直接影响方面，特别是涉及基础设施干线、土地供应服务（非传统领域），以及传统住房领域的土地服务和土地升级，以及具体城市项目等方面。但是各市议会在这些方面的平均表现只有可怜的 32 分，两个较大市议会平均得分比例是 45 分（差），另外两个较小的市议会只有 22 分（极差），不过造成这种结果也是情有可原的。第一，各市议会仅仅是简单意义上的开始培养城市开发能力（包括从马拉维房产公司接管的传统住房领域的管理）；第二，他们整体的工程方面的能力非常弱（但是通过努力还是控制了局面）；最后，由于发展战略尝试整合开发流程中的各种机构，但是几乎一半的资助机构完全是外部的，不受他们的控制。关于各市议会面临着巨大的任务，简单作如下解释：

- 需要为获得基础设施建设资金而努力，吸引城市开发中私人部门的投资。
- 尝试说服半国营机构和中央政府资助其进行基础设施建设。

制度开发主要涉及加强各城市现有公共服务和开发新公共服务的具体措施。各市议会的平均得分比例是66分(中等)。最终只有两个项目得到认可并进入地方政府开发项目，从而使各市议会直接获益。一个是专家继续支持项目，以此来改进系统和流程；另一个是建立城市规划和住房管理服务(接管中央政府的城市规划职责，接管马拉维房产公司的传统住房领域管理职责)，主要是为了与政府的国家发展政策相一致。

总之，每个市议会的开发规划系统和他们的资料准备都已到位。但各项建议的实施还是有点缓慢(不可避免)。地方政府开发项目(LGDP)强调加强地方政府部门(MLG)的技术能力，以更好地支持各市议会的工作，这种做法也有助于加强各市议会开发和实施的能力。不过，各市议会也应该注意加强自己的项目开发、项目实施以及财务能力。地方政府部门首次参与到各市议会发展战略的准备和评估工作当中，并在技术和流程方面作出了自己的贡献，这是地方政府开发项目所主要关注的。

目标13　操作绩效方面也涉及三个领域，它们是财务(输入)、效率(输出)、效能(影响)。它们各自的总计得分(百分制)是：

- 财务　　45分
- 效率　　69分
- 效能　　63分

财务评估涉及一个基本的变化分析——比较年终实际支出与年度预算的变化。各市议会的平均得分是45分(差)，所有的市议会得分在50分左右，除了布兰太尔，它仅仅得了28分，这是由于它的1993—1994年财政预算(包括修改后的1992—1993年数据)与实际差距太大。如果布兰太尔稍稍有所改进，那么评比得分会由差变为中等。

效率方面主要是测评各市议会的部门项目(或任务)，部门项目测评是有明确而量化的绩效目标作参考的，具体测试的是各部门的操作输出情况。各市议会的平均得分是69分(中等)，差一分就可以进入良好档次了，这是非常令人鼓舞的。而且，姆祖祖在这一环节的得分达到了惊人的80分。

效能方面也是测评各市议会的部门项目(或任务)，也有明确而量化的绩效目标可以参考，具体测试各部门操作输出的影响。各市议会的平均得分是 63 分（中等），利隆圭的得分稍微令人感到遗憾，只得了 58 分，而其他城市的得分基本都超过了 60 分。得分低是由于利隆圭市议会资金计划运转不灵，主要原因还是因为缺乏资金。

总之，系统的操作达到了中等水平，在传统操作管理实践领域还有待提高和改进，不过这在城市管理流程中可以算是表现最好的一环了。

目标 14　支持绩效方面主要涉及在地方政府系统下的运行环境。本案例中主要涉及地方政府部门的法律和政策环境因素。绩效方面主要包括三方面的要素，它们是一般政策评估和研究、一般发展问题（与所有的市议会共同解决）以及具体建议（本案例中，主要涉及松巴市），得分情况如下（百分制）：

- 政策　　22 分
- 问题　　34 分
- 松巴　　63 分

政策方面主要涉及世界银行资助地方政府开发项目的所有事项，这个项目给各市议会带来了很大的压力。需要有必要的政策评估（如相关法律的评估），这样可以改进各地方政权运行的法律环境。这方面得分比例仅为 22%（极差），其中原因之一是银行贷款延迟（从 1992 年 10 月到 1993 年 1 月），结果还导致其他管理活动进展也比较缓慢。ODA 也要对得这么低的分数负责，因为他们没有为第二阶段地方政府法律评估提供必要的资金支持。

发展问题涉及市议会的各个方面，其中对各市议会最直接的影响因素就是地方政府部门。例如他们没有明确各市议会在构建基础设施干线方面的职责。这方面的得分仅有 33 分，因为当涉及城市部门时，政府的行动就变得太迟缓了。

在项目开始的时候，政府部门要求对松巴市议会的状况做一个快速而又简单的评估，这是因为前一个 ODA 的制度发展项目没有在松巴市开展。评估中提出了许多关于组织以及与之相关的建议。这方面的得分是 63 分（中等水平，但是足以令人鼓舞）。得到这么高分数的首要原因是政府同意提高市议会职员的工资（这在绩效评分标准中占了相当高的比重）。

总之，各市议会的开发情况是不同的，发展进程也相对缓慢。不过在松巴的案例当中，总体方向还是正确的（如松巴的工资调整等）。

在本项目中，城市管理可以看做是一个三方面活动相关的流程，这三方面包括开发、操作以及地方政府系统的支持。在本案例当中，主要关注的是四个市议会，他们在各方面的总计得分（百分制）是：

- 开发　41 分
- 操作　59 分
- 支持　31 分

总结整体绩效评估，城市管理系统的整体绩效得分处于中等水平。理想情况是各市议会得分都很高，目标是将得分全部提高到 69 分以上，这还有很长的路要走。其中表现最好的是各市议会的政策开发，而最差的则是地方政府部门的政策支持。所有的这些得分情况将录入各市议会单独的评估表格之中。

系统能力开发受到各市议会技术和财务问题的制约。同时，一些支持机构的不作为现象非常严重。如中央政府土地与评估价部门，他们在非传统住房领域的服务非常差。

系统的财务运作仍然比较差，还需要加强改进，而系统的效率方面的得分还是比较高的。不过，在量化绩效目标作为参考的情况下，这样的得分也可能会掩盖对各市议会绩效的不合理评价。考虑到目前的技术状况、法律环境以及财务限制因素，效能方面的得分还是有点低。

系统的支持机制是最差的，它严重阻碍了项目进展。政府部门在支持各市议会的决策方面应该提高效率。

两个较大城市得分处于中等水平，是因为它们的相关开发绩效方面做得比较好。两个较小城市得分处于差等靠上部分，是因为他们的操作绩效比较好，但在开发绩效方面做得很差。

这是第一次对城市管理系统进行全面的量化测试。结果显示各市议会在开发绩效和支持绩效方面比较差，不过令人吃惊的是操作绩效还算合理。但是，系统仍然需要不断改进，各市议会都至少需要达到 70 分的得分。

第三阶段的分析报告于 1993 年 4 月提交到了地方政府部门、ODA 以及世界银行。除了分析项目进程中四个主要方面之外，还特别提到了市政官的开发技能提高，以及面对压力和复杂的财务环境变得越来越成熟等问题。报告中的总结如下：

> 市政官引导各市议会吸收前面的成果（不是预算方面的），提高工资和薪金水平……在不增加任何城市收费的前提下，主要是通过

节省日常开支等方式提高劳动力成本。在没有动用地方政府财务系统支持的前提下，经过各自的努力，使得各市议会 1993—1994 年的财政资金都比较充足。

第四阶段

目标 15 现在就只有终结报告没有完成了，报告于 1993 年 8 月提交。报告建议对各市议会做一个真实的测试，以比较各市议会在项目开始之前与项目结束之后的变化情况，这个建议具有非常重要的意义。

在城市管理流程的开发、城市管理流程的转移和相关技术支持以及需求（发展战略）方面的输出要求都已经实现，就像报告中论述的那样："现在要做的就是每年进行评估和更新"。

在市政官能力提高方面，他们的政策和预算循环以及与上级政府的政策协调等输出要求也都已实现——"影响是很明显的"。

城市管理系统绩效（就是已建立的城市管理流程的成果）总得分是 50 分，处于中等水平。表现最好的是政策开发方面（非常好），最差的是在将发展战略转化为基础设施供给时的技术和财务能力方面（差）。

对各市议会绩效负面影响最大的是监管环境。这些问题在世界银行的地方政府开发项目中，通过一系列政策评估研究和在相关技术支持下逐渐暴露出来。

第 10 章将评估可持续性方面的问题。

第四份进程报告于 1993 年 11 月提交，并作为项目的小结报告。它对项目参考事项的四个方面作了分析：年度规划和评估循环、发展战略、协调和监控、市政官。对前三个方面的分析认为"不需要采取进一步的行动"。在第四个方面，建议 ODA 考虑支持"未来市政官的连续战略"。三年之后，在英国受训过的马拉维市政官们表现出要求接受挑战的强烈愿望。

在经历了第二年的不稳定状态和解决了 1992 年工资事件之后，"马拉维的市政官开始变得成熟起来"。

总之，项目实施主要关注政策分析、规划材料准备以及技能转移等内容。这一阶段制度发展主要的手段是咨询支持，即专家驻扎在监管部门，定期走访各市议会的相关部门。第 10 章将对这个政策和规划能力案例进行评价。

第10章

规划能力绩效

本章尝试识别政策和规划能力开发案例中流程的影响因素，主要从三个方面考虑：

- 限制因素
- 其他因素
- 影响、可持续性及巩固

限制因素

以上分析显示，主要有两个限制因素影响项目的进程。第一因素是地方政府部门在代表各市议会就当前问题与其他政府部门进行协商解决方面的工作不到位；第二个因素是地方政府部门对于一些建议的决策无限制推迟，有的决策竟然推迟了一年多。不过到项目结束时，各项进程都取得了巨大进步。首先，让各市政官都感到非常困难的问题（缺乏政府部门的支持，尤其缺乏在城市建设流程方面的支持），通过城市管理系统，在1993年7月的政策和协调（评估）会议上进行了强调。然后，地方政府部门通过这样的会议与其他部门共同致力于下面问题的解决：第一，传统和一般发展方面的土地开发问题；第二，城市道路干线网络基础设施的供给问题；第三，正式的移交（前面是非正式移交）地方规划和开发控制流程。每个问题都尝试要求中央政府向地方部门分权（本案例中，是在城市建设流程中），但是每个问题中都可以很明显地看出变革中的机构阻力以及中央政府不愿意将权力和资源下放到地方政府。

在第二个限制因素方面，关于松巴自治区市议会的决策过程中出现了一些问题。第一个是职员薪资提高方面（允许市议会与当地劳动力市场进行人才竞争）；第二个是批准设立三个新的职位（四个部门中的两个——能源和卫生/清洁部门没有首席执行官职位，三个部门中没有计算机操作人员职位)方面。

总之,项目中有两个主要限制因素,一个是监管部门不能通过与相关政府部门沟通而更好地为各市议会提供支持,并促进城市和制度发展;第二个是关于组织和人力资源方面的问题不能快速而有效地决策。

其他因素

项目过程中有两个其他的输出要求,一个是城市管理手册的制定,另一个是城市基础设施方面的报告。

在第二份项目进展报告中强调各市政官"是完成这项任务的主要参与者",并认为不论是相应市政官还是ODA相关人员都缺少相应监管部门的支持。报告还强调理想的状态下各市政官都能够自己制定与他们的年度规划和评估循环相一致的战略和评估报告,而政府部门只在合适的时机才出面参与(并且尽量少地参与)。但是,必须构建一个地方政府在紧急状况下提供支持的应急机制。因此,经过协商决定制定一个城市管理手册。

城市管理手册将涉及其本身及流程要与年度规划和评估循环相一致。它将确认并描述出各项主要工作,提供一个工作时间表,以及给出完成任务的最短时间和最长时间限制。管理手册对各市议会(加强现有系统分析能力和流程改进)以及政府部门都会有积极作用。管理手册中强调了政府部门在项目流程中的支持角色应该得到重视,并希望通过合理的方式(a)加强各市政官的技术能力和(b)强化地方政府部门的支持角色。管理手册的第一份草案将包含在第三份项目进展报告的附件之中。

第三份进展报告希望在项目结束之前能够作出一份关于城市基础设施供给基金方面的政策分析报告,这将是一个非常重要的其他因素技术分析。它不仅包括了对基础设施需求(结构)的分析,还涉及了城市紧急基础设施供给缺失的后果分析。如果这个分析报告能够顺利完成,那么以发展战略(输出和支付)为开始,以项目实施(影响和结果)为结束的分析循环也将完成。分析报告将附在项目结束报告之中,主要包括战略、计划、预算和结果的开发,即SPBC分析。

战略(S)是建筑(住房、商店、办公室、工厂)方面的基础设施供给的基本前提或上层建筑,计划(P)是将战略转化为具体的投资进度表,预算(B)是战略实施的资金保障,结果预期(C1)表示战略实施的理想结果,因此形成SPBC1分析。

每个市议会可能实施的计划都被核算出来(SPBC2)，这些计划都是由于以前基础设施供给计划积压的结果(C2)。例如在住房土地服务方面，公共用地的住房存量问题持续积压，导致只能解决存量住房方面的基础设施供给问题，这是城市管理系统中一个比较严重的问题。

很显然，两个其他方面也需要提供技术支持。第一个问题要求确保各市议会的战略与预算之间保持紧密联系。第二个问题强调城市公共用地与基础设施供给不足方面的联系。剩下的问题就是评估是否任何工作都具有实践影响，以及能否可持续。

总之，项目中有两个其他方面的输出要求，一个是要求准备一份城市管理手册以加强(a) 执行人员的技术能力和(b) 政府部门的支持角色；第二个是要求准备一份基础设施供给需求方面的分析报告，报告中还需要对基础设施供给缺失的后果进行分析。

影响、可持续及巩固

项目主要分析了四个市议会在构建城市管理系统过程中遇到的挑战，市议会的新城市管理手册中这样描述：

> 城市管理是提供和维持城市基础设施和公共服务的规划，以及确保(各城市)市议会的组织和财务能够正常运行的流程。因此，市议会主要是涉及城市和制度发展方面的工作。

项目中明确的资料是各市议会的发展战略和他们的绩效评估(后一份材料纳入了他们的第一份年度报告之中)。现在进入了新城市管理系统是否可持续的测试研究阶段。

四个市政官共同强调这样一个问题：“城市管理系统是否可持续”。这个问题涉及了项目参考事项中的四个组成部分：市政官，年度规划循环，发展战略，协调与监管。对于每个组成部分来说，都需要考虑很多方面。

市政官的可持续评估涉及三个方面的管理活动。第一，市政官的提供咨询方面(智力、方法和耐心方面的需求)；第二，人员沟通能力方面(和善、幽默和计谋方面的需求)；第三，人力资源管理方面(人力资源管理技能开发需求)。市政官的最低要求是一样的，看他们能否利用不同管理技能来领导市议会，能否可持续并尽可能自我发展？在这方面的得分比例都很高，得到了 95 分，各市议会在这方面都信心十足。

年度规划和评估循环方面的可持续评估涉及四个方面的管理活动。第一，确保战略和预算评估流程；第二，确保年度报告的准备；第三，确保战略和预算评估的准备；第四，确保战略和预算资料的准备。这方面的最低要求是都是一样的，即能否利用各种管理技能保证促进管理流程的发展，能否可持续和自我发展？这方面的得分也很高，达到了 91 分。各市议会的得分上下浮动在 10 分之内，有两个城市得分是优秀，另外两个是良好，最低得分是 85 分。

发展战略方面的可持续发展评估主要涉及六项技术活动。前三项是关于战略方面的，即人口增长与住房需求/供给分析；战略、计划、预算以及结果分析(SPBC)，如规划和可能出现的结果等；最后是与市议会资源相关的战略财务分析。后三项是关于开发绩效评估、操作绩效评估和绩效比较方面的。在这方面的最低要求是一样的，即能否利用各种技术分析完成发展战略和年度评估报告的准备工作，能否可持续和自我发展？这方面的得分也比较高，平均得分达到了 90 分，各市议会的得分上下浮动在 15 分之内，有两个城市得分是优秀，另外两个是良好，最低得分是 82 分。

前三个方面是关于市议会直接职能方面的，通过或由各市政官执行，而最后一个是关于政府部门支持方面的。协调和监控系统的可持续评估主要涉及两方面的活动。一个是支持绩效评估(技术方面的)；另一个是政府部门主持的评估和规划会议(管理方面的)。在这方面的最低要求也是一样的，即看能否利用一切技术和管理努力实现政策实施和协调流程的可持续和自我发展？这方面的得分比较低，只有 30 分。

这些数值得分是从各市议会各自的评估报表中得到的，最后计算出平均得分，即上面看到的得分。各市政官都对于他们自己单独掌管市议会非常有信心，认为他们能够实现可持续，并能发展自己的能力。他们在年度规划和评估循环方面也信心十足，但在准备发展战略的技术分析方面略显信心不足，不过假以时日，他们也会做得很好。信心最不足的就是在政府部门支持方面。工作人员在项目结束前制定出了城市管理手册。

可持续方面的最终综合得分是 87 分(良好)，在这种环境下，能够达到良好的水平，已经很令人鼓舞了。但是，也不能忘记新的城市管理流程中还有很多操作和技术限制因素，这些问题在整个地方政府系统中也存在。不管现在市政官和他们的城市管理流程表现得多么好，在监管环境和技术方面还是存在一些缺陷的，这些问题必须要解决。城市管理流程为各市议会提供了一个动态和整合的政策框架，这个框架需要有其他方面（其他方面涉及城市管理系统的监管环境）的支持，因此，应该关注这方面管理和程序上的改革。

总之，与各市议会首席执行人员协商之后，项目的四个主要方面的影响因素得以确认。可持续方面也实现了量化评估（“自我发展”的可能性方面），可持续分析的最终得分是 87 分，达到良好水平。

小结

第五部分主要分析了一个第三世界城市部门政策和规划能力开发方面的案例。第9章回顾了这个项目。第10章主要关注制度发展绩效的各个方面。具体概括如下：

项目开发

项目概述

项目概述是独立的，但仍然是必不可少的、封闭的流程。然而，项目概述的内容仅仅用在了项目的前四分之一部分(前六个月)。英国政府根据马拉维政府和世界银行的要求，将利隆圭的政策和规划经验带到了其他三个城市。项目是由世界银行、ODA和马拉维政府共同起草设计的。他们通过协商并确定了项目的咨询顾问。本质上，项目是在政府部门的要求下与市政工作人员协商后开展的，不过在项目开始的时候，市政工作人员并没有参与项目之中。

输出要求

项目的前六个月有许多具体的输出要求需要完成。在这期间，咨询顾问与各市议会工作人员协商之后，必须制定出一个未来18个月的项目工作安排。经过努力，这项工作已经完成。实际上，项目后四分之三的输出要求是在与市政工作人员协商后确定的。

项目实施

项目实施主要关注政策分析、规划材料准备以及技能转移等内容。这一阶段制度发展主要的手段是咨询支持，即专家驻扎在监管部门，定期走访各市议会的相关部门。第10章将对这个政策和规划能力案例进行评价。从本质上讲，这一阶段制度发展运用的主要手段是咨询支持。

制度发展评价

限制因素

项目中有两个主要限制因素，一个是监管部门不能通过与相关政府部门沟通而更好地为各市议会提供支持，并促进城市和制度发展；第二个是关于组织和人力资源方面的问题不能快速而有效地决策。实质上，监管部门在说服相关政府部门提供支持的工作上能力有限。

其他因素

项目中有两个其他方面的输出要求，一个是要求准备一份城市管理手册以加强(a) 执行人员的技术能力和(b) 政府部门的支持角色；第二个是要求准备一份基础设施供给需求方面的分析报告，报告中还需要对基础设施供给缺失的后果进行分析。实质上，制度发展的其他因素是不断重复和不断学习的自然结果，主要涉及城市管理手册和城市开发政策报告的制定。

影响、可持续及巩固

与各市议会首席执行人员协商之后，项目的四个主要方面的影响因素得以确认。可持续方面也实现了量化评估（“自我发展”的可能性方面），可持续分析的最终得分是 87 分，达到良好水平。实质上，影响、可持续和巩固方面的工作都顺利完成。

本部分内容总结如下：

1. 项目是在政府部门要求下与市政工作人员协商后开展的，不过在项目开始的时候，市政工作人员并没有参与项目之中。
2. 项目后四分之三的输出要求是在与市政工作人员协商后确定的。
3. 这一阶段制度发展运用的主要手段是咨询支持。
4. 监管部门在说服相关政府部门提供支持的工作上能力有限。
5. 制度发展的其他因素是不断重复和不断学习的自然结果，主要涉及城市管理手册和城市开发政策报告的制定。
6. 影响、可持续和巩固方面的工作都顺利完成。

本部分里，实施过程的咨询角色定位，项目开发的探索精神以及可持续方面的测试方法等问题值得特别注意。

表 5.1 是城市管理系统可持续分析表格，具体如下：

表 5.1 城市管理系统是否可持续?

参考事项	组成部分 (M=managerial; T=technical)		考察	概率 (%)	权重 (%)	加权得分 (%)
1. 市政官	1. 为市议会提供咨询	M	在三个组成部分中表现出十足的自信,得分一致	100	9	9
"以支持各市政官开发地方城市管理领导身份"	2. 与市政委员的沟通	M	[所有市政官的意见一致]	90	8	7
	3. 人力资源管理	M		95	10	10
2. 年度规划 & 评估循环	1. 规划和预算评估	M	在两个流程中表现出十足的信心,尽管在评估和战略方面略显信心不足,但得分仍然很高	100	6	6
"为在主要的制度和城市问题上建立年度规划和评估循环"	2. 评估报告(年度)	M		79	4	3
	3. 规划和预算准备	M	[各市政官在这方面略微有不同意见]	100	8	8
	4. 规划(发展战略)和预算材料	M		83	6	5
3. 发展战略	**战略准备:**					
"为了对四个市议会发展战略的准备,实施和评估引足够的关注,确保在制度(组织和财务)和城市(基础设施和公共服务)方面的问题得到重视"	1. 住房需求/供给分析	T	一个潜在的(相关的)缺陷就是在战略的技术工作中	64	8	5
	2. SPBC 分析	T		74	10	7
	3. 基金分析	T	[各市政官在这方面略微有不同意见]	100	8	8
	绩效评估:					
	4. 开发绩效分析	T	在绩效评估的技术方面表现出十足的自信	100	8	8
	5. 操作绩效分析	T	[所有市政官的意见一致]	100	8	8
	6. 绩效比较分析	T		100	2	2

续表

参考事项	组成部分 (M=managerial; T=technical)		考察	概率 (%)	权重 (%)	加权得分 (%)
4. 协调 & 监控 “为地方政府部门在政策和协调方面提供建议，使地方政府部门支持四个市议会的工作，包括创造适合的协调和监控工具”	1. 支持绩效分析	T	在准备支持绩效分析时对地方政府部门的能力方面信心不足。	10	4	0
	2. 评估和规划会议	M	地方政府部门召开年度评估和规划会议还存在偶然性 [市政官继续确保地方政府部门参与重要会议的战略上意见一致]	50	1	1
可持续方面得分规定，例如，优秀(very good)表示在持续和自我发展方面非常优秀。 89%以上是优秀； 70%—89%是良好(good)；50%—69%是中等(modest)； 30%—49%是差(poor)；低于30%是极差(very poor)。				总计：n/a	100	87
可持续得分				**良好**	**87%**	

第六部分

制度发展综合分析

第六部分主要将两个制度发展项目与前面所论述的理论联系起来综合分析。第 11 章给出制度发展与第一部分结论相联系的框架。第 12 章主要结合第二、三部分识别第三世界城市管理过程中城市管理和制度发展的重要特征。

第11章

构建制度发展实践

本章尝试识别制度发展流程中的基本操作特征，主要从两个方面思考：

- 理论与实践结合
- 构建实践框架

理论与实践结合

第一部分结束时给出了制度发展流程中一个初始概念框架，框架主要包括流程范围界定、干预模式以及成功因素（详见第一部分表1.1）。以下将主要从理论与实践结合的角度分析制度发展，这将开辟从理论和实践两个视角研究操作结构流程的先河。

流程范围

专家们提出可持续思想是所有制度发展中最关键的要素。如果不能实现可持续，制度发展最大程度上只能算是在各种技术支持下的具体项目实施而已，一旦没有了这些技术支持，已经强化的制度又会恢复到以前的状态。实践中，组织重构与组织强化案例的结论提供了可持续方面的后置量化。而在政策与规划能力开发案例的结论中，给出了对已建立的系统与流程可持续方面的量化评估框架。

专家们建议制度发展过程中的重复性、专业知识以及经验对项目有很大的帮助，实践中也证明了这一点。第一个案例主要关注政府与某一个资助机构协商开展的双边项目，市政工作人员没有参与协商。知识和经验（涉及发展战略的理解）是从参考事项中获得的。第二个案例主要关注政府与多个机构以及技术咨询顾问共同协商开展的多边项目，项目前四分之一（项目的前半年）中的知识和经验是从参考事项中获得的，后面的就是直接与市政工作人员协商获得。

专家们提出组织价值观与制度各方面因素密切相关。价值观不仅仅是组织管理的工具,而且是组织深层次的东西。实践中,很难从地方政府系统中发掘出反映系统本身固有价值观的明显证据。因此,必须帮助地方政府系统确认什么是正确的、系统的历史使命是什么等内容。

从理论角度上看,制度发展本质上是政治行为而非技术行为。两个案例的研究发现,有很多技术输出要求。但是,值得争论的就是这些输出要求代表着技术本身已经完结还是没有完结,而最终输出要求则是政治对城市经济的干预(支持经济发展和非政府部门)。最终认为像土地利用格局或市议会财政盈余这些技术分析并不代表着自身已经完结。

专家们建议公共机构在开发流程中起着关键作用。本质上,所有的开发需求都是由公共机构筛选并通过公共机构实施。从两个案例可以看出,地方政府机构(假设价值高于手段)推动刚建立的城市管理流程前进,进而流程确认了城市的需求,并确保各市议会基础设施和公共服务的供给满足这些需求。

专家们建议需要尽可能地放权给地方,让他们实现自我帮助。在案例中的每个阶段,都通过与市政工作人员协商而建立结构、系统和流程,以帮助他们实现自我发展。进而实现制度发展输出要求(一个城市管理系统)设计,以此来提供基础设施,让企业和家庭实现自我发展。

项目中还引入了一个“政治软件”概念。这主要是指人、部门和组织之间的联系质量。第一个案例中开发了一套企业管理系统,第二个案例中建立了一套组织间规划和流程监控系统。

人力资源和财政资源可以看做是制度发展中的一个重要因素,这些资源可以看做是整个系统运转的润滑剂。两个案例中都加强了这方面的管理,第一个案例中将其作为组织强化的一部分,第二个案例中专门准备基金来支持发展战略。

结构、流程和输出要求是制度发展流程范围中的基本特征。组织结构是第一个案例的主要内容,而组织流程是第二个案例的主要内容。

干预模式

环境评估是组织战略干预的先决条件。环境影响推动了第一个案例的发展,环境对项目的影响也写入了第二个案例中。

组织与组织结构是项目的第二个变量,在组织重构与组织强化案例中占据了主导地位。

政策和管理流程是第二个同等重要的变量,在政策与规划能力开发案例中占据了主导地位。

人力资源和培训也是一个比较关键的因素，并遍布于两个案例之中：第一个案例中通过培训战略来解决具体的问题；第二个案例中利用具体技能的培训来运作城市管理流程。

财政因素也是很重要的。影响也遍布于两个案例之中：第一个案例加强财政作用；第二个案例关注基础设施和公共服务供给的资金方面。

法律框架和管理规章也被多方参与者普遍接受。虽然这并不是两个案例中的特征，但是在各案例中也明确提出了解决管制环境问题，主要是为了建造一个良好的上下级关系，使上级政府部门能更好地支持地方政权。主要涉及的就是向地方政府放权的问题。举个例子，上级政府需要在组织结构和人员聘任决策方面权力下放，第一个案例中，在这两方面上级政府成为项目的主要障碍。

任务安排的机构互动也成为需要强调的一个重要影响因素，这在第二个案例中比较重要。尤其是在地方政府希望上级政府部门说服其他相关部门和政府部门来提供基础设施方面。

报酬和激励措施也成为实际遇到的问题，第一个案例中构建了一个新薪资体系。它将原先有重叠的 34 个工资级别减少到了没有重叠的 10 个级别，这样就实现了工资与实际级别挂钩，最后这种模式成为其他部门学习的榜样，并尝试在整个地方政府系统统一使用。

成功因素

专家们认为领导者和支持环境是项目成功的关键因素。第一个案例的项目中，专家作为项目的执行者，具有很高的权威。第二个案例项目中，专家只扮演政府咨询顾问的角色，监督市政工作人员的行为。两个案例中的支持环境是上级政府。在每个案例中，限制因素都是来自于上级政府的支持不足，例如上级政府决策缓慢或根本不做决策等。

专家们认为清晰而又明确的目标是项目成功的第二个关键因素。在两个案例中，都给出了项目目标和具体输出要求，这对两个项目的成功具有重要的意义。尤其是，第一个案例中比较重视短期问题的解决，只有短期问题解决了，才进入中期人力资源和组织重构等战略问题的解决之中。这涉及未来发展优先权问题。第二个案例比较注重发展战略准备工作中的学习问题，只有第一步迈对了，其他分析才能更容易一些，并能积累一定的经验。

专家们认为受益者以及相关人员参与是项目成功的一个重要因素，

这在两个项目中都比较明显。培训应该涉及地方政府系统的各个方面，但是，培训建议被政府部门压缩了，只考虑适合自己的具体建议，而不管在地方政府服务的大多数职员。从这点意义上讲，市议会工作人员没有太多地参与培训战略的准备之中。

自主权和职责明确也是项目成功的一个重要因素。在两个案例中，有常规（每半年一次）会议以进行流程评估，在两个案例中看起来好像自主权很多。

专家们认为项目规模（如很小，组成元素很少）也是项目成功的一个因素。第一个案例有19项具体输出要求需要实现，第二个案例中有15项具体输出要求需要实现。项目规模很重要，为了实现具体输出要求，需要严格按照（几乎无情地）项目进度表进行。如果没有时间进度表，就会使得参与者得过且过，目标无法实现，另外这样还可以避免成本浪费。并且组织需要有一个强力的领导带动员工热情，推动工作的开展。

专家们认为要尽可能地使用当地资源。长期来看，国外咨询顾问的帮助应该作为一个例外事项，应该不断招募、培养当地专家。在两个案例中，外部咨询顾问对利用当地资源和专家方面提供了很多支持。

总之，实践素材看起来好像已经具备第一部分总结的框架要求，下面需要进入下一阶段的分析，并提出制度发展流程框架。

构建实践框架

在实践的基础上，建议制度发展流程包含以下方面内容：

- 项目概述
- 输出要求
- 项目实施
- 限制因素
- 其他分析
- 影响与可持续

每一项都要从理论和实践两个角度进行回顾。

文献中暗示项目概述时需要有相关方面的参与，即需要与市政工作人员进行广泛协商。项目领导者需要在项目初期确认，项目自主权和职责需要在项目流程中确定，项目规模需要便于管理，项目规模应该便于实现制度发展的可持续,项目中尽可能使用当地的资源,项目监控和报告方面需要在项目概述过程中明确。因此,任何制度发展流程第一个考虑因素是:

项目概述

- 项目参与者
- 项目规模
- 领导者
- 监控和评估安排

文献中缺乏对输出要求的本质分析,反而对于预模式进行了详细的论述,并分析了成功因素(项目拟定)和一般流程界定。因此,需要在实践中完成对输出要求的本质进行分析。实际上,可以将输出要求分为两类,一是专业知识方面,一是经验方面,两类都对制度发展产生影响。虽然没有论述管制改革实践方面的案例,但前面的两个案例中都给出了很多这方面的信息,像监管环境限制因素分析等。因此,第二个考虑因素是:

输出要求(通过制度发展各要素分析)

组织重构和组织强化

- 短期紧急目标
- 中期战略目标
- 实施与评估
- 巩固及可持续测试

政策和规划能力

- 初始开发框架
- 其他政策分析
- 绩效评估
- 巩固及可持续测试

管制改革和程序改革

- 与组织成员协商
- 制度发展建议(包括法律和规章评估)

- 监督组织制度发展结果(包括法律更新)
- 巩固及可持续测试

文献中没有过多地涉及实施情况。最贴近的就是对具体干预模式的确认(如政策和管理流程方面)。对于制度发展来说,技能转移具有很大的挑战性,并成为制度建设流程的核心问题。

第一个案例中主要是关于执行角色的,制度发展项目完全受到市议会首席执行官的控制,他在监管部门允许的范围内尽可能管理项目的各项工作。实质上,两个开发角色合成了一个,首席执行官既扮演咨询者又充当执行者角色。在项目中,他担任的执行角色可以让其选一些重要的事项来实施,这在其他开发项目中非常少见。

第二个案例主要是关于咨询角色的,相应的首席执行官主要为城市管理项目提供咨询和技术支持。当然,他的建议和提议是在相应人员接受后实施的。在本案例中,建议可以被接受,也可以被拒绝。一旦建议被接受,相应人员必须认真实施。因此,这与第一个案例中强制解决问题的方式截然不同。这种咨询方式在项目中应用得非常成功,因为这样可以让执行人员对自己的实施行为负责。

监管环境方面的管制改革项目开发正在进行之中(通过世界银行的地方政府开发项目),这个项目主要是关于协商角色的。专家们可以深入到国家内部,可以搜集大量信息,并允许与其主要人员进行讨论。他们可以作出相关报告,报告中的建议可能被全部接收也可能被部分接受。项目结束时,相关人员必须提交一份报告,并提出相应的建议和措施。但是,这些建议和措施的执行与专家们无关,这是比较令人遗憾的。他或她仅是以巡回协商者的方式参与项目,从来不参与执行。因此,只允许专家提出建议和措施,而不让其参与实施,这是第三世界国家制度发展过程中的一个普遍缺点。

因此,任何制度发展流程考虑的第三个因素是:

项目实施

- 执行角色
- 咨询角色
- 协商角色

文献中并没有过分强调绩效限制因素问题,而是尝试识别成功因素,并将这些因素纳入项目准备过程当中。实践中的绩效限制因素主要来自监管环境(外部)。实质上,主要涉及监管部门不能在合适的时间内做出决策的问题,并涉及上级政府部门不能充分代表市议会行使其职责方面的问题。第三个案例尝试强调监管环境的限制影响因素,并认为限制也会来自组织(内部),但实践中并没有来自组织内部的限制。因此,任何制度发展流程考虑的第四个因素是:

限制因素

- 外部因素
- 内部因素

文献中主张制度发展学习过程的概念。第一个案例主要关注近期亟待解决的问题,包括近期干预方面以及学习和未来发展的基础方面。然而事实上,需要了解制度发展的其他方面,而非局限于最初的参考事项。第二个案例主要关注的是一个初始开发框架,包括近期的干预因素分析,还包括长期发展战略准备方面的学习。并需要识别项目中其他输出要求,如城市管理手册的准备和城市管理流程中面临的城市开发挑战分析等。因此,任何制度发展流程考虑的第五个因素是:

其他因素

- 结构
- 流程
- 监管环境

文献中关于制度发展过程中可持续方面给出了很多参考意见,主要集中于实践活动中。如果制度发展不能实现可持续,那么项目就不可能算是成功。在第一个案例中,可持续方面考虑得比较主观,实现了主要人员的招聘并对他们进行了培训(首席执行官和财务人员),他们都比较负责并表现良好。可持续发展评估主要依靠假设的参考事项,一个为期两年多的咨询和合作。第二个案例中提供了一个可持续方面的量化评估,每个目标都分解成各个部分进行分析,各部分又进行了百分比打分,具体评估情况可以参考表 5.1。因此,任何制度发展流程需要考虑的第六个因素是:

可持续

- 工作组成(参考事项中得出)

- 成功百分比
- 权重(百分比)
- 得分和比例

最后一个没有提到的问题就是培训了,培训工作应该贯彻于制度发展流程的所有方面。文中关于城市管理培训方面有很多参考说明,进一步分析可知,主要有两类培训:第一是一般的培训方法,以强化系统;另一类是具体的方法培训,以提高技能和解决实际问题。第一个案例中两类培训都存在,培训需求涉及技术和管理两方面。第二个案例中主要关注具体和实践问题方面的培训。一般培训和具体方法培训具体方式可以是在职培训或内部培训,也可以在当地培训或国外培训。马拉维新任首席执行官就是接受了在职培训、内部培训和出国培训。培训应该是任何制度发展流程中不可或缺的部分。因此,任何制度发展流程需要考虑的第七个因素是:

培训

- 一般培训(追求质量)
- 具体问题(如建立流程)

总之,建议制度发展流程中吸收以上各方面的因素,总结如表6.1所示,表中建议:

1. 项目概述仅是一种探索,并不形成流程机制(工作人员参与是必不可少的)。
2. 输出要求必须以书面的形式表达出来(短期问题优于中期问题;初始战略早于全部发展战略)。
3. 培训可以实现实践中的输出要求,并能够使结构更清晰(功能为导向)。
4. 实施过程中需要多方参与(执行者、咨询者、协商者)。
5. 限制因素作为政治中必然存在的要素需要识别并接受(无论组织内部还是外部的)。
6. 制度发展中其他方面的因素需要分析。
7. 必须检验可持续,如果不能检验,制度发展流程循环就不能结束。

从理论和实践角度看,很显然,制度发展仍然处于初级阶段。但是,在实践中将会出现一些战略和操作准则以指导制度发展流程。

下一章将回顾城市管理职能及其制度发展要素。

表 6.1　制度发展流程结构

项目概述

- 项目参与者
- 项目规模
- 领导者
- 监控和评估安排

输出要求(通过制度发展各要素分析)

组织重构和组织强化

- 短期紧急目标
- 中期战略目标
- 实施与评估
- 巩固及可持续测试

政策和规划能力

- 初始开发框架
- 其他政策分析
- 绩效评估
- 巩固及可持续测试

管制改革和程序改革

- 与组织成员协商
- 制度发展建议(包括法律和规章评估)
- 监督组织制度发展结果(包括法律更新)
- 巩固及可持续测试

培训

- 一般培训(追求质量)
- 具体问题(如建立流程)

项目实施

- 执行角色
- 咨询角色
- 协商角色

限制因素

- 外部因素
- 内部因素

续表

其他因素 ● 结构 ● 流程 ● 监管环境
可持续测试 ● 工作组成(参考事项中得出) ● 成功百分比 ● 权重(百分比) ● 得分和比例

第12章

城市管理及其制度发展要素

第三世界城市管理制度发展面临的直接挑战有两个：第一个是需要根据城市的管理功能组织城市管理形式，即所争论的功能决定形式；第二个是需要确定制度发展要素，也就是发展中国家指引城市管理初级阶段的具体原则。本章主要通过评估第一个挑战，而实现第二个挑战的分析。主要从以下方面考虑：

- 城市管理功能
- 城市管理形式
- 制度发展要素

城市管理功能

功能变量

城市管理职能变量的详细分析已经总结出来(详见第二部分的表2.1)，现将每个变量作简单回顾。

功能界定

整合流程中所有参与者经常被作为城市管理的目的而提及，而流程本身和流程中的战略是整合参与者的媒介。实践中，整合流程中所有参与者是一项具体目标，也就是在发展战略的准备和评估中要做的，并将成为组织之间年度城市基础设施会议的明确内容，这开辟了上级政府与城市市议会共同参与评估会议的先河。

城市管理的整体理念是主张重视城市面临的所有挑战。实践中，每个战略都包含了关于城市管理面临挑战方面的论述，总的来说主要包含了四个方面的关系：

- 城市与制度规划
- 基础设施与公共服务规划
- 政策与预算规划
- 市议会与其他机构规划

四个方面中的每一个都可以看做是整合城市管理流程的一部分。

理论上认为非正式部门也是城市建设流程成功的一个关键因素，这是因为非正式部门在帮助自己（给予合适的条件）的过程中，已经潜在解决了政府部门某些基础设施和公共服务缺失方面的问题。实践中，将非正式部门纳入城市建设流程之中是每个战略的明确倾向。各城市中大约有40％—60％的居民居住在政府公共土地上，战略规划中基础设施供给必须涵盖正式和非正式两个部门。在两个部门中，优先考虑的是土地服务方面的供给，在具体场所和服务方案方面，或在公共土地升级方面都是如此。对于非正式部门而言，他们要求的是为他们创造条件自己来改善居住环境。

解决贫困措施可以说是城市管理流程中涉及的中心环节。实践中，反贫困方面的措施是非常急需的。曾经为公共土地领域引进了一个饮用水供给项目，但是，各市议会的初级福利状况和社区开发能力阻碍了各种解决贫困问题建议的实施。

理论上建议机构强化和分权是任何城市管理流程中具有深远意义的基本前提。因此，城市管理中就涉及了最低政府合法性权力问题。实践中，机构强化是每个市议会发展战略中的主要目的，而战略本身也是一种将城市开发中政策和规划权力由中央转向地方的分权机制。

规划、计划和预算等城市管理手段是经常要用到的。实践中，规划、计划与预算经常作为明确的组成部分被引入规划（战略）和评估（年度报告）流程中。这样就形成了战略、计划、预算和结果的SPBC分析，这些分析都将被引入规划流程之中，并最终写入城市管理手册。

文献中认为公民参与是城市管理成功的基本要求，它可以帮助确定城市管理流程的合法化。实践中，公民在年度规划和评估流程中的参与度几乎为零。但是，在这种情况下，社区参与可以通过选区委员们实现。而在具体项目上，如具体场所和服务供给或公共土地升级等项目，很多公民还是可以参与到项目中去，并提出一些建议。而且，有时他们还通过游说当地主管的方式实现公共土地基础设施升级等要求。

理论中对公共服务和基础设施供给方面有集中分析，并将这些供给看做是城市经济发展的必要因素。各市议会发展战略中优先考虑的也是基础设施和公共服务供给。这也是主要的干预模式——看做是干预模式中最密切相关的(次级部门)。

理论家们呼吁需要整合投资决策,整合投资决策也是各市议会发展战略中的优先目标。与其他事情相比,每个战略中都会提到“要整合城市建设流程中所有参与者(资助者)”,每个建议都有图表分析,成本、资金责任人(市议会或其他方)都包含在各战略中。

基础设施供给可以看做是支持城市经济增长,企业、家庭获益的重要经济之外因素。实践中,各战略都主要关注于基础设施供给是有一定道理的。

理论中经常讨论战略准备工作,但是从来没有论述准备工作的形式和内容。各市议会政策和规划媒介就是对年度战略资料的准备和评估,战略的形式和内容非常接近于下一步要分析的城市管理功能结构——职能清单。

文献中对环境问题比较重视,保护和改善环境也是一个必然需求。但是,各市议会技术项目的初级水平阻碍了环境对于规划流程的贡献,如洁净用水供给等。

文献中认为在规划和评估中不断学习是非常重要的,这样可以将主要的规划方法转用到城市规划之中。实践中,有一个重要的学习过程,就是将固定规划和评估系统中的部分方法,转用到年度政策和规划流程之中。

从管理角度看主要规划方法转用是与众不同的。专家们提出一个概念(实践中),地方政府为了生存,必须规划好影响他们城市的各种因素,并直接关注资源利用,而传统的规划并直接涉及具体资源因素。因此,管理规划是发展战略的另一个主要特征,而各战略中作为整个城市管理流程(规划、实施、评估)中的一部分,它作出了重要贡献。

专家们认为城市管理干预涉及公民福利和经济发展。因此,城市政治经济方面规划应该主要关注人们的需求问题(如饮水和贫困等),而不是空间格局或土地利用等问题。实践中,城市管理流程主要涉及前者。

基础设施的运行和保养也是需要考虑的。战略中并没有明确提到运行和保养方面的问题,各战略财政章节只包括了项目需求解释和可能支出以及可能收益(SPBC 分析)等,也包括了资金和当前支出。在这个框架下,市议会们都单独开发基础设施保养项目,根据实际需求进行维修保养。

文献中强调了基础设施供给在影响城市发展空间布局方面的作用。

基础设施影响空间布局的观点得到广泛支持,观点主要通过地理信息系统(geographical information system—GIS)分析得出,这套系统可以使战略转向具体场所建议的实施,并扩展了人们看待城市结构和空间格局的视野。之所以没有取得重大进展,是因为系统还处于初级水平,而且空间格局方面的信息也不完备。

空间规划与新城市管理流程存在密切关系主要在两个场合中被提到过。空间规划没有用于马拉维城市管理流程的实践中,但是,具体场所的基础设施供给经常涉及这方面的内容。

干预模式

- 用水供给是文献中经常提及的基础设施,它关系到基本的生存问题,因此是马拉维各市议会城市开发清单中第一个提到的问题。
- 排水系统是文献中经常提到的第二个基础设施,在马拉维市议会的城市开发清单中,排水系统紧随用水供给之后。
- 固体废物管理也是城市管理中一个突出问题,在马拉维市议会的城市开发清单中,固体废物管理紧随排水系统问题之后。实践中,以上三个问题被认为是与基本生活和公共卫生等问题密切相关的。
- 专家们提出了能源方面的参考意见,即电力供应。能源问题在马拉维的实践中并没有被提及,战略中只是对能源本身及其供应者提出了参与意见,供应者是一家半国营性质的组织。
- 道路是交通基础设施并与经济发展紧密相关。道路可以分为基础干线和具体路段两类,两类在战略中都占据比较重要的位置。
- 专家们认为抗旱和防洪设施也是比较重要的。在马拉维的相关城市部门并没有涉及这方面的问题,但是,在具体场所和服务以及政府公共土地设施升级计划中经常涉及,尤其是在涉及非正式部门具体建议时。
- 专家们认为教育应该是首要的公共服务问题。不过,教育问题并不是马拉维城市地方政府部门的主要关注问题,因为教育供给是中央政府的责任,还因为市议会根本就没有能力考虑这些服务问题。不过偶尔也表示初等教育应该是地方政府的职能。

- 文献中认为医疗与教育同等重要。在马拉维的城市部门，医疗问题主要涉及临床治疗（中央政府职能）、初级医疗、福利和公共卫生（市议会负责）。当时，市议会仅仅开始考虑医疗服务供给计划，只是将其作为一个具体构成部分纳入到了发展战略之中。
- 文献中认为住房供给也是城市管理中比较重要的问题。住房问题已经在马拉维的整合发展战略中有所体现，并提出正式和非正式（非传统）部门的土地服务必须提供。市议会并不是住房问题的主管者。
- 许多专家认为环境保护和环境改善问题也应该得到重视，但环境保护问题没有在马拉维各市议会的整合发展战略中体现。

职能清单

在理论和实践中识别出了与用水相关的基础设施重要性，如供水问题和排水问题等，还识别出固体废物管理问题，理论中还高度强调抗旱和防洪设施以及能源问题的重要性，实践中还强调了道路问题。建议将这些基础设施和服务网络的所有问题与城市结合起来。因此，任何整合发展战略首先要考虑的城市干预问题是：

基础设施网络

- 用水供给
- 排水系统
- 固体废物管理
- 抗旱和防洪设施
- 能源供应
- 道路干线
- 道路修复与重建

理论中仅仅识别出住房和用地服务方面的一般事项。其他方面的土地利用，如工业用地等，并没有提及，也没有区分正式部门和非正式部门的不同。与之相反，实践中将所有的非网络基础设施看做具体场所的基础设施（因此获益者或使用者提供费用）。而且，实践中完全区分开了正式部门和非正式部门。进而，优先考虑两个部门中具体场所的基础设施

供给。因此,任何整合发展战略需要考虑的第二个城市干预问题是:

土地服务(一般是正式部门的基础设施)

- 住房(根据分类)
- 商业
- 工业
- 其他(如制度或政府)

任何整合发展战略需要考虑的第三个城市干预问题是:

土地服务与升级(传统用地,包括公共土地领域基础设施)

- 具体场所和服务计划
- 公共土地升级计划
- 现有官方领域升级

在考虑基础设施供给方面所有问题之后,战略中需要考虑主要上层建筑的需求问题了,如商业建筑等。理论中仅仅识别出市场方面的问题。利隆圭的实践中简单介绍了一些商业建筑问题。主要的建筑需求也需要公共资金的支持。小型的项目,如市场的建设可以在市议会的年度资金计划中解决。因此,任何整合发展战略需要考虑的第四个城市干预问题是:

建筑

- 主要的政府建议
- 市议会的资产(如商业建筑)
- 小型项目(如市场建设)

接下来要分析的是具体服务问题。理论上认为需要首先解决教育和医疗问题。实践中仅仅开始考虑各城市公共服务供给的细节问题。其中最重要的是区别公共服务供给在当前成本下的资本构成(回收设备、学校建筑等)情况,资本应该包括合适的基础设施或建筑设施等。需要确认公共服务的本质,需要定义公共服务问题,需要提供并详细论述公共服务的职能和各项活动。进而,找出服务供给与当前成本的联系,这应该是公共服务开发的主要特点。因此,任何整合发展战略需要考虑的第五个城市干预问题是:

服务开发

- 医疗
- 教育
- 市议会提供的对社区有直接影响的其他服务,如公园建造等。

一旦公共服务问题确认了,制度发展就开始转到市议会内部了,因此就变成了关于市议会建设(与城市建设不同)的问题。为了区别城市建设和市议会建设的不同,在后面的附录中会有说明(关于组织、财务和政策强化方面)。

这些都是城市管理流程中干预模式的结论。下面要分析的是关于战略的干预和财务方面分析,之后是机构强化措施,保证市政政府能够提供准确的规划,提供和维持基础设施和公共服务,满足城市发展的需求。首先要谈的是强化措施,制度发展实践中是从三方面考虑的。因此,任何整合发展战略中第一个制度干预是:

组织开发

- 结构和人力资源
- 规划流程
- 持续改革

任何整合发展战略中第二个制度干预是:

财务开发

- 节约成本和提高效率措施
- 增加财政收入措施
- 长期资产创造和管理政策

任何整合发展战略中第三个制度干预是:

政策开发

- 具体的年度预算循环
- 具体的政策预算循环
- 逐步确立它们之间的明确关系

设计第一个制度干预是为了建立正确的结构、流程和政策环境,以促使组织中人力资源高效运转。设计第二个制度干预是为了建立一个强有力的财务基础，使得市议会能够更有效地工作。设计第三个制度干预是为了保证规划能够代表社区的利益，尽可能地既有效率又有效能。

下面将分析关于前面所提到的各种干预的理解，这会涉及城市管理职能的界定。

案例材料中用了一章（在一个简短的介绍之后）将具体干预方面的战略和政策问题联系起来。四个市议会的战略中提出了人口规划问题，概述了正式和非正式部门经济、土地利用结构以及住房规划问题。在职能界定方面（前面已有论述），有三个方面并没有包括在实践中：基础设施网络（决定空间格局），反贫困措施以及环境的保护和改善，很显然应该把所有的干预因素纳入框架之中。例如，强调基础设施网络以识别未来城市开发（或再开发）中高效率的位置，环境问题也需要紧随基础设施网络之后，战略中应该将所有影响空间格局的因素列举出来。贫困问题并不清晰，所有的干预因素都有可能缓解贫困问题（如提供洁净用水、建设学校等）。在住房问题解决之后，就需要着重研究贫困问题。应该确保所有的具体干预问题，包括基础设施网络、反贫困问题及环境问题方面的建议都被提及。此外，应该重视城市政府在整合各方面力量进行城市建设流程中的角色。因此，任何整合发展战略在上下文中应该包含以下内容：

开发的一般内容

- 人口增长
- 经济特征
- 土地利用方式
- 基础设施网络
- 环境问题
- 住房实增
- 贫困问题
- 城市政府在城市建设中的重要性

最后，不可避免地要讨论财务问题。理论上已经讨论了规划、计划、预算等问题，但是没有从城市管理的角度看待这个问题。在马拉维的实践中这是比较明确的，SPBC 分析的目的就是为了提供一个整体城市和制度发展全景，作为一个财务实体。需要做一个决定来界定可以进行妥协的范围（例如没有开发住房用地问题），随后要阐明进行此妥协的依据。

没有开发住房(也就是住房短缺)是由于组织节省了这方面的开支,而将这些资金用在了公共卫生领域而非住房问题上。因此,任何整合发展战略需要有其财务章节:

战略财务问题

- 战略的总成本(制度)
- 市议会资金短缺状况
- 战略、计划、预算和结果需求(SPBC1)
- 战略、计划、预算和可能结果(SPBC2)
- 妥协及其正当理由

总之,建议城市管理职能的实践框架在整合发展战略中表现出来,如表 6.1 所示。

进而,建议需要将实践中的缺陷总结出来:

- 明确基础设施网络与开发建议之间的决策制定关系
- 明确环境限制与开发建议之间的决策制定关系
- 明确缓解贫困与开发建议之间的决策制定关系
- 开发一个严格的服务需求分析,包括服务提供制度分析等

总之,建议将城市管理职能界定和形式在整合发展战略中的结构与内容中表现出来,并从理论和实践角度综合分析了各方面要素,还提供了一个城市管理流程中的职能清单。

整合发展战略中的职能清单如表 6.2 所示。

表 6.2　整合发展战略结构

城市建设
开发内容 ● 人口增长 ● 经济特征 ● 土地利用方式 ● 基础设施网络 ● 环境问题 ● 住房突增 ● 贫困问题 ● 城市政府在城市建设中的重要性

续表

基础设施网络
● 用水供给
● 排水系统
● 固体废物管理
● 抗旱和防洪设施
● 能源供应
● 道路干线
● 道路修复与重建
具备公共设施的土地(一般是正式部门的基础设施)
● 住房(根据分类)
● 商业
● 工业
● 其他(如制度或政府)
具备公共设施的土地及其升级(传统用地 & 公共土地基础设施)
● 具体场所和服务计划
● 公共土地升级计划
● 现有官方领域升级
建筑
● 主要的政府建议
● 市议会的资产(如商业建筑)
● 小型项目(如市场建设)
服务开发
● 医疗
● 教育
● 市议会提供的对社区有直接影响的其他服务,如公园建造等。
战略财务问题
● 战略的总成本(制度)
● 市议会资金短缺状况
● 战略、计划、预算和结果需求(SPBC1)
● 战略、计划、预算和可能结果(SPBC2)
● 妥协及其正当理由
市政委员会建设
组织开发
● 结构和人力资源
● 规划流程
● 持续改革

续表

财政开发
● 节约成本和提高效率措施
● 增加财政收入措施
● 长期资产创造和管理政
政策开发
● 具体的年度预算循环
● 具体的政策预算循环
● 开发他们之间明确联系

城市管理形式

组织变量

城市管理形式变量在前面已经做过分析(详见第三部分表3.1),现将每个变量做如下简单回顾。

形式界定

- 理论上认为分权应该是一个中心问题,主要有三方面的表现:中央政府向地方或地区分散;权力和资源向地方政府转移;部分职能委托给私人部门,包括非政府组织。在本文中,分权主要是指将权力下放给地方,增加地方政权的自主性。实践中,分权是马拉维地方政府开发项目受到广泛欢迎的主要原因。
- 专家们在报告中指出组织间设置是另一个主题。在传统观念下建立新组织时是否存在清晰的转换问题还存在争论,如为了应对城市发展中所有的城市管理问题而进行制度发展等。因此,应该将更多的精力放到组织间设置上,来应对城市中的各种复杂挑战。实践中,组织间设置方面的问题还仅仅处于考虑阶段。
- 城市管理专家们呼吁需要关注地方政府的职能定位问题。实践中,城市管理分权有速度过快的倾向,在城市管理权力由中央政府转向地方政府的过程中,需要首先加强地方政府的规划能力。
- 专家们强调地方政府参与城市开发流程的重要性。实践中,地方政府的重要性是开展地方政府项目的主要原因——充分理解机构强化。

- 理论家们意识到在组织设置方面需要解决中央和地方政府的平衡问题。这涉及权力和资源配置的政治性问题。中央和地方政府的平衡问题贯穿于实践中的每个领域。具体涉及财政支持和高级人员聘任等方面的权力分配问题。另外,还涉及财务管理和法律评估问题。
- 专家们重申了基层政府资源再分配方面的分权问题。资源向地方转移是分权的一个普遍倾向。实践中,这也是政策和管制改革的主要特征。例如,强调尝试说服中央政府向其在马拉维四个城市所占有的资产付费。
- 理论中指出在城市管理职能分配方面没有清楚的原则可循,并呼吁要有组织自己的风格,并给出了各种不同的部门职能分配方式。实践中,每件事情都遵循分权的原则和组织强化的理念。
- 专家们接受了某些组织失败并最终可能导致某些开发组织转让或消失等现实。这可能与地方民主意识再次觉醒相一致,这些组织不是实践的主要特征。
- 有些专家承认城市管理的整体本质是需要实现组织设置与复杂问题相匹配。这种观点在实践中没有得到确认。
- 专家们认可组织职能决定组织形式的重要性。但在实践中没有得到确认。
- 专家们认为私人部门是某些城市基础设施和服务供给的一种选择,但在实践中私人部门并不占主要地位。
- 城市开发中的财务问题可以说是(涉及选择基金和成本机制方面)一个永远不会结束的问题。实践中考虑建议一个长期的城市基础设施供给方面的资金运作机制。
- 专家们认为中央政府组织部门在处理城市开发部门互动问题上存在结构上的缺陷。实践中,组织部门在城市管理流程中的无作为问题仅仅开始被关注。

组织标准

- 分权是最经常用到的组织类型。分权本身的具体含义很少,但是,文献中建议尝试将分权分为三类不同的等级。权力分散位于最低一层,主要关注中央政府行政职责的分散;权力下放是中间等级，主要涉及中央政府管理和资金职责的转移；委托是最高级别的分权，是将传统工作委托给私人部门。当分权在实践中已经比较重要的时候，相应的组织分析还没有开始。

- 部门是与组织分权类型密切相关的。然而，限定部门的含义也是必要的。私人部门是指所有以获利为目的的机构（关注收入和支出），传统的半国营组织是受到中央政府监督的。实践中，不论是垄断组织还是非垄断组织，在商业领域内其与私人部门运作基本相同。因此，商业组织也包含半国营部门。组织部门在城市管理实践中并非占据主要地位。
- 次级部门是紧随着部门和分权类型而定的。从权力分散的角度看，中央政府部门包括总部和地方分支机构；从权力下放角度看，地方政府部门包括两级部门（大城市和自治区）或一级部门（整合的）；从委托角度看，私人部门包括私人商业部门、半国营组织和非政府组织。在实践中，没有考虑次级部门问题。
- 资金来源被看做是在城市管理职能中决定组织责任的实践分析工具。举个例子，如果职能（如供水）是直接面向用户的，那么应该将工作委托给私人部门，相反，如果职能来是来自税收（写入发展战略中，受政治控制），那么应该将职责分配给政府。在实践中，资金来源分析并非组织类型的决定因素。
- 经济规模，即减少职能方面的资金成本，也被看做是决定城市管理组织职责分配的一种方式。这也就是职能分配与地方政府系统级别有关，例如，基础干线道路应该由大城市负责，而道路维修保养可以归自治区或小城市管理。实践中，经济规模并不是决定组织设置的基本要素。

组织清单

理论和实践中分权原则占据了主导地位。实践中，马拉维在向地方分权的过程中还是比较慎重的。因此，任何城市管理流程中组织分析首先要考虑的问题是：

分权

- 权力分散

- 权力下放
- 委托

理论和实践中都没有给出部门利益决定城市管理职能的结构分析。因此，这个问题仍然需要强调。首先，需要识别组织的分类，这是根据分权类型而定的，分为中央政府、地方政府和私人部门。因此，任何城市管理流程中组织分析需要考虑的第二个问题是：

部门

- 中央政府
- 地方政府
- 私人部门

理论和实践中都没有给出次级部门利益决定城市管理职能的结构分析。不过普遍存在一个的观点是在城市管理方面地方政府比中央政府更具有效率和效能，私人部门提供城市服务也在考虑之列。因此，这个问题也是需要引起重视的。首先，需要对次级部门进行分类，这是根据部门分类而定的，如中央政府、地方政府和私人部门。因此，任何城市管理流程中组织分析需要考虑的第三个问题是：

次级部门

- 总部或区域管理
- 一级或二级
- 商业部门，包括半国营和非政府组织

理论中并没有给出明确的准则来分配城市管理职能。某些专家尝试给出结构标准，例如从资金来源或经济规模方面考虑。实践中，对城市管理职能的分析并没有根据任何标准。因此，任何城市管理流程中组织分析需要考虑的第四个问题是：

财务

- 资金来源
- 经济规模

进而，当考虑到城市管理形式的时，建议从以下因素分析：

- 分权的要求从本质上讲应该具体而且正当。

- 部门关系应该明确。
- 次级部门地位应该确认。
- 次级部门定位与资金来源的联系应该具体,主要为了区分税收和用户负担。
- 经济规模需要量化,这样可以决定地方政府各级别间的职能分配。

总之,它建议决定城市管理组织的结构标准要与初始理论分析一致,并提供了一份城市管理流程中的组织清单。

制度发展要素

现在需要将职能与组织结合起来总结,这主要是为了从综合的角度强调制度发展要素。第三世界城市管理中有三个制度发展要素。

整　合

在制度发展的战略方面,最重要的观点之一就是整合城市管理流程中的所有参与者,这是城市管理职能分析中经常引用的变量(见表 2.1)。为了确保从整体上观察(第二个重要变量),需要确定所有建议的成本(所有干预模式),并将其分配到各个机构之中,并说明地方政府在资金中占的责任比例(与其他参与者相比)。各机构得分比例越高(如其他制度的资金比例高于地方政府),就越需要整合在一起。

进而,引入一个城市干预矩阵,它可以通过不同资金类型的得分比例来说明整合的必要性。这是一个动态概念上的框架,任何价值的变动都可能因其政和需求的改变。因此,第三世界城市管理制度发展的第一个要素就是整合城市建设流程中的所有参与者。本章附录中给出了一个整合测试矩阵。

本质上,主要寻求整合城市管理职能(或流程)。因此,制度发展中需要建立一个规划系统和监控程序,以实现城市管理流程中的组织整合,即政策和规划能力的必然要求。

分　权

在制度发展的战略方面,第二个比较重要的观点就是城市管理流程中的分权问题,以此来强化地方政府系统。这也是城市管理形式分析中经常引用的变量(见表 3.1)。为了实现一点,并保证创建机构间设置,以达到分权的效果(第二个重要变量),需要建立与城市管理职能相对应的结构标准。通过对各层级的评价进行分配,并尽可能实现对各层级的量化。得分比例越高,从中央政府得到的分权就越多。

进而,引入一个城市管理矩阵。它可以通过城市管理职能的组织分配说明各层级分权的得分比例。这是一个动态概念上的框架,如果对各层级的评价改变了,分权结果也会随之改变。因此,第三个世界城市管理制度发展的第二个要素就是城市管理流程中的分权。本章附录中也将给出一个分权测试矩阵。

本质上,主要寻求城市管理中组织(或结构)分权。因此,制度发展中必须建立城市管理规则,以实现权力和资源分配。这样地方政府就能保证城市基础设施和公共服务的供给与维持,即管制和程序改革的必然要求。

可持续

第三个方面主要涉及制度发展的标准化特征,而不是关注第三世界城市管理中的实际特征。但是,制度发展要素中经常涉及干预领域中的实际问题。第三世界城市管理流程中制度发展的第三个要素如下所述。

在制度发展战略方面,第三个比较重要的观点就是城市管理流程中职能的可持续问题。这也是制度发展分析中经常引用的变量(见表1.1)。为了实现可持续,需要注意制度发展中知识和经验的积累(第二个最重要变量),必须识别需要强化的各项活动。这些都是在职能确定之后分析,并提出观察结果。之后确定得分比例。得分越高,越可能实现可持续和自我发展。这也是一个动态概念上的框架,任何评价的改变都可能改变可持续方面的得分。因此,第三世界城市管理制度发展的第三个要素是城市管理流程的可持续。本章附录中给出了一个可持续测尝试表。

本质上,主要寻求第三世界城市管理中制度发展的可持续。因此,制度发展过程中需要创造结构和能力,以保证地方政府在城市管理中扮演可持续的重要角色,即组织重构与组织强化的必然要求(组织结构是由组织职能决定)。

城市管理制度发展要素通过城市干预矩阵(如图 A.1)、城市管理矩阵(如图 A.2)、可持续性测试(如图 A.3)给出说明。这些都在附录中给出。

下面是概要和总结部分。

概要和总结

第一到第三部分主要详述当前关于第三世界制度发展和城市管理方面的理论材料。各部分的精髓都总结在表 1.1—3.1 中。

第四和第五部分主要关注两个相关的制度发展实践案例。第一个案例主要集中讲述组织与组织环境的重要性，第二个案例主要强调测试可持续的重要性。

第六部分主要评估第三世界城市管理中的制度发展流程及其战略要素。

制度发展流程

在第一个案例中，制度发展项目实施完成。各市议会的绩效目标都已表述出来，为了满足这些目标，各市议会的组织和战略也已开始实施。相应的首席执行官已经聘任并培训完毕。但是，在项目的早期，很显然，如果按照传统的观念理解制度建设项目，那么就会只完成一半任务。公共机构（各市议会）需要清楚地知道它的环境状况（城市），需要理解城市的动态变化，需要做好规划以应对这些变化。总而言之，需要开发城市建设能力。

制度建设的核心是同步思考基础设施、公共服务供给（以支持城市经济发展）与组织、财务安排（保证市议会有供给能力）。城市管理更深层次的理解超过了传统概念下的制度发展（包含项目参考事项），这种深层次的理解是第二个案例的重点。

基于以上经验，制度建设从最低层开始。在第一个案例中，各项工作必须尽可能快地开展。人力资源方面的工作很快就开始了，后勤方面如交通运输和设备问题也尽快解决了，财务问题也快速解决了。当这些工作完成之后，对组织有了更深层次的理解，这也是下一阶段战略本质的要求。同样，在第二个案例中，尽管三个市议会没有准备发展战略方面的经验，但是，他们也很快地准备好了各自的第一个发展战略。当这些工作完成之后，对城市开发需求有了更深层次的理解，这是通过其他住房和财务分析，对整体理解的必然要求。

每个组织应该对其要做的工作有一个清楚的认识。只有这样，它才能对其运作的环境有一个认识，这主要有两部分内容：第一部分是政策环境，在市议会案例中，指的是国家政府政策；第二部分是组织的操作环境。在两个案例中，都建立了城市基础设施和公共服务供给能力。

实践标准化是从项目得出一些资料，就是希望能够压缩项目中的系统和程序。在第一个案例中，准备了一份管理手册，手册主要关注所有的管理和财务程序，使市议会可以很好地履行职能，并为新进员工提供了一份基本指导手册。还有就是提交了一份年度报告，报告中包括各市议会明确的操作绩效目标，这些主要集中于管理流程和评估思想方面的绩效。除了一些标准文本之外，还提供了一份整合发展战略，这作为各市议会解决环境（监管）问题的一部分，并成为最终的政策开发（战略）、实施（管理手册）、评估（年度报告）的第一部分。在第二个案例中，也准备了一份城市管理手册，并开发了一份城市基础设施政策报告，以帮助政府部门（中央政府和地方政府）理解城市管理中面临的巨大任务。

制度建设需要耐心。在第一个案例中，要求在实践的基础上建立严格而稳固的流程，并开发了一个清晰的战略思维。传统理念下的效率和财务盈余被拓展到更深层次，即组织与其环境有一个动态和回应联系。这些流程都纳入了整合发展战略之中。在第二个案例中，各市议会的发展战略主要集中于（并不是唯一的）可持续的测试方面。制度必须对其环境有一个积极的影响，这些影响必须通过提高组织能力实现可持续。

与第三世界城市管理相关的制度发展战略特征

所有三个制度发展要素都是制度发展的结果：整合范围，分权程度，可持续水平。将三个要素结合起来，就给出了第三世界城市管理制度发展流程相互关联的指导原则。

- 第一个是城市干预的核心，即基础设施和公共服务供给。它主要强调各城市中城市管理的干预模式。这是城市管理的第一个整体特征，涉及整合城市建设流程中的所有参与者，而不必考虑组织因素。
- 第二个是城市管理范围，即确保组织有能力规划城市基础设施和公共服务的供给和维持，并确保实现供给、维持的组织和财务在正常的运转状态。它主要强调城市管理的范围和类型，一般涉及主要城市和组织（流程中主要的协调力量）。这是城市管理的第二个整体特征，涉及分权以保证城市及其治理机构的共生关系。
- 最后一个是制度发展测试，即组织在为城市管理提供基础设施和公共服务方面准备战略的能力。它不仅强调城市管理的范围和类型，还强调城市管理的指导原则（通过发展战略清单）。主要关注制度建设的必要职能（通过强化、培训和技能转移）。这是城市管理的第三个整体特征，涉及城市管理流程可持续方面的所有元素。

第三世界城市管理制度发展必须准备好迎接城市管理整体挑战，制度发展可能给出具有重要意义的技巧以应对今天或明天将要面对的挑战。

这样，本书可以对一文献中关于城市管理方面的争论给出答案。1993年，斯特恩(Stren)提出："当在(联合国人居署—城市管理)项目部门进行比较和概念性工作时，城市管理的整体概念还没有正面给出，城市管理是否有目标、流程和清晰结构?"本书的回答就是城市管理有目标、流程和清晰的结构。按照相反的顺序，先给出管理结构：

- 职能和整合流程
- 组织和分权流程
- 制度发展和可持续流程

第二，流程主要是尝试迎接城市管理面临的整体挑战。

最后，城市管理结构和流程尝试实现两个简单而又基本的目标：

- 提供和维持城市基础设施和公共服务的规划
- 确保城市地方政府正常运转(组织和财务方面)，以实现基础设施和公共服务供给。

城市管理就是城市和其地方政府的建设。在本书中，制度发展就是为了开发引导城市管理流程的能力。由于发展中国家城市管理方面普遍存在着很多缺陷，制度发展就成为城市管理流程中必不可少的要素。因此，理想状况下，本书可以帮助第三世界城市管理者成为制度发展专家。

总之，本书尝试实现了七项工作。第一，它提供了三个概念框架，制度发展(表1.1)、城市管理职能(表2.1)、城市管理形式(表3.1)；第二，它强调了制度发展过程中组织与组织环境关系的重要性，主要在超越传统的以组织为中心的参考事项方面(第四部分)和制度发展环境中城市管理影响措施方面(第五部分)；第三，它提出了制度发展可持续测试的实践框架，主要涉及马拉维相应首席执行官城市管理能力转移方面(表5.1)；第四，它提供了制度发展流程中的操作清单(表6.1)和整合发展战略准备情况(表6.2)；最后，它强调了第三世界城市管理制度发展要素(第六部分)，并给出了各自的测试框架(附录：图A.1—A.3)。

因此，本书试图阐明指导发展中国家城市管理系统中未来干预模式的概念框架、操作清单和测试框架。希望这些框架和清单能够帮助第三世界的理论和实践专家找出应对城市管理挑战的方案。

注　释

1. R.E. Stren (1993) 'Urban management in development assistance: an elusive concept', *Cities*, Vol. 10, May, p. 137.

附录：

制度发展要素

下面的三个图给出了第三世界城市管理制度发展要素方面的基本测试。

图 A.1 是城市干预矩阵，它主要强调城市管理流程中制度协调需要的干预范围。矩阵提供了主要的基础设施干预，它在分权幅度的情况下给出了组织可能的范围。重要的是不仅给出了需要的整合范围，而且给出了组织（外部机构）在基础设施资金方面的定位和本质分析。

图 A.2 是城市管理矩阵，它主要解释城市管理流程中的分权程度，主要通过整合发展战略中的职能清单确定。发展战略中的元素（职能）与可能的组织（形式）相对应。重要的是实现了对城市管理流程中组织风格的理解。

图 A.3 是制度发展的可持续测试，主要是为了解释可持续和自我发展的可能性。主要关注于整合发展战略的职能清单，每项职能根据重要性给出一个权重比例，通过可持续和自我发展的可能性给出得分比例。重要的是给出了组织制定战略能力的考察——城市管理流程的核心。

没有一个图是发展中国家城市管理流程中的整合范围、分权程度、可持续可能性方面完全绝对的决定因素，但是，它们可以为城市管理专家提供一个思考框架，职能和组织变量都要根据当地的环境进行调整。下面给出的图都是从马拉维城市部门得来的。

图 A.1　城市干预模型：整合所有参与者

	形式						
	分权		权力委托	权力下放		权力分散	
	部门		私人部门	地方政府		中央政府	
	次级部门	NGO	商业/半国营	一级	二级	地区	总部
职能							
基础设施网络：							
用水供给		2	116				
排水系统				60			
固体废物				5			
洪水控制				0			
能源供给			0				
道路干线				117			135
道路重建				63			
具备公用设施的土地(一般)							
住房							297
商业							0
工业							5
其他							0
具备公用设施的土地(传统)							
具体场所 & 服务					129		
公共土地升级					53		
(官方)领域升级					27		
建筑							
政府							24
市议会				72			
服务							
医疗							
教育							
其他(通过市议会)				438			
部门基础设施总成本		2	116	526	0	0	461
部门服务总成本					438		
		成本	%				
总基础设施供给		1,105	100				
私人部门供给		118	11				
地方政府供给		526	48				
中央政府供给		461	42				
整合需求							52%

图 A.2 城市管理模型：功能决定形式

		形式					
分权			权力委托	权力下放		权力分散	
部门			私人部门	地方政府		中央政府	
次级部门		NGO	商业/半国营	一级*	二级*	地区	总部
资金来源(税收/使用者)#							
经济规模*							
得分		5	4	3	3	2	1
功能							
城市建设							
	#						
内容：							
人口；经济；土地利用；网络；	T			3			
环境；规划；贫困；城市政府。	T			3			
基础设施网络：							
用水	C		4				
排水	C			3			
固体废物	C			3			
洪水控制	T			3			
能源供给	C		4				
道路干线	T						1
道路重建	T			3			
具备公共设施的土地(一般)							
住房	C						1
商业	C						1
工业	C						1
其他	C						1

具备公共设施的土地(传统)			
具体场所 & 服务	C	3	
公共土地升级	C	3	
(官方)领域升级	C	3	
建筑			
政府	T		1
市议会	T	3	
服务			
医疗	C		1
教育	C		1
其他(通过市议会)	T	3	
财政			
机构总成本;市议会短缺;SPBC1;	T	3	
SPBC2;妥协及其正当理由。	T	3	
市议会建设			
组织:			
结构 & 人力资源;规划流程;	T	3	
持续改革。	T		1
财政:			
成本节省;收入增加;	T	3	
长期资产创造。	T	3	
政策:			
预算开发;政策开发;	T	3	
整合政策 & 预算规划。	T	3	
最大委托贸易部门=145%(100%)。中央政府权力分散=29%(20%)。			
大于 73%=委托模式;73%—47%=下放模式;小于 47%=分散模式。			
分权水平			**49%　权力下放模式**

图 A.3 制度发展：第三世界城市管理可持续性

变量和组成 (S=界定;M=干预模式)		考察	得分 %	权重 %	加权得分 %
城市建设					
内容： 人口;经济;土地利用;网络;环境;规划;贫困;城市政府。	S	两个较大城市规划部门对各部分规划得非常好,较小的市议会在这方面有一定的困难。	75	15	11
基础设施网络： 用水;排水;固体废物;洪水控制;能源供给;道路干线;道路重建。	M	项目各部分的建议仍然需要依靠外部制度。其他方面的强化仍然需要。	60	15	9
具备公共设施的土地(一般)： 住房(根据类型);商业;工业;其他。	M	两个较大市议会已经具备了项目各部分的建议能力。两个较小城市还需其他支持。	75	10	8
具备公共设施的土地(传统)： 具体场所 & 服务;公共土地升级;(官方)领域升级。	M	两个较大市议会已经具备了项目各部分的建议能力。两个较小城市还需其他支持。	75	10	8
建筑： 政府建议;市政委员会主动性;市议会项目;小型项目。	M	看起来好像并不缺乏具体建筑的技术建议。	90	5	5
服务： 医疗;教育;市政委员会提供的对社区有直接影响的其他服务。	M	公共服务需求和开发分析还处于初级阶段,对于每个市议会来说,还需要这方面的帮助。	40	10	4

财政： 各机构总成本；市政委员会财政短缺；SPBC1；SP-BC2；妥协及其正当理由。	S	战略、计划、预算和结果（SPBC）分析是在1993年才构思和尝试的，需要进一步提炼和深化。	60	15	9
市议会建设					
组织： 结构 & 人力资源；规划流程；持续改革。	M	结构和人力资源问题被很好地理解，并能够解决。规划流程变得越来越强。持续改革还需要依赖中央政府。	95	6	6
财政： 成本节省；财政收入增加；长期资产创造。	M	各市议会提出了一系列节省成本和增加收入措施。所有市议会都至少有一个五年资金计划。	90	6	5
政策： 预算开发；政策开发；整合政策 & 预算规划。	S	各市议会的年度预算循环已经成熟。政策开发循环已经建立。已经有了整合政策和预算的持续规划能力。	100	8	8
可持续得分比例：VG＝可持续 & 自我发展方面优秀。 大于89％＝VG(优秀)；70％—89％＝良好；50％—69％＝中等； 30％—49％＝差；低于30％＝VP(极差)。			na	100	72
可持续和自我发展的可能性			**72％**	**良好**	

参考文献

Adamolekun, L. (1989) 'Issues in development management in Sub-Saharan Africa', Policy Seminar Report No. 19, Economic Development Institute (Washington, DC: World Bank).

Adamolekun, L. (1990) 'Institutional perspectives on Africa's development crisis', *Public Sector Management*, Vol. 3, No. 2, pp. 5–15.

Aina, T.A. (1990) 'The politics of sustainable Third World urban development', in Cadman and Payne (eds).

Ake, C. (1990) 'Sustaining development on the indigenous', in World Bank (1990), pp. 7–21.

Allen, H.J. (1987) 'Decentralisation for development: a point of view', *Planning and Administration*, Vol. 14, No. 1, pp. 23–30.

Allport, R. and N. Einsiedel (1986) 'An innovative approach to metropolitan management in the Philippines', *Public Administration and Development*, Vol. 6, No. 1, pp. 23–48.

Alveson, M. (1987) *Organisational theory and technocratic consciousness; rationality, ideology and quality of work* (Berlin and New York: Walter de Gruyter).

Amos, F. (1989) 'Strengthening municipal government', *Cities*, Vol. 6, No. 3, pp. 202–8.

Amos, F. (1993) 'Comment on Ramachandran (1993)', *Habitat International*, Vol. 17, No. 4, pp. 93–4.

Asian Development Bank (1986) *Environmental planning and management: a regional symposium* (Manila: Asian Development Bank).

Asian Development Bank (1987a) *Environmental planning and management: a regional symposium* (Manila: Asian Development Bank).

Asian Development Bank (1987b) *Urban policy issues* (Manila: Asian Development Bank).

Asian Development Bank (1991) *Guidelines for integrated regional economic-cum-environmental development planning* (Manila: Asian Development Bank).

Asian Development Bank, Halcrow Fox and Associates and INLOGOV (1992) *Botabek institutional development study: interim report* (Manila: Asian Development Bank).

Ayittey, G. (1990) 'Indigenous African settlements: an assessment', in World Bank (1990), pp. 22–31.

Bahl, R. and J. Linn (1992) *Urban public finance in developing countries* (New York: Oxford University Press for the World Bank).

Baker, R. (1989) 'Institutional innovation, development and environmental management: an "administrative trap" revisited. Part 1', *Public Administration and Development*, Vol. 9, No. 1, pp. 29–47.

Baldwin, G. (1990) 'Nongovernmental organisations and African development: an inquiry', in World Bank (1990), pp. 91–101.

Bamberger, M. and E. Hewitt (1987) 'A manager's guide to monitoring and evaluating urban development programmes: a handbook for programme managers and researchers', World Bank Technical Paper No. 54 (Washington, DC: World Bank).

Banergee, T. (1989) 'Issues in financial structure and management: the case of the Calcutta metropolitan area', *Regional Development Dialogue*, Vol. 10, No. 1, pp. 61–80.

Bartone, C., J. Bernstein, J. Leitmann and J. Eigan (1994) 'Toward environmental strategies for cities: policy considerations for urban environmental management in developing countries', Urban Management Programme, Policy Paper No. 18 (Nairobi: UNCHS).

Batley, R. and N. Devas (1988) 'The management of urban development', *Habitat International*, Vol. 12, No. 3, pp. 173–86.

Benninger, C. (1987) 'Training for the improvement of human settlements', *Habitat International*, Vol. 11, No. 1, pp. 145–60.

Bertone, T.L. (1992) 'Improving local government in Sri Lanka', *International Review of Administrative Sciences*, Vol. 58, No. 1, pp. 71–7.

Bhadra, D. and A. Brandao (1993) 'Urbanisation, agricultural development and land allocation', World Bank Discussion Paper No. 201 (Washington, DC: World Bank).

Blair, T. (1985) 'Education for habitat' in T. Blair (ed.) (1985), pp. 194–215.

Blair, T. (ed.) (1985) *Strengthening urban management* (New York: Plenum).

Blase, M. (1986) *Institution building: a source book* (Columbia: University of Missouri Press).

Blas, T.E. (1985) 'The reason for and feasibility of participation in development in Latin America', *Planning and Administration*, Vol. 12, No. 2, pp. 22–6.

Blore, I., S. Dutta and M. Willson 1992) 'Sustaining city services', *Papers in Administration and Development*, No. 44 (Birmingham: Institute of Local Government Studies).

Blunt, P. (1990) 'Strategies for enhancing organisational effectiveness in the Third World', *Public Administration and Development*, Vol. 10, No. 3, pp. 299–314.

Blunt, P. and P. Collins (1994) 'Introduction' in Blunt and Collins (eds) (1994), pp. 111–20.

Blunt, P. and P. Collins (eds) (1994) 'Institution building in developing countries', Special issue of *Public Administration and Development*, Vol. 14, No. 2.

Brennan, E. and H. Richardson (1989) 'Asian megacity characteristics, problems and policies', *International Regional Science Review*, Vol. 12, No. 2, pp. 117–29.

Brinkerhoff, D. (1994) 'Institutional development in World Bank projects: analytic approaches and intervention designs', *Public Administration and Development*, Vol. 14, No. 2, pp. 135–52.

Brinkerhoff, D. and M. Ingle (1989) 'Integrating blueprint and process: a structured approach to development management', *Public Administration and Development*, Vol. 9, No. 5, pp. 487–504.

Brown, D. (1989) 'Bureaucracy as an issue in Third World management: an African case study', *Public Administration and Development*, Vol. 9, No. 3, pp. 369–80.

Bubba, N. and D. Lamba (1991) 'Urban management in Kenya', *Environment and Urbanization*, Vol. 3, No. 1, pp. 37–59.

Buyck, B. (1991) 'The bank's use of technical assistance for institutional development', World Bank Working Paper No. 578 (Washington, DC: World Bank).

Cadman, D. and G. Payne (eds) (1990) *The living city: towards a sustainable future* (London and New York: Routledge).

Cains, J. (1988) 'Urbanisation and urban policy in the Third World', *Habitat International*, Vol. 12, No. 3, pp. 93–7.

Campbell, T. (1991) 'Decentralisation to local government in Latin American countries: national strategies and local responses in planning, spending and management', Latin America and the Caribbean Technical Department, Report No. 5 (Washington, DC: World Bank).

Caputo, E. (1989) 'Enabling local economic growth', in World Bank (1989b), pp. 107–12.

Ceccarelli, P. (1989) 'The territorial aspects of decentralisation', in World Bank (1989b), pp. 73–5.

Chandrasekhara, C.S. (1989) 'Improving municipal management', *Urban Affairs Quarterly*, Centre for Urban Studies (Nagarlok: The Indian Institute of Public Administration), Vol. 21, No. 4, pp. 54–67.

Cheetham, E. (1991) 'Comment on Mills, E. (1991) *Urban efficiency, productivity and economic development, World Bank Annual Conference on Development Economics: Report of proceedings*' (Washington, DC: World Bank), pp. 221–35; pp. 237–9.

Churchill, A. (1985) 'Foreword', to Lea and Courtney (eds) (1985), p. v.

Churchill, A. (1991) 'Implementing reform: strategy and tactics'. Paper presented at the Ministers' Conference, Mexico, September, 1991, Industry and Energy Department (Washington, DC: World Bank).

Clarke, G. (1985) 'Jakarta, Indonesia: planning to solve urban conflicts', in Lea and Courtney (eds) (1985), pp. 35–58.

Clarke, G. (1991) 'Urban management in developing countries: a critical role', *Cities*, Vol. 8, May, pp. 93–107.

Clarke, G. (1992) 'Towards appropriate forms of urban spatial planning', *Habitat International*, Vol. 16, No. 2, pp. 149–66.

Cochrane, G. (1983) 'Policies for strengthening local government in developing countries', World Bank Staff Working Paper No. 582 (Washington, DC: World Bank).

Cohen, M. (1988) 'Replicating urban shelter programmes: problems and challenges', in Rondinelli and Shabbir Cheema (eds), pp. 113–24.

Colebatch, H. and P. Degeling (1986) 'Talking and doing in the work of administration', *Public Administration and Development*, Vol. 6, No. 4, pp. 339–56.

Collins, J., I. Muller and M. Safier (1975) *Planned urban growth: the Lusaka experience 1957–1973* (London: Development Planning Unit, University College).

Conyers, D. and M. Kaul (1990) 'Strategic issues in development management: learning from successful experience. Part I', *Public Administration and Development*, Vol. 10, No. 2, pp. 127–40.

Cotton, A. and R. Franceys (1988) 'Urban infrastructure: trends, needs and the role of aid', *Habitat International*, Vol. 12, No. 3, pp. 139–47.

Courtney, J. and J. Lea (1985) 'Lessons in resolving the conflicts (of managing Asian cities)', in Lea and Courtney (eds) (1985), pp. 101–8.

Davey, K. (1983) 'Development administration revisited', *Papers in Administration and Development*, No. 20 (Birmingham: Institute of Local Government Studies).

Davey, K. (1993) 'Elements of urban management', Urban Management Programme Working Paper No. 11 (Washington, DC: World Bank).

Davidson, F. (1991) 'Gearing up for effective management of urban development', *Cities*, Vol. 8, No. 2, pp. 120–33.

Dawson, E. (1992) 'District planning with community participation in Peru: the work of the institute of local democracy – IPADEL', *Environment and Urbanisation*, Vol. 4, No. 2, p. 96.

de Albornoz, B.O. (1985) 'The municipalities and local planning', *Planning and Administration*, Vol. 12, No. 2, pp. 32–5.

Detlef Kammeier, H. and P.J. Swan (eds) (1984). *Equity with growth: planning perspectives for small towns in developing countries* (Bangkok: Asian Institute for Technology).

Devas, N. (1989) 'New directions for urban planning and management', *Papers in Administration and Development*, No. 34 (Birmingham: Institute of Local Government Studies).

Devas, N. and C. Rakodi (eds) (1993) *Managing fast growing cities: new approaches to urban planning and management in the developing world* (London: Longman Scientific and Technical).

Dhiratayakinant, K. (1989) 'Issues in financial structure and management: the case of Bangkok metropolis', *Regional Development Dialogue*, Vol. 10, No. 1, pp. 111–44.

Dillinger, W. (1994) 'Decentralisation and its implications for urban service delivery,' Urban Management Programme Discussion Paper, No. 16 (Nairobi: UNCHS).

Dichter, T. (1989) 'Development management: plain or fancy? Sorting out some muddles', *Public Administration and Development*, Vol. 9, No. 3, pp. 381–94.

Dogan, M. and J.D. Kasarda (1988) *The metropolis era, Vol. 1: a world of giant cities* (London: Sage Publications).

Domicelj, S. (1988) 'International assistance in the urban sector', in Asian Development Bank (1987b), pp. 247–68.

Doyen, J. (1990) 'The management of urban growth in Sub-Saharan Africa: an operational perspective from the World Bank', internal paper from the Infrastructure Division, Africa Technical Department, March 16. Presented at the launch of the Municipal Development Programme (Washington, DC: World Bank).

Dwivedi, O.P. and J. Nef (1982) 'Crisis and continuities in development theory and administration: First and Third World perspectives', *Public Administration and Development*, Vol. 2, No. 1, pp. 59–77.

The Economist (1994) 'Infrastructure in Asia: the trillion-dollar dream', February 26, p. 86 (London: Economist Publications).

Egunjobi, L. and A. Oladoja (1987) 'Administrative constraints in urban planning and development', *Habitat International*, Vol. 11, No. 4, pp. 87–94.

Environment and Urbanisation (1991) 'Editor's introduction. Rethinking local government: views from the Third World', *Environment and Urbanization*, Vol. 3, No. 1, pp. 3–8.

Esman, M. (1988) 'The maturing of development administration', *Public Administration and Development*, Vol. 8, No. 2, pp. 125–34.

Espinoza, H.R. (1985) 'Planning and national development', *Planning and Administration*, Vol. 12, No. 2, pp. 28–31.

Faizullah, M. (1989) 'Urban local government and urban development in Bangladesh', *Planning and Administration*, Vol. 16, No. 2, pp. 59–69.

Farvacque, C. and P. McAuslan (1992) 'Reforming urban land policies and institutions in developing countries', Urban Management Programme Policy Paper No. 5 (Washington, DC: World Bank).

Fox, W. (1994) *Strategic options for urban infrastructure management*, Urban Management Programme, Policy Paper No. 17 (Nairobi: UNCHS).

Franks, T. (1989) 'Bureaucracy, organisation and development', *Public Administration and Development*, Vol. 9, No. 3, pp. 357–68.

Franz, H. (1986) 'Interorganisational arrangements and co-ordination at policy level', in Kaufmann *et al.* (1986), pp. 479–94.

Fuhr, H. (1994) 'Municipal institutional strengthening and donor coordination: the case of Ecuador', *Public Administration and Development*, Vol. 14, No. 2, pp. 169–86.

Further Education Unit (1986) *Preparing for change: the management of curriculum-led institutional development* (Laya: Longman).

Fyfe, J. (1988) 'Manpower planning and development in an organisation', *Public Administration and Development*, Vol. 8, No. 3, pp. 305–16.

Galal, A. and M. Shirley (eds) (1994) 'Does privatisation deliver?: highlights from a World Bank conference,' EDI Development Studies (Washington DC: World Bank).

Gnaneshwar, V. (1990) 'Basic services approach to urban development: the Indian experience', *Cities*, Vol. 7, No. 4, pp. 333–40.

Graham, L. (1993) 'The dilemmas of managing transitions in weak states: the case of Mozambique', *Public Administration and Development*, Vol. 13, No. 4, pp. 409–22.

Gray, C., L. Khadiagala and R. Moore (1990) 'Institutional development work in the bank: a review of 84 bank projects', World Bank Working Paper No. 437 (Washington, DC: World Bank).

Gunesekera, R. (1988) 'Training urban development managers: an example from the technical co-operation training programme for India', *Habitat International*, Vol. 12, No. 3, pp. 149–61.

Hai, L.H. (1988) 'Urban service provision in a plural society: approaches in Malaysia', in Rondinelli and Shabbir Cheema (eds) (1988), pp. 125–46.

Halla, F. (1985) 'Changing the theoretical basis of urban planning from "procedures" to "political economy"', Working Paper No. 16, Development Planning Unit (London: University College).

Hardoy, J.E. and D. Satterthwaite (1986) 'Shelter, infrastructure and services in Third World cities', *Habitat International*, Vol. 10, No. 3, pp. 245–84.

Hardoy, J.E. and D. Satterthwaite (1987) 'Housing and health: do architects and planners have a role?', *Cities*, Vol. 4, No. 3, pp. 221–35.

Hardoy, J.E. and D. Satterthwaite (1989) *Squatter citizen: life in the urban Third World* (London: Earthscan).

Hardoy, J.E. and D. Satterthwaite (1990) 'The future city', in Hardoy *et al.* (eds) (1990), pp. 228–44.

Hardoy, J.E. and D. Satterthwaite (1991) 'Environmental problems of Third World cities: a global issue ignored?', *Public Administration and Development*, Vol. 11, No. 4, pp. 341–61.

Hardoy, J.E. and D. Satterthwaite (1992) *Environmental problems in Third World cities: an agenda for the poor and the planet* (London: International Institute for Environment and Development).

Hardoy, J.E., S. Cairncross and D. Satterthwaite (eds) (1990) *The poor die young: housing and health in Third World cities* (London: Earthscan).

Harris, N. (1989) 'Aid and urbanisation: an overview', *Cities*, Vol. 6, No. 3, pp. 174–85.

Harris, N. (1990) 'Urbanisation, economic development and policy in developing countries', Working Paper, No. 19, Development Planning Unit (London: University College).

Harris, N. (ed.) (1992) *Cities in the 1990s; the challenge for developing countries* (London: UCL Press).

Hart, D. (1989) 'Mismanaged urbanisation in Africa: the examples of Cairo and Lagos', *South African Geographical Journal*, No. 71, pp. 182–92.

Hart, D. and C. Rogerson (1989) 'Urban management in Kenya: South African policy issues', *South African Geographical Journal*, No. 71, pp. 192–200.

Hector, P.H. (1985) 'The participation of local governments in the planning process of Panama', *Planning and Administration*, Vol. 12, No. 2, pp. 37–42.

Henward, Jr., H. (1985) 'Metro Manila: conflicts and illusions in planning urban development', in Lea and Courtney (1985), pp. 19–33.

Hirschmann, D. (1993) 'Institutional development in the era of economic policy reform', *Public Administration and Development*, Vol. 13, No. 2, pp. 113–28.

v.d. Hoff, R. and Steinberg, F. (eds) (1992) *Innovative approaches to urban management* (Aldershot: Avebury).

Honandle, G. (1982) 'Development administration in the eighties: new agendas or old perspectives', *Public Administration Review*, No. 42, pp. 174–9.

Honandle, G. and J. Rosengard (1983) 'Putting projectised development in perspective', *Public Administration and Development*, Vol. 3, No. 4, pp. 299–305.

Horberry, J. and M. Le Marchant (1991) 'Institutional strengthening in international environmental consulting', *Public Administration and Development*, Vol. 11, No. 4, pp. 381–99.

Hulme, D. (1992) 'Enhancing organisational effectiveness in developing countries: the training and visit system revisited', *Public Administration and Development*, Vol. 12, No. 5, pp. 433–46.

Hyden, G. (1990) 'Creating an enabling environment', in World Bank (1990).

Illaramendi, A. (1985) 'Integral plans: an experience with public participation and housing in Venezuela', in T. Blair (1985), pp. 37–48.

Institute of Development Studies (1978) *Development Research Digest*, No. 1, Spring, pp. 11–14, in Collins *et al.* (1975) (Brighton: IDS).

Israel, A. (1987) *Institutional development: incentives to performance* (Washington, DC: World Bank and Baltimore: The Johns Hopkins University Press).

Israel, A. (1992) 'Issues for infrastructure management in the 1990s', World Bank Discussion Paper No. 171 (Washington, DC: World Bank).

IULA (1987) 'World wide declaration on local self-government', *Planning and Administration*, Vol. 14, No. 1, pp. 125–7.

Jacobs, J. (1984) *Cities and the wealth of nations: principles of economic life* (New York: Random House).

Johnson, T. (1990) 'Development impact exactions: an alternative method of financing urban development', *Third World Planning Review*, Vol. 12, pp. 131–46.

Jones, R. and M. Pendlebury (1988) *Public Sector Accounting* (London: Pitman).

Juppenlatz, M. (1979) 'A comprehensive approach to the training of human settlements', *Third World Planning Review*, Vol. 1, No. 1, pp. 86–99.

Kaufmann, F.X., B. Majone and V. Ostrom (1986) *Guidance control and evaluation in the public sector* (Berlin and New York: Walter de Gruyter).

Kaul, M. (1988) 'Strategic issues in development management: learning from successful experiences', *Public Sector Management*, Vol. 1, No. 3, pp. 12–25.

Kessides, C. (1993) 'Institutional options for the provision of infrastructure', World Bank Discussion Paper No. 212 (Washington, DC: World Bank).

Kessides, C. (1993) 'The contributions of infrastructure to economic development', World Bank Discussion Paper No. 213 (Washington, DC: World Bank).

Kiggundu, M., J. Jorgensen and T. Hafsi (1983) 'Administrative theory and practice in developing countries: a synthesis', *Administrative Science Quarterly*, Vol. 28, pp. 66–84.

Kinder, C. (1988) 'Total resource management in the Third World', *Public Sector Management*, Vol. 1, No. 1, pp. 27–41.

Knox, P. and C. Masilela (1989) 'Attitudes to Third World urban planning: practitioners versus outside experts', *Habitat International*, Vol. 13, No. 3, pp. 67–81.

Kolo, J. (1987) 'The institutional dimension of participatory and decentralised planning in Nigeria. A challenge to planners', *Habitat International*, Vol. 11, No. 2, pp. 5–10.

Kopardekar, H.D. (1989) 'Training and developing skills for urban management', *Urban Affairs Quarterly*, Centre for Urban Studies (Nagarlok: The Indian Institute of Public Administration), Vol. 21, No. 4, pp. 130–42.

Lakshmanan, A. and E. Rotner (1985) 'Madras, India: low cost approaches to managing development', in Lea and Courtney (1985), pp. 81–94.

Laquian, A. (1979) 'Human resource development for human settlement policies', *Habitat International*, Vol. 3, Nos 3/4, pp. 393–401.

Lea, J.P. and J.M. Courtney (1985) Conflict resolution in the Asian city: an overview', in Lea and Courtney (eds) (1985), pp. 3–15.

Lea, J.P. and J.M. Courtney (eds) (1985) *Cities in conflict: planning and management of Asian cities* (Washington, DC: World Bank).

Lee, B.K. (1987) 'Major urban development issues: an overview', in Asian Development Bank (1987b), pp. 15–60.

Lee-Smith, D. and Stren, R.E. (1991) 'New perspectives on African urban management', *Environment and Urbanization*, Vol. 3, No. 1, pp. 23–36.

Leitmann, J., C. Bartone and J. Bernstein (1992) 'Environmental management and urban development: issues and options for Third World cities', *Environment and Urbanisation*, Vol. 4, No. 2, pp. 131–40.

Leonard, S. (1982) 'Urban managerialism: a period of transition', *Progress in Human Geography*, Vol. V, No. 2, pp. 190–215.

Lilongwe City Council (1991a) *Annual report (draft)*, August (Lilongwe, Malawi: Lilongwe City Council).

Lilongwe City Council (1991b) *Integrated development strategy: 3rd edition*, August (Lilongwe, Malawi: Lilongwe City Council).

Lilongwe City Council (1991c) *Management manual*, August (Lilongwe, Malawi: Lilongwe City Council).

Linn, J. (1983) *Cities in the developing world; policies for their equitable and efficient growth* (New York: Oxford University Press).

Locher, U. and R. McGill (1994) *Municipal development programme for Sub-Saharan Africa. Final evaluation of MDP (Phase 1); Eastern and Southern Africa module. Final Report*, June (Ottawa: Federation of Canadian Municipalities).

Ljung, P. and J. Zhang (1989) 'The World Bank support for institutional and policy reform in the metropolitan areas: the case of Calcutta', *Habitat International*, Vol. 13, No. 2, pp. 5–13.

Luke, D.F. (1986) 'Trends in development administration: the continuing challenge to the efficacy of the post-colonial state in the Third World', *Public Administration and Development*, Vol. 6, No. 1, pp. 73–86.

Lusagga Kironde, J.M. (1992) 'Received concepts and theories in African urbanisation and management strategies: the struggle continues', *Urban Studies*, Vol. 29, No. 8, pp. 1277–92.

Mabogunje, A.L. (1991) 'Local government issues in Africa'. Paper presented at the launch of the Municipal Development Programme in Harare in May, 1991 (Ibadan, Nigeria: University of Ibadan).

Mabogunje, A.L. (1992) 'Perspective on urban land and urban management policies in Sub-Saharan Africa', Africa Technical Department Series No. 196 (Washington, DC: World Bank).

Mabogunje, A.L. (1993) 'Infrastructure: the crux of modern urban development', *Urban Edge*, Vol. 1, No. 3 (Washington, DC: World Bank) p. 3.

Madavo, C. (1989) 'Strengthening local governments in Sub-Saharan Africa: opening paper', in World Bank (1989b), pp. 62–6.

Malawi Government (1986) *Lilongwe outline zoning scheme* (Lilongwe, Malawi: GOM).

Malawi Government (1987) *Statement of development policies, 1987–1996* (Zomba, Malawi: GOM).

Malo, M. and P.J. Nas (1991) 'Local autonomy: urban management in Indonesia', *Sojourn: Social Issues in Southeast Asia*, Vol. 6, No. 2, pp. 175–202 (Singapore: Institute of Southeast Asian Studies).

Marbach, C. (1986) 'A review of ten years of *Habitat International*', *Habitat International*, Vol. 10, No. 4, pp. 167–205.

Martin, R. (1989) 'Developing the capacity for urban management in Africa', *Cities*, Vol. 8, May, pp. 134–41.

Mathur, O.P. (1987) 'The financing of urban development', in Asian Development Bank (1987), pp. 115–146.

Mattingly, M. (1988) 'From town planning to development planning: a transition through training', *Habitat International*, Vol. 12, No. 2, pp. 97–109.

Mattingly, M. (1989) 'Implementing planning with teaching: using training to make it happen', *Third World Planning Review*, Vol. 11, No. 4, pp. 417–28.

Mawhood, P. (1987) 'Decentralisation and the Third World in the 1980s', *Planning and Administration*, Vol. 14, No. 1, pp. 10–22.

McGill, R. (1984) 'Evaluating organisational performance in public administration', *Public Administration Bulletin*, No. 43, pp. 27–41.

McNeill, D. (1983) 'The changing practice of urban planning: the World Bank and other influences', Working Paper No. 15, Development Planning Unit (London: University College).

Menezes, B. (1985) 'Calcutta, India: conflict or consistency', in Lea and Courtney (eds) (1985), pp. 61–78.

Meshram, D.S. and R.P. Bansal (1989) 'Structure of municipal bodies: some basic issues', *Urban Affairs Quarterly* (Nagarlok: The Indian Institute of Public Administration), Vol. 21, No. 4, pp. 30–6.

Mills, E. and C. Becker (1986) *Studies in Indian urban development* (Oxford: Oxford University Press).

Mills, E. (1991) 'Urban efficiency, productivity and economic development', *World Bank Annual Conference on Development Economics: Report of proceedings* (Washington, DC: World Bank) pp. 221–36.

Moharir, V. (1991) 'Capacity building initiative for Sub-Saharan Africa', *Public Enterprise*, Vol. 11, No. 4, pp. 234–45.

Montgomery, J.D. (1988) 'The informal service sector as an administrative resource', in Rondinelli and Shabbir Cheema (eds) (1988), pp. 89–112.

Moyo, J. (1989) 'The demand for urban services in Africa', in World Bank (1989b), pp. 83–8.

Ngom, T. (1989) 'Appropriate standards for infrastructure in Dakar', in Stren, and White (1989), pp. 177–202.

Nooi, P.S. (1987) 'Local self-government reform: a comparative study of selected countries in Africa and Southeast Asia', *Planning and Administration*, Vol. 14, No. 1, pp. 31–8.

Nunberg, B. and J. Nellis (1990) 'Civil service reform and the World Bank', World Bank Working Paper No. 422 (Washington, DC: World Bank).

OECD (1991) *Urban infrastructure: finance and management* (Paris: Organisation for Economic Co-operation and Development).

Okpala, D. (1987) 'Received concepts and theories on African urbanisation studies and urban management strategies: a critique', *Urban Studies*, Vol. 24, pp. 137–50.

Olowu, D. (1990) 'The failure of current decentralisation programmes in Africa', in J. Wunsch *et al.* (eds) (1990), pp. 74–99.

Olowu, D. and P. Smoke (1992) 'Determinants of success in African local governments: an overview', *Public Administration and Development*, Vol. 12, No. 2, pp. 1–18.

Olowu, D. and J. Wunsch (1990) 'Conclusion: self-governance and African development', in Wunsch *et al.* (eds) (1990), pp. 293–318.

Oluwa, D. (1987) 'The study of African local government since 1960', *Planning and Administration*, Vol. 14, No. 1, pp. 48–59.

Orewa, G.O. (1987) 'Local self-government: developments in Anglophone Africa', *Planning and Administration*, Vol. 14, No. 1, pp. 39–47.

Ostrom, E. (1983) 'A public service industry approach to the study of local government structure and performance', *Policy and Politics*, Vol. 11, No. 3, pp. 313–41.

Pasteur, D. (1992) 'Training for urban local government in Sri Lanka', *Papers in Administration and Development*, No. 42 (Birmingham: Institute of Local Government Studies).
Paul, S. (1990a) 'Institutional development in World Bank projects', World Bank Working Paper No. 392 (Washington, DC: World Bank).
Paul, S. (1990b) 'Institutional reforms in sector adjustment operations: the World Bank's experience', World Bank Discussion Paper No. 92 (Washington, DC: World Bank).
Paul, S. (1991) 'The (World) Bank's work on institutional development in sectors: emerging tasks and challenges'. Country Economics Department, Public Sector Management and Private Sector Development Division, November 1 (Washington, DC: World Bank).
Pearsall, S. (1984) 'Multi-agency planning for natural areas in Tennessee', *Public Administration Review*, Vol. 44, No. 1, pp. 43–8.
Perlman, J. (1993) 'Mega-cities: global urbanisation and innovation', in Shabbir Cheema (1993b), pp. 19–50.
Pernia, E.M. (1991) 'Some aspects of urbanisation and the environment in South East Asia', Report No. 54 (Manila: Asian Development Bank).
Peterson, G., G.T. Kingsley and J. Telgarsky (1994) 'Multi sectoral investment planning', Urban Management Programme, Working Paper No. 3 (Nairobi: UNCHS).
Pike, T. (1988) 'The experience of British aid in the urban field – possible future directions', *Habitat International*, Vol. 12, No. 3, pp. 163–8.
Prakash, V. (1988) 'Financing urban services in developing countries', in Rondinelli and Shabbir Cheema (eds) (1988), pp. 59–88.
Prud'homme, R. (1989) 'Main issues in decentralisation', in World Bank (1989b), pp. 67–71.
Qadeer, M. (1993) 'Planning education in less developed countries of the Commonwealth: an assessment', *Habitat International*, Vol. 17, No. 1, pp. 69–84.
Rakodi, C. (1987) 'Urban plan preparation in Lusaka', *Habitat International*, Vol. 11, No. 4, pp. 95–111.
Rakodi, C. (1990) 'Can third world cities be managed?', in Cadman, D. and Payne, G. (eds) (1990), pp. 111–24.
Rakodi, C. (1991) 'Cities and people: towards a gender-aware urban planning process?', *Public Administration and Development*, Vol. 11, pp. 541–59.
Ramachandran, A. (1985) 'Large cities and human settlement administration', in Blair, T. (ed.) (1985), pp. 272–9.
Ramachandran, A. (1993) 'Improvement of municipal management', *Habitat International*, Vol. 17, No. 1, pp. 3–31.
Rees, C.P. (1987) 'Urban development: the environmental dimension', in Asian Development Bank (1987a), pp. 227–46.
Rees, W.E. (1992) 'Ecological footprints and appropriate carrying capacity: what urban economics leaves out', *Environment and Urbanisation*, Vol. 4, No. 2, pp. 121–30.
Richardson, H. (1993) 'Problems of metropolitan management in Asia', in Shabbir Cheema (ed.) (1993), pp. 51–75.
Roberts, L. (1990) 'The policy environment of management development institutions in Anglophone Africa', Economic Development Institute Policy Seminar Report, No. 26 (Washington, DC: World Bank).

Rogerson, C. (1989a) 'Managing urban growth in South Africa: learning from international experience', *South African Geographical Journal*, No. 71, pp. 129–33.

Rogerson, C. (1989b) 'Successful urban management in Seoul, South Korea: policy lessons for South Africa', *South African Geographical Journal*, No. 71, pp. 166–73.

Rondinelli, D. (1983) 'Projects as instruments of development administration', *Public Administration and Development*, Vol. 3, No. 4, pp. 307–27.

Rondinelli, D. (1984) 'Small towns in developing countries: potential centres for growth, transformation and integration', in Detlef Kammeier *et al.* (eds) (1984), pp. 10–48.

Rondinelli, D. (1986) 'Extending urban services in developing countries: policy options and organisational choices', *Public Administration and Development*, Vol. 6, No. 1, pp. 1–22.

Rondinelli, D. (1987) 'National objectives and strategies for urban development in Asia', in Asian Development Bank (1987b), pp. 61–88.

Rondinelli, D. (1988a) 'Giant and secondary city growth in Africa', in Dogan *et al.*, pp. 291–321.

Rondinelli, D. (1988b) 'Increasing the access of the urban poor to urban services: problems, policy alternatives and organisational choices', in Rondinelli and Shabbir Cheema (eds) (1988), pp. 19–58.

Rondinelli, D. (1990a) *Decentralising urban development programs: a framework for analysis* (Washington, DC: US Agency for International Development).

Rondinelli, D. (1990b) 'Financing the decentralisation of urban services: administrative requirements for fiscal improvements', *Studies in Comparative International Development*, Vol. 25, No. 2, pp. 43–59.

Rondinelli, D. and G. Shabbir Cheema (eds) (1988) *Urban services in developing countries: public and private roles in urban government* (Houndmills: Macmillan).

Roth, G. (1987) *The private provision of public services in developing countries* (Washington, DC: Oxford University Press for the World Bank).

Safier, M. (1992) 'Urban development: policy planning and management. Practitioners' perspectives on public learning over three decades', *Habitat International*, Vol. 16, No. 2, pp. 5–12.

Salman, L. (1992) 'Reducing poverty: an institutional perspective', Poverty and Social Policy Series, Paper No. 1 (Washington, DC: World Bank).

Sanwal, M. (1990) 'Revitalising organisations in developing countries: the case of an administrative training unit', *Public Sector Management*, Vol. 3, No. 3, pp. 53–63.

Schiavo-Campo, S. (1994) 'Institutional change and the public sector in transitional economies', World Bank Discussion Paper No. 241 (Washington DC: World Bank).

Shabbir Cheema, G. (1987) 'Strengthening urban institutional capabilities: issues and responses', in Asian Development Bank (1987b), pp. 147–84.

Shabbir Cheema, G. (1988) 'Services for the urban poor: policy responses in developing countries', in Rondinelli and Shabbir Cheema (eds) (1988), pp. 243–62.

Shabbir Cheema, G. (1993) 'The challenge of urban management: some issues', in Shabbir Cheema, G. (ed.), pp. 1–16.

Shabbir Cheema, G. (ed.) (1993) *Urban management: policies and innovations in developing countries* (Westport, Conn: Greenwood Praeger Press).

Shah, A. (1994) 'The reform of intergovernmental fiscal relations in developing and emerging market economies', World Bank Policy and Research Series, No. 23 (Washington, DC: World Bank).

Sharma, S.K. (1989) 'Municipal management', *Urban Affairs Quarterly – India*, Vol. 21, No. 4, pp. 47–53.

Sidabutar, P., N. Rukmana, R. van den Hoff and F. Steinberg (1991) 'Development of urban management capacities: training for integrated urban infrastructure development in Indonesia', *Cities*, Vol. 8, May, pp. 142–50.

Sinou, A. (1988) 'From planning to management', *RISED Bulletin*, No. 8 (Brussels: European Environmental Bureau) pp. 25–6.

Sivaramakrishnan, K.C. and L. Green (1986) *Metropolitan management: the Asian experience* (Oxford University Press for the World Bank).

Steinberg, F. (1991) 'Urban infrastructure development in Indonesia', *Habitat International*, Vol. 15, No. 4, pp. 3–26.

Stockholm (1985) *Rethinking the Third World City*. Report from round table meeting in Stockholm, May, 1985. Sponsored by the Swedish Ministry of Housing and Physical Planning, Stockholm.

Stren, R.E. (1989a) 'The administration of urban services', in Stren and White (eds) (1989), pp. 37–68.

Stren, R.E. (1989b) 'Institutional arrangements (for local government)', in World Bank (1989b), pp. 88–94.

Stren, R.E. (1989c) 'Urban local government in Africa', in Stren and White (eds) (1989), pp. 20–36.

Stren, R.E. (1991) 'Old wine in new bottles? An overview of Africa's urban problems and the "urban management" approach to dealing with them', *Environment and Urbanization*, Vol. 3, No. 1, pp. 9–22.

Stren, R.E. (1993) 'Urban management in development assistance: an elusive concept', *Cities*, Vol. 10, May, pp. 120–38.

Stren, R.E. with V. Bhatt *et al.* (1992) 'An urban problematique: the challenge of urbanisation for development assistance', Centre for Urban and Community Studies (University of Toronto).

Stren, R. and P. McCarney (1992) 'Urban research in the developing world: towards an agenda for the 1990s', Major Report No. 26, Centre for Urban and Community Studies (University of Toronto).

Stren, R.E. and R. White (1989) 'Conclusion', in Stren *et al.* (eds) (1989), pp. 305–12.

Stren, R.E. and R. White (eds) (1989) *African cities in crisis: managing rapid urban growth* (Boulder, Colo.: Westview Press).

Tacconi, L. and C. Tisdell (1993) 'Holistic sustainable development: implications for planning processes, foreign aid and support for research', *Third World Planning Review*, Vol. 15, No. 4, pp. 411–28.

Thomson, B. (1989) 'ODA workshop on urbanisation and British aid: a note for discussion', *Cities*, Vol. 6, No. 3, pp. 171–3.

Turner, A. (1992) 'Urban planning in the developing world: lessons from experience', *Habitat International*, Vol. 16, No. 2, pp. 113–25.

Turner, C. (1983) 'Curriculum-led institutional development: the management model', Coombe Lodge Working Paper No. 1849 (Bristol: Further Education Staff College).

UNCHS (1984a) *An approach to the analysis of national human settlements: institutional arrangements* (Nairobi: United Nations Centre for Human Settlements (Habitat)).

UNCHS (1984b) *Human settlements policies and institutions: issues, options, trends and guidelines* (Nairobi: United Nations Centre for Human Settlements (Habitat)).

UNCHS (1987a) *Environmental guidelines for settlements planning and management. Vol. 1, Institutionalising environmental planning and management of settlements development* (Nairobi: United Nations Centre for Human Settlements (Habitat)).

UNCHS (1987b) *Executive summary of the global report on human settlements* (Nairobi: United Nations Centre for Human Settlements (Habitat)).

UNCHS (1987c) *Global report on human settlements* (Nairobi: United Nations Centre for Human Settlements (Habitat)).

UNCHS (1989a) *Institutional arrangements for regional (subnational) development planning* (Nairobi: United Nations Centre for Human Settlements (Habitat)).

UNCHS (1989b) *Methods for the allocation of investments in infrastructure within integrated development planning* (Nairobi: United Nations Centre for Human Settlements (Habitat)).

UNCHS (1989c) *Urbanisation and sustainable development in the Third World: an unrecognised global issue* (Nairobi: United Nations Centre for Human Settlements (Habitat)).

UNCHS (1990a) *Financing human settlements development and management in developing countries* (Nairobi: United Nations Centre for Human Settlements (Habitat)).

UNCHS (1990b) *Roles, responsibilities and capabilities for the management of human settlements: recent trends and future prospects* (Nairobi: United Nations Centre for Human Settlements (Habitat)).

UNCHS (1990c) *The sustainable cities programme* (Nairobi: United Nations Centre for Human Settlements (Habitat)).

UNCHS (1991) *Sustainable city demonstrations* (Nairobi: United Nations Centre for Human Settlements (Habitat)).

UNDP (1989) *Urban transition in developing countries: policy issues and implications for technical co-operation in the 1990s. Programme Advisory Note* (New York: United Nations Development Programme).

UNDP (1990a) *Cities, people and poverty, urban development cooperation for the 1990s*. UNDP strategy paper (New York: UNDP).

UNDP (1990b) *Human development report* (New York: Oxford University Press).

UNDP (1991) *UNDP assistance in the Third World: a thematic assessment* (New York: UNDP).

Uphoff, N. (1986) *Local institutional development: an analytical sourcebook with cases* (West Hartford, Conn.: Kumarian Press).

Uribe-Echevarria, F. (1985) 'The decentralisation debate in Columbia: lessons from the experience', *Planning and Administration*, Vol. 12, No. 2, pp. 10–20.

van Huyck, A. (1987) 'Defining the roles of the private and public sectors in

urban development', in Asian Development Bank (1987b), pp. 89–114.
Wallis, M. (1987) 'Local government and development in Southern African states: Botswana and Lesotho compared', *Planning and Administration*, Vol. 14, No. 1, pp. 68–76.
Wegelin, E. (1990) 'New approaches in urban services delivery: a comparison of emerging experience in selected Asian countries', *Cities*, Vol. 7, August, pp. 224–58.
Werlin, H. (1991a) 'Editorial. Bottlenecks to developments: studies from the World Bank's economic development institute', *Public Administration and Development*, Vol. 11, No. 3, pp. 189–92.
Werlin, H. (1991b) 'Understanding administrative bottlenecks', *Public Administration and Development*, Vol. 11, No. 3, pp. 193–206.
Werlin, H. (1992) 'Linking decentralisation and centralisation: a critique of the new development administration', *Public Administration and Development*, Vol. 12, No. 3, pp. 223–36.
White, R. (1989) 'The influence of environmental and economic factors on the urban crisis', in Stren and White (eds), pp. 1–19.
Williams, P. (1978) 'Urban managerialism: a concept of relevance?', *Area*, Vol. 10, No. 3, pp. 236–40.
World Bank (1983) *World Development Report* (Washington, DC: World Bank).
World Bank (1989a) *Strengthening local governments in Sub-Saharan Africa: proceedings of two workshops* (Washington, DC: World Bank). Republished as an EDI policy seminar report, No. 21, in 1990.
World Bank (1989b) *Sub-Saharan Africa: from crisis to sustainable growth* (Washington, DC: World Bank).
World Bank (1990) *The long-term perspective study of Sub-Saharan Africa. Vol. 3, Institutional and Socio-political issues* (Washington, DC: World Bank).
World Bank (1991a) *The municipal development programme for Sub-Saharan Africa: a partnership for developing local government capacity* (Washington, DC: World Bank).
World Bank (1991b) *The reform of public sector management: lessons from experience*, Policy and Research Series, No. 18. Country Economics Department (Washington, DC: World Bank).
World Bank (1991c) *Urban policy and economic development: an agenda for the 1990s*, A World Bank Policy Paper (Washington, DC: World Bank).
World Bank (1993a) *Developing the occupied territories: an investment in peace. No. 1, Overview* (Washington, DC: World Bank).
World Bank (1993b) *Developing the occupied territories: an investment in peace. No. 5, Infrastructure* (Washington, DC: World Bank).
World Bank (1993c) *Getting results: the World Bank's agenda for improving development effectiveness* (Washington, DC: World Bank).
World Bank and UNCHS (1989) *Urban management programme: overview of programme activities* (Washington, DC: World Bank and Nairobi: UNCHS).
World Bank and UNCHS (1990) *Urban management programme: phase 2* (Washington, DC: World Bank and Nairobi: UNCHS).
World Bank and UNCHS (1991) *Urban management programme: revised prospectus* (Washington, DC: World Bank and Nairobi: UNCHS).

World Bank (1994) *Development report: infrastructure for development* (Washington, DC: World Bank).

Wunsch, J. (1990a) 'Beyond the failure of the centralised state: toward self-governance and an alternative institutional paradigm', in Wunsch *et al.* (eds) (1990), pp. 270–92.

Wunsch, J. (1990b) 'Centralisation and development in post-independence Africa', in Wunsch *et al.* (eds) (1990), pp. 43–73.

Wunsch, J. (1991a) 'Institutional analysis and decentralisation: developing an analytical framework for effective Third World administrative reform', *Public Administration and Development*, Vol. 11, No. 5, pp. 431–51.

Wunsch, J. (1991b) 'Sustaining Third World infrastructure investments: decentralisation and other strategies', *Public Administration and Development*, Vol. 11, No. 1, pp. 5–24.

Wunsch, J. and D. Olowu (1990) 'The failure of the centralised African state', in Wunsch *et al.* (eds) (1990), pp. 1–22.

Wunsch, J. and D. Olowu (eds) (1990) *The failure of the centralised state: institutions and self-governance in Africa* (Boulder, Colo.: Westview Press).